Iatros Verlag

W0094086

Manfred Wagner

Die Kanalratte in Kasachstan

Radabenteuer aus 99 Ländern
Von A wie Albanien bis Z wie Zypern

Iatros Verlag

Impressum

Bibliografische Information der Deutschen Bibliothek

Die Deutsche Bibliothek verzeichnet diese Publikation in der Deutschen Nationalbibliografie; detaillierte bibliografische Angaben sind im Internet über http://www.ddb.de abrufbar.

Herstellung und Verlag:
Iatros-Verlag & Services e.K.
Kronacher Straße 39, 96242 Sonnefeld

Umschlag:
Frank Drechsler, Nürnberg

Druck & Bindung:
SdL, Berlin

ISBN 978-3-86963-480-7

Inhalt

5

Leben ist wie Radfahren:
Um das Gleichgewicht zu halten,
muss man in Bewegung bleiben.

Vorwort

Wer auf die Idee kam, weiß ich nicht mehr, aber irgendwann stand es fest: In den Sommerferien wollten wir eine Radtour machen – die ganze Familie. Unsere Familie bestand – Ende der 90er Jahre – aus meiner damaligen Frau und aus meinen beiden Söhnen, zehn und zwölf Jahre alt. Wir nahmen den Klassiker unter die Reifen: von Passau nach Wien, immer schön an der Donau entlang. An meinem Rad hängte ein zweirädriger großer Anhänger aus Zinkblech, gebaut in der ehemaligen DDR. Drin lagen Zelt, Isomatten und Schlafsäcke. Nur die Klamotten mussten in die Radtaschen an den Gepäckträgern.

In der Drei-Flüsse-Stadt Passau machten wir uns froh gelaunt auf den Weg. Die touristische Infrastruktur an dieser Strecke war für Radler bereits damals vorbildlich entwickelt und wir fanden fast immer eine erschwingliche Unterkunft, ohne vorher gebucht zu haben. Trotzdem hatte auch diese Reise ihre Haken. Einmal stellten wir unsere beiden Zelte auf einer lauschigen Wiese in der Nähe des Flussufers auf. In der Nacht spürten wir alle unsere Knochen, weil wir nur dünne Isomatten dabeihatten. Unausgeschlafen und schlecht gelaunt packten wir am nächsten Morgen ohne Frühstück unsere Siebensachen zusammen und machten uns auf den Weg.

Beim verspäteten Frühstück in einem Café probierte ich kurz darauf die österreichische Marillenmarmelade – welch ein Erlebnis! Sie schmeckte so vorzüglich, dass ich fünf oder sechs dick beschmierte Brötchen verdrückte. Allerdings: Wieder auf dem Sattel, dauerte es gar nicht lange, bis es heftig in meinem Bauch zu rumoren begann. Den ganzen Tag über litt ich unter dem „Flotten Otto". Die „durchschlagende" Wirkung der Marmelade rührte vom Süßstoff her, der anstelle des Zuckers verwendet worden war. Das kleine Intermezzo war schnell vergessen, und als wir nach fünf Tagen in Wien ankamen, war mir klar: Dies war mit Abstand der schönste Urlaub, den ich mit meiner Familie je verbracht hatte! Ich hatte Blut geleckt und war „angefixt" von dieser Art des Reisens.

Möglicherweise wurde der Grundstein meiner Leidenschaft auch schon früher gelegt. Als 16-Jähriger stieg ich regelmäßig auf meinen Drahtesel, um meine etwa 15 Kilometer entfernt wohnende Jugendliebe zu besuchen. Wir saßen händchenhaltend auf dem elterlichen Sofa, tranken Coke und schauten Fernsehen. Schwarz-weiß, versteht sich. Schön und schlimm zugleich war jedes Mal der Abschied. Ihr Kuss unter der Haustüre brannte noch am folgenden Morgen auf meinen Lippen. Er tröstete mich über die nächsten Tage, denn ein Telefon gab es weder bei ihr noch in meinem Elternhaus. Handys waren Science Fiction, und dass es Computer gab, wusste man nur durch die sensationelle Mondlandung der Amerikaner.

Oder muss ich noch weiter zurückgehen, um meiner Faszination fürs Radfahren auf die Spur zu kommen? Als Kind fiel mir ein abgegriffenes Buch meines Vaters in die Hände. Der Titel: „Kriegstagebuch der Radfahrschwadron 188". Mein Vater diente in dieser Einheit als Schütze. Mit Berichten und kleinen Schwarz-Weiß-Fotos sind hier die Feldzüge nach Belgien und Frankreich illustriert. Wiederholt sieht man schwere Militärräder. Später erfuhr ich, dass mein Vater während des Krieges auch in Russland und in Afrika in Radfahr-Einheiten diente. Liegt hier die früheste Wurzel meiner Leidenschaft für das Fahrrad? Jedenfalls: Der Apfel fällt nicht weit vom Stamm!

Seit langer Zeit kommt für mich keine andere Art des Reisens mehr in Frage. Aus der anfänglichen Begeisterung entwickelte sich eine Leidenschaft und aus der Leidenschaft eine Sucht. Immer neue Reisen mit verschiedenen Partnern folgten im Laufe der Jahre. Bei meinen Touren beherzige ich drei Prinzipien:

Erstens will ich unterwegs möglichst jeden Meter „erradeln", mein Rad in einen Bus, in die Bahn oder auf die Ladefläche eines Lkw zu packen, kommt für mich nicht in Frage. Zweitens möchte ich – abgesehen von Inselstaaten – möglichst zusammenhängende Touren machen. Deshalb kommen als Start- oder Endpunkte in der Regel nur solche Orte in Frage, in denen ich auf einer meiner früheren Reise schon einmal gewesen bin. Und drittens geht es mir darum, auf diese Weise möglichst viele Länder kennenzulernen, 99 sind es bisher geworden. Wenn ich nach dem „schönsten" Land gefragt werde, muss ich regelmäßig passen. Für mich hat jedes Land – genau wie jeder Mensch – seinen ganz eigenen Reiz, seinen eigenen Charme und seinen eigenen Charakter. Von daher ist ein Vergleich nicht zielführend.

Ich habe klein angefangen. Meine ersten Radtouren führten mich an Deutschlands Flüssen entlang: Donau, Main, Rhein, Neckar und Elbe. Danach unternahm ich erste Touren ins Ausland: Nach Österreich, Tschechien, Polen und in die Slowakei. Bald darauf nahm ich mit Litauen, Lettland und Estland die baltischen Länder unter den Reifen. Auf diese Weise folgten in den Jahren danach immer neue Strecken und neue Länder. Inzwischen umfassen meine Routen ein weltweites Netz. Hier und da gibt es noch Lücken, die ich in den nächsten Jahren schließen will.

Vom Radlertyp her gehöre ich weder zu den Kilometerfressern noch zu den Bummelkönigen. Eher zu den Dauerbrennern – mit einer schier unerschöpflichen Geduld und Improvisationsgabe. Und für ein gutes Fotomotiv steige ich gerne ab. Obwohl ich auch schon wochenlang alleine unterwegs war, gehöre ich nicht zu den Lonely Ridern. Mein Radfreund Dietmar Roth aus Dietzhausen bei Suhl begleitete mich auf etlichen Touren, am liebsten aber bin ich mit meiner Frau Inge unterwegs. Sie teilt meine Radleidenschaft, wir sind ein Dreamteam.

Aus den unzähligen Erlebnissen auf meinen Touren sind mir einige besonders lebhaft in Erinnerung geblieben. Diese lieferten mir den Stoff für den bunten Strauß der in diesem Buch beschriebenen Geschichten. Großteils habe ich die Begebenheiten wie geschildert erlebt, wenige habe ich um einen wahren Kern herum ausgeschmückt. Manche der Erlebnisse sind amüsant und kurios, andere hintersinnig und dramatisch. Die Vorstellung, dass meine Enkel und Urenkel mein Buch in den Händen halten werden und erfahren, was ich erlebt habe und was mir durch den Kopf gegangen ist, hat wesentlich zu dessen Entstehung beigetragen.

Ich bin schon oft gefragt worden, was mich an dieser Art des Reisens reizt und warum ich freiwillig Touren mache, die manchmal zur Tortur werden. Und tatsächlich taucht auch in meinem Kopf mitunter diese Frage auf: Warum in aller Welt tust du dir das an? Letztlich habe ich keine wirklich befriedigende Antwort darauf gefunden, aber einige Erklärungsansätze. Es ist wohl Abenteuerlust, mein unbändiger Drang, Neues zu sehen und zu erleben. Vielleicht bin ich süchtig nach intensiven Lebensgefühlen, danach, mich ohne Luxus Wind und Wetter und Naturgewalten auszusetzen, meine physischen und psychischen Grenzen auszutesten. Und, ehrlich gesagt, muss ich mir selbst beweisen, noch nicht zum alten Eisen zu gehören...

Ja, es ist wahr: Ich neige zum Extremen. Über Jahre galt meine Leidenschaft der Politik – zwölf Jahre saß ich für die Grünen im Kreisparlament und 1990 erkämpfte ich einen „sicheren" Listenplatz für den Bundestag – der nichts nützte, weil die Partei knapp an der Fünf-Prozent-Hürde scheiterte. Dann kam die berufliche Karriere: Ich arbeitete mich bis zum Geschäftsführer eines etablierten Bildungsinstituts hoch. Nach anfänglich großem Erfolg fiel ich gehörig auf die Nase und der Vorstand schickte mich in die Wüste – was man durchaus wörtlich nehmen darf, radelte ich doch kurz darauf durch die Gobi und die Sahara.

Schön wäre es, wenn das Schmökern im Buch bei manch einem die Reiselust und den Mut zu Abenteuern wecken würde. Vielleicht animiert es gar dazu, aus unserer wohlgeordneten und zivilisierten Welt auch einmal auszubrechen, fünf gerade sein zu lassen und einen unkonventionellen eigenen Weg einzuschlagen. Ohne Perfektion, denn: Wer zu sehr auf Sicherheit bedacht ist und jedes Risiko ausschließt, erlebt selten ein Abenteuer.

Obwohl meine Ausrüstung wesentlich besser geworden ist als in den Anfangsjahren, habe ich immer wieder mal mit Pannen zu kämpfen. Aber ich habe nichts gegen Probleme – solange sie lösbar sind. Und ich weiß: Der Fahrer ist wichtiger als das Fahrzeug. Will heißen, dass man mit der „richtigen" Einstellung und Kondition auch mit einem zweitklassigen Fahrrad weit kommt. Dagegen wird ein Fernradler, der nicht mit dem Herzen bei der Sache ist und nicht den unbedingten Willen zum Weiterkommen verinnerlicht hat, auch mit dem besten Fahrrad über kurz oder lang scheitern.

Mit meinen 65 Jahren bin ich nun in einem Alter, in dem die wenigsten sich vorstellen können, fremde Länder mit den Rad zu erobern, in Zelt und Schlafsack zu nächtigen und am Morgen nicht zu wissen, wo man abends bleiben kann. Und doch bin ich immer noch genauso neugierig wie bei der ersten Reise und will mich vom Leben überraschen lassen! „Und jedem Anfang wohnt ein Zauber inne..." schreibt Hermann Hesse.

Nach vielen Erfahrungen weiß ich: In mir steckt mehr, als ich mir selbst zutraue! Fast immer gilt: Geht nicht, gibt's nicht! Aber ich bin mir auch bewusst, dass es in meiner Altersklasse nicht nur aufs „Wollen" ankommt. Deshalb bin ich unendlich froh und dankbar, dass es mir gesundheitlich vergönnt ist, auch zu „können". Allerdings hat sich im Laufe der Jahre einiges geändert: Als ich kurz nach der Jahrtausendwende mit einem Radfreund unterwegs war, befolgten wir das Motto: 100 Kilometer sind Pflicht, danach kommt die Kür. Das gilt nun nicht mehr. Inzwischen hetze ich mich nicht mehr ab, sondern nehme mir Zeit. Wenn ich mit meiner Frau unterwegs bin, machen wir mindestens einen Tag in der Woche Pause und kommen so wöchentlich meist auf 400 bis 500 Kilometer. Unsere Kilometerleistung ist davon abhängig, ob es viele Bergstrecken gibt, ob uns der Wind unablässig ins Gesicht bläst, ob uns ständige sengende Hitze oder anhaltender peitschender Regen ausbremst oder ob es kulturelle, historische oder landschaftliche Highlights gibt. Wenn wir stundenlang im Kriechgang an einem langen Berganstieg hängen, gilt das, was meine Frau sagt: Wir schaffen das, es ist alles eine Frage der Zeit.

Nebenbei: Nur durch unsere unabhängige Art des Reisens – mit Zelt, Schlafsack, Isomatte, Kocher und Topf – sind die Projekte für uns finanzierbar. Früher hatte ich viel Geld und wenig Zeit, heute ist es umgekehrt. Ich möchte nicht mehr tauschen, denn ich weiß: Wer auf Luxus und Komfort verzichtet, kann auch heute noch günstig die ganze Welt bereisen! Selbstverständlich gebe ich Informationen und Erfahrungen an Interessierte gerne weiter.

Wenn ich an unserem Küchentisch sitze, fällt mein Blick immer wieder auf dieses Brett:

Es zeigt die Flaggen der 99 Staaten, die ich mit dem Rad bereist habe. Mehrmalige Radreisen in den einzelnen Ländern tauchen flaggenmäßig nur einmal auf. Die sogenannten De-facto-Staaten wie etwa Nordzypern oder Transnistrien sind nicht mitgezählt. Die mit einem gelben Stern gekennzeichneten Flaggen zeigen die Länder, in denen ich gemeinsam mit meiner Frau unterwegs war.

Die Flaggen auf der Tafel zeigen folgende Länder:

1960 bis **2000**: Deutschland, Österreich, Tschechien, Polen, Litauen, Lettland, Estland, Russland.

2001 bis **2005**: Kasachstan, Italien, San Marino, Slowakei, Ungarn, Rumänien, Bulgarien, Griechenland, Türkei, Usbekistan, Moldawien, Ukraine.

2006 bis **2010**: Slowenien, Kroatien, Bosnien-Herzegowina, Schweiz, Luxemburg, Niederlande, Belgien, Frankreich, Großbritannien, Mongolei, China, Tunesien, Spanien, Portugal, Marokko.

2011 bis **2015**: Mauretanien, Senegal, Gambia, Malta, Zypern, Montenegro, Serbien, Kosovo, Nordmazedonien, Albanien, Mexiko, Guatemala, Belize, Vatikanstaat, Monaco, Sri Lanka, Bahrain, Liechtenstein, Vanuatu, Osttimor, Australien, Andorra, Bahamas, Dominikanische Republik, Haiti, Jamaika, Kuba, Dänemark, Schweden, Norwegen, Südkorea, Japan, Weißrussland, El Salvator, Honduras, Nicaragua, Costa Rica, Panama, Georgien, Armenien, Ascherbaidschan.

2016 bis **2020**: Vietnam, USA, Kanada, Philippinen, Pakistan, Kirgistan, Tadschikistan, Island, Komoren, Mauritius, Seychellen, Laos, Kambodscha, Thailand, Myanmar, Irland, Turkmenistan, Iran, Finnland, Vereinigte Arabische Emirate, Oman, Israel, Jordanien.

Meine Touren in den einzelnen Kontinenten im Überblick:

Europa und Afrika

Von meiner Haustür aus bin ich etappenweise in alle Richtungen gefahren und habe zwischenzeitlich alle 47 europäischen Staaten bereist – manche über Tausende, andere, die quasi auf der Strecke lagen, nur über wenige Kilometer. So entstand das Netz meiner Radtouren durch Europa und Nordafrika. Bereits vor der Jahrtausendwende bereiste ich Tschechien, Polen und die baltischen Länder. Diese Route verlängerte ich kurz darauf bis nach Russland.

Die ersten Etappen mit meiner Frau führten mich über Österreich durch ganz Italien bis Sizilien. **2004** und **2005** folgten Reisen nach Südosteuropa bis Istanbul bzw. bis zur Krim.

2006 erkundete ich die Adriaküste bis Dubrovnik. Von dort startete ich **2012** zu meiner Balkantour mit dem Endpunkt Tirana in Albanien.

Europa und Afrika

2010 wendete ich mich Westeuropa zu, durchquerte die Beneluxländer, Frankreich, Südengland, Spanien und Portugal bis zum marokkanischen Marrakesch. Dort startete ich ein Jahr später zur Westafrikatour mit Radfreund Dietmar, die mich über Mauretanien und den Senegal bis nach Gambia führte.

Die Nordroute verlief über Prag, Dresden und Hamburg nach Skandinavien. **2019** und nun im Corona-Jahr **2020** schlossen wir diese Tour über Finnland mit dem Ziel Nordkap ab.

„Zwischendurch" gab es kleinere Touren nach Monaco und dem Vatikanstaat, durch Weißrussland, nach Andorra, über England nach Irland sowie Inseltouren auf Malta, Zypern, Island, Mauritius, den Seychellen und den Komoren.

Ob ich wohl in Afrika noch so manches Abenteuer erleben darf?

Asien

Asien

Etliche meiner Europatouren habe ich bis weit nach Asien hinein verlängert. Bereits **2004** radelte ich mit einem Freund durch Kasachstan auf der Seidenstraße nach Taschkent in Usbekistan.

Drei Monate lang fuhr ich **2007** durch Sibirien bis zum Baikalsee. Diese Tour verlängerte ich mehrmals: **2009** mit Dietmar bis nach Peking und dann **2010**, **2017** und **2018** zusammen mit meiner Frau durch ganz China und Südostasien bis Myanmar. Die Türkei folgte **2008**. Erst **2015** verlängerte ich auf einer Solotour diese Strecke in den Kaukasus bis Baku. Daran knüpften sich **2018** und **2019** unsere Reisen von Turkmenistan aus durch den Iran, über den Golf von Oman und durch die Vereinigten Arabischen Emirate bis zum Oman an.

Wieder mit Dietmar startete ich **2017** in Pakistan, um auf dem Karakorum-Highway zur weltweit höchst gelegenen Staatsgrenze nach China zu radeln. Ich erreichte Kashgar und schloss mit meiner Frau die Lücke über die sogenannten „Stan-Länder" nach Usbekistan, das ich bereits viele Jahre vorher erreicht hatte.

Kürze Touren führten durch Osttimor, Sri Lanka, Bahrein, Südkorea, Japan und die Philippinen. Zuletzt besuchten meine Frau und ich Anfang des jetzigen Corona-Jahres **2020** Israel und Jordanien.

Ich hoffe, die noch große Lücke durch den indischen Subkontinent in den nächsten Jahren schließen zu können.

Nord- und Mittelamerika

2012 wählten Inge und ich den Ausgangspunkt Mexiko City, weil dort meine Schwiegertochter Ana-Maria aufgewachsen ist. Weit im Süden überquerten wir die Grenzen nach Guatemala und Belize. Dann steuerten wir die Halbinsel Yucatan an, wo die Tour in Cancun endete. Mit Dietmar durchquerte ich im Frühjahr **2016** Alaska von Anchorage bis Dead Horse am Nordpolarmeer. Dabei bewältigten wir den berüchtigten Dalton-Highway im Norden Alaskas. Im Herbst desselben Jahres setzte ich diese Tour mit meiner Frau fort. Wiederum von Anchorage aus radelten wir durch Kanadas Westen bis zum Endpunkt Seattle.

2014 zog es uns erneut über den Atlantik. Meine Frau und ich erkundeten die Karibikinseln Bahamas, Hispaniola mit den Staaten Dominikanische Republik und Haiti, Jamaika und schließlich Kuba.

Ein Jahr später folgte die Fortsetzung durch Mittelamerika. Von Belize Stadt aus ging es durch Guatemala, El Salvador, Honduras, Nicaragua, Costa Rico bis nach Panama City.

Unsere bislang letzte Amerikatour führte **2019** wiederum vom Startpunkt Mexiko City aus nach Las Vegas im US-amerikanischen Bundesstaat Nevada. Wichtige Zwischenziele auf dieser Tour waren die Halbinsel Baja California sowie die US-Nationalparks Joshua Tree, Monument Valley und Zion. Irgendwann wollen wir die Lücke in den USA schließen und auch Südamerika erkunden.

Nord- und Mittelamerika

Australien und Südsee

Nachdem ich im **2013** die Südseeinsel Vanuatu umrundet hatte, radelte ich anschließend durch den jungen Staat Osttimor. Danach startete ich alleine zu meiner Australiendurchquerung in Darwin. Nach rund 4000 Kilometern kam ich Mitte Juli in Melbourne bei tristem und kaltem Novemberwetter mit viel Nieselregen an. Ich hoffe, im Laufe der nächsten Jahre auch Neuseeland und einige Südseeinseln zu erkunden.

Australien

Ein herzliches Dankeschön geht an alle meine Radpartner, die mich begleitet haben. Eine unerschütterliche Kameradschaft verbindet mich mit Dietmar Roth. Mit ihm bin ich durch dick und dünn gegangen. Vergelt's Gott auch an diejenigen, die mir im Vorfeld Tipps und Anregungen gegeben haben. Ich empfinde es als Glücksfall, dass ich mit Awad Eckstein einen Verleger gefunden habe, der mein Buch in dieser Form erst ermöglicht hat. Äußerst wertvoll war für mich das gründliche und kritische Lektorat von Dr. Norbert Autenrieth. Die ansprechende grafische Gestaltung der Karten verdanke ich Jürgen Pastor, die Umschlaggestaltung Frank Drechsler und Andrea Waidlein. Sehr froh bin ich auch darüber, dass mich meine Söhne Janosch und Wolf mit Rat und Tat unterstützt haben und dass meine Ex-Frau Angelika ihre fundierte Sprachkompetenz als Deutschlehrerin in die Waagschale geworfen hat. Der größte Dank gebührt zwei weiteren Frauen. Meiner Mutter, weil sie mir im Alter von fünf Jahren auf ihrem alten Drahtesel das Radfahren beibrachte, weil sie bedingungslos an mich glaubte und mir das Urvertrauen und die Gewissheit vermittelte, dass es in jeder noch so brenzligen Lage einen Ausweg gibt. Und meiner Frau, die mit mir die Leidenschaft für Radreisen ins Unbekannte teilt. Immer wieder kann ich mein Glück kaum fassen, sie überhaupt gefunden zu haben. Eine Perle in einem Berg von Glaskugeln.

1. Tschechien – Kann nicht mehr, heißt will nicht mehr (2000)

Im Sommer des neuen Jahrtausends unternehme ich eine Radtour mit meinem langjährigen Freund Michael. Wie ich hat er Frau und zwei kleine Kinder und unsere Familien treffen sich oft. Ich stecke ihn mit meiner Begeisterung an und wir beschließen, auf idyllischen Wegen bis nach Tschechiens Hauptstadt Prag zu radeln.

Die erste Herausforderung erwartet uns schon am zweiten Tag. Bei heftigen Steigungen von 17 oder 18 Prozent im Fichtelgebirge ist der untrainierte Michael hoffnungslos überfordert und muss über lange Strecken schieben. Seine Stimmung ist im Keller und er reagiert permanent gereizt. Selbst an den Abfahrten, meint er frustriert, könne er sich nicht mehr freuen, weil er wisse, dass es gleich wieder bergauf gehe. Immer wieder sagt er verdrossen: „Ich kann nicht mehr." Als ich ihm entgegne: „Kann nicht mehr, heißt will nicht mehr" macht er ein grimmiges Gesicht und spricht stundenlang kein Wort mehr mit mir.

Gereizt und mürrisch steigt er tags darauf auf sein Rad. „Warum habe ich mich bloß auf diese Scheiße eingelassen?" hadert er mit sich, mit mir und dem Schicksal. Das Zetermordio wird immer heftiger. „Ich setz mich in den nächsten Zug und fahre heim!" kündigt er abends finster an. Was er dann aber doch nicht macht. Irgendwann verliere ich den Geduldsfaden und fauche ihn an, sich zu entscheiden. Die Tour ist anstrengend, aber das lässt sich nicht ändern. Ich bin ratlos und will mir meine gute Laune von diesem Miesepeter nicht verderben lassen.

Im Böhmerwald geht es weiter auf und ab. Zwischendurch führt der idyllische Weg, der zwischendurch zum Trampelpfad wird, durch Pfützen, Schilf und mannshohe Brennnesselfelder. Immer wieder versperren wuchernde Dornensträucher und hochgewachsene Disteln mit wunderschönen Blüten unseren Weg. Schließlich müssen wir einen kleinen Bachlauf überqueren. Die Furt ist nur etwa zehn Zentimeter tief. Es ist warm und Michael, der vorne ist, hat seine Sandalen ausgezogen und in die Hände genommen und schiebt das Rad durch. Plötzlich höre ich ihn lauthals brüllen und schimpfen und als ich herbeieile, sehe ich das Malheur: Er liegt im Bach, sein Fahrrad mitsamt dem Gepäck ebenfalls. Er flucht und tobt. Wie sich herausstellt, war die Furt äußerst glitschig.

Nach einer Woche und 444 Kilometern erreichen wir Prag. Wie geplant, fahren wir dann mit dem Zug zurück. Und das Fazit? Das kurze Radabenteuer hat bei Michael und mir völlig gegensätzliche Wirkung entfaltet: Bei mir hat sich die Leidenschaft für lange Fahrradtouren gesteigert, für ihn war es ein Fiasko. Nach dieser Erfahrung versuche ich kein zweites Mal, jemanden zu einer Radtour zu überreden. Mir ist klar geworden: Man kann niemanden zum Jagen tragen!

2. Litauen – Der Fahrraddieb (2000)

Eine meiner ersten Radtouren über die Grenzen Deutschlands hinaus führt mich mit Radfreund Martin durch das Baltikum. in der Hafenstadt Kleipeda, dem früheren Memel. machen wir auf dem Marktplatz Halt. Es gibt einige einfache Imbissbuden, die auch Backwaren über die Straße verkaufen.

Wir stellen unsere Räder neben eine der zusammengenagelten Bretterbuden mit Wellblechdächern und gehen hinein. Gerade, als die Verkäuferin mir ein Stück vom dicken Mohnkuchen einpackt, zupft uns eine Kundin am Ärmel und zeigt aufgeregt nach draußen. Hastig eilen wir hinaus – und sehen die Bescherung: Martins Rad ist weg. Bestürzt und ratlos stehen wir da und wissen nicht, was wir machen sollen. Macht es einen Sinn, zur Polizei zu gehen? Wohl kaum! Da bemerken wir in kurzer Entfernung einen unnatürlichen Menschenauflauf.

Rasch laufen wir hin. Uns bietet sich ein unvergessliches Bild: Mitten auf der Straße liegt in einer Kurve Rolands Rad neben einem jungen Mann. Über ihm steht ein Polizist mit gezückter Pistole, der seinen bestiefelten Fuß auf den am Boden Liegenden gestellt hat und in sein Funkgerät spricht. Eine filmreife Szene. Wir machen dem Uniformierten klar, dass uns das auf dem Pflaster liegende Fahrrad gehört. Er gebietet uns zu warten und es dauert nur wenige Minuten, bis mit Sirenengeheul eine grüne Minna angerast kommt.

Jetzt kommt richtig Bewegung in die Sache. Vier bis fünf weitere Polizisten springen aus dem Wagen und packen den immer noch im Straßenstaub liegenden Mann. Unsanft stoßen sie ihn in ins Fahrzeug. Ein Uniformierter mit Rangabzeichen kommt und will wissen, was passiert ist. Er spricht leidlich Englisch. Schließlich bittet er uns, ihn zur nächsten Polizeiwache zu begleiten. Das Polizeiauto ist längst davongebraust.

Auf der Wache erfahren wir, was sich abgespielt hat. Nachdem sich der Dieb auf Rolands Fahrrad geschwungen hatte und davongedüst war, wollte er so schnell wie möglich verschwinden und die Kurve kratzen. Diese Redewendung nahm er wohl zu wörtlich, denn die für ihn ungewohnten Vorderradtaschen wurden ihm zum Verhängnis. Mit ihnen blieb er an einer Bordsteinkante hängen und landete dann auf dem Asphalt.

Nachdem wir unsere Aussage zu Protokoll gegeben haben, sehen wir, wie der Fahrraddieb in Handschellen abgeführt und mit grober Hand in eine Zelle geschoben wird. Er schaut uns halb leidend, halb flehend an und stammelt einige Worte, die wir nicht verstehen. Wahrscheinlich möchte er, dass wir ein gutes Wort für ihn einlegen. Irgendwie tut mir der arme Kerl leid, aber ich sage mir, nun muss er halt die Suppe auslöffeln, die er sich eingebrockt hat. Wer weiß, wie viele Räder er schon gemopst hat? Ob er was daraus lernt? Und wenn ja, was? Die Finger von fremden Sachen zu lassen? Oder beim Radklau besser aufzupassen? Oder lieber gleich ein Auto zu klauen? Wir werden es nie erfahren.

3. Estland – Die Frühstückseier (2000)

Wir radeln durch das Baltikum zur estnischen Hauptstadt Tallinn. Man spürt, dass die Zeit, als das Land eine Sowjetrepublik war, noch nicht allzu lange vorbei ist. Zwar sprechen die meisten Menschen nicht russisch miteinander, aber fast alle verstehen es. Englisch ist noch nicht verbreitet.

Auch in vielen der oft heruntergekommenen Hotels herrscht bei den Angestellten noch die gute alte sozialistische Zeit, als Kunden nur bessere Bittsteller waren und froh sein mussten, überhaupt bedient zu werden. In einem solchen Etablissement sind wir abgestiegen und haben eine unruhige Nacht hinter uns. Nicht weil die vergilbten Laken voller Pissflecken sind und die Matratzen bei jeder Bewegung knarren, sondern weil in unserem 4-Bett-Zimmer ein besinnungslos Betrunkener einquartiert war. Mehrmals in der Nacht höre ich, wie er hastig aus seinem Bett in das auf dem Gang befindliche Badezimmer eilt, dessen Tür offen stehen lässt und sich heftig übergibt. Nachdem er tastend zurück in sein Bett getorkelt ist, schnarcht er in abgehaktem Rhythmus wie ein Walross.

Am nächsten Morgen begeben wir uns unausgeschlafen in den Frühstücksraum. Nach einer Weile erscheint eine ältere und beleibte Dame mit trägem Schritt und mürrischer Miene. Ohne unseren Morgengruß zu erwidern, fragt sie kurz angebunden, was wir essen wollen. Ich frage mich, ob sie eine ähnliche Nacht wie wir hinter sich hat. Kaffee heißt im Russischen „Kofe" und wird verstanden. Mit den Speisen ist es schwieriger.

Wie bestellt man Eier? Wir gackern laut. Daraufhin wackelt die Frau mit den vergoldeten Schneidezähnen schwerfällig in die Küche, holt ein Hühnerei und zeigt es uns fragend. Erfreut nicken wir. Anschließend zitiert sie uns per Zeigefinger in die Küche und deutet auf Topf und Pfanne. Also: Gekochte Eier oder Rühreier? Wir zeigen auf den Topf.

Sie fragt weiter, zeigt dabei mehrere Finger. Wir verstehen nichts. Schließlich sage ich zu Martin: „Sie will sicher wissen, wie lange sie die Eier kochen soll." Dieser meint: „Ich esse am liebsten Fünf-Minuten-Eier." Also deute ich auf Martin und strecke fünf Finger in die Luft, anschließend auf mich selber und recke dabei sechs Finger empor, weil ich Frühstückseier gerne etwas fester mag.

Wir trinken schon mal Kaffee und warten. Nach einer halben Stunde zweifeln wir, ob noch was kommt. Aber schließlich erscheint die Bedienung und bringt uns die bestellten Eier: Insgesamt elf Stück! Im ersten Moment reagiere ich verwundert, und auch Martin ist verblüfft. Dann lache ich lauthals. Es ist offensichtlich, was passiert war: Sie hatte gefragt, wie viele Eier wir wollten und nicht, wie lange diese kochen sollten! Wir nehmen es mit Humor. Jeder von uns schafft drei Stück, die restlichen packen wir ein für unterwegs. Wie so oft ist man hinterher schlauer!

4. Kasachstan – Die Kanalratte (2002)

Der Frühjahrssturm fegt über die Steppe nördlich des Kaspischen Meeres und peitscht mir eiskalte Regenschauer ins Gesicht. Hurenwetter, hätte mein Vater gesagt. Von früh morgens bis spät abends liegt ein wolkenverhangener Himmel über einer flachen, eintönigen und schier endlosen Landschaft. Nach einer guten Woche im Dauerregen bin ich am Rande der Verzweiflung. Und am Rande meiner Kräfte. Der Zwang, weiterzuradeln, hat die Lust am Radeln längst abgelöst. Beim ständigen Kampf gegen den Wind fühle ich mich wie Don Quichotte.

An manchen Tagen begegne ich keinem Menschen. Die Einsamkeit setzt mir immer stärker zu. Soll ich eine Pause einlegen und abwarten, bis das Wetter besser wird? Aber wo? Und wie lange? In der kasachischen Steppe gibt es kein Hotel. Die wenigen Dörfer an der Straße mit Teestuben sind dünn gesät. Hier ist niemand unterwegs, der es nicht sein muss.

Einmal hält ein alter schwerer Laster. Der Fahrer deutet auf die leere Ladefläche hinter sich – eine Mitfahrgelegenheit. Die Versuchung, unter diesen miserablen Umständen das Angebot anzunehmen, ist riesengroß. Aber nach einem kurzen Moment des Zögerns schüttle ich den Kopf. Der Fahrer des Lkws schaut ungläubig, schüttelt ebenfalls den Kopf, legt den ersten Gang ein, drückt aufs Gaspedal und ist weg.

Ich bin mit Isomatte und Schlafsack, aber ohne Zelt unterwegs. Warum? Weil ich denke, dass es auf der Welt genug Dächer gibt, ob natürliche oder künstliche. Den ganzen Tag über prasseln Regenschauer auf mich ein und meine angeblich regendichten Klamotten halten nicht, was die Werbung versprochen hat.

Wieder einmal fängt es an zu dämmern und wieder einmal habe ich keinen Schimmer, wo ich schlafen soll. Aber irgendwo in dieser Einöde muss ich mich verkriechen, und so bleibt mir keine Wahl: Ein trockener Betonkanal, etwa 50 bis 60 Zentimeter im Durchmesser, der unter einer Straße hindurchführt, wird zum ungemütlichen Schlafplatz.

Zuerst ziehe ich in dem irrsinnig engen Kanal die nassen und verschwitzten Kleider aus und hole trockene Sachen aus meinen Fahrradtaschen. Mein Fahrrad platziere ich in Sicht- und Reichweite im Straßengraben. Um es zu tarnen, bedecke ich es mit aufgeschlitzten Lkw-Reifen und zerrissenen Plastiktüten, die hier überall herumliegen.

Dann schlinge ich einige Müsliriegel runter und breite mühsam, aber hastig Isomatte und Schlafsack aus. Um mich vor dem Wind zu schützen, stelle ich meine Fahrradtaschen im Kanal quer. Schnell wird es stockdunkel. Ich bin erschöpft und todmüde. Ab und zu flackern die Scheinwerfer der vorüberfahrenden Autos wie Irrlichter an der Innenseite des Kanals. Der Wind zerrt und raschelt an den alten Plastiktüten, mit denen mein Fahrrad abgedeckt ist.

Irgendwann in der Nacht erwache ich aus einem leichten Schlaf und bemerke mit wachsendem Entsetzen, dass ich in meiner Betonröhre nicht allein bin. Immer wieder scharrt es leise in der Nähe meines Kopfes und als ich ein unüberhörbares Nagen, Kratzen und Knabbern höre, läuft es mir kalt den Rücken hinunter. Zwischendurch ist es wieder ruhig und ich glaube schon, mich getäuscht zu haben. Dann wieder das leise Rascheln und die kaum hörbaren Kratzgeräusche. Fieberhaft überlege ich: Ein Iltis? Ein Marder? Aber die müssten doch noch im Winterschlaf liegen, oder?

Schließlich glaube ich, ein graues längliches Tier mit langem Schwanz vorüberhuschen zu sehen – eine Ratte. Ihr samtweiches Fell streift mein Gesicht. Mir wird übel. Krampfhaft überlege ich, wie ich mich verhalten soll. Mich tot stellen oder die Ratte vertreiben? Augen auf oder Augen zu? Eine grauenvolle Angst befällt mich. Ich bin wie gelähmt und kann mich weder für das eine noch für das andere entscheiden.

Plötzlich kann ich sie genau sehen. Mit ihrem dunkelgrauen Fell und ihren langen Barthaaren wirkt sie fast possierlich. Überall schnuppert sie neugierig herum und ihre kleinen Knopfaugen glänzen. Als ob sie mich listig anlächelt. Aber mir ist nicht nach Lachen zumute. Wie erstarrt ertrage ich das Martyrium und frage mich, was die Ratte sucht und ob sie vielleicht hungrig ist.

Schauergeschichten fallen mir ein von Babys, die von aggressiven Ratten angefressen wurden. Irgendwann wird es unerträglich – ich brülle und reiße schlagartig die Augen auf. Das Echo meines Schreies hallt von den Wänden des Kanals so laut wider, dass ich selbst erschrecke. Der Morgen dämmert bereits, und als ich meinen Kopf auf die andere Seite drehe, sehe ich mein aufgeschlagenes Tagebuch. Heulend bläst der frühmorgendliche Wind die Blätter hin und her und verursacht dabei das Rascheln und Knistern, das ich im Traum für das Treiben einer Kanalratte hielt.

Honigverkauf am Straßenrand.

In diesem engen Tunnel unter einer Straße in Kasachstan verbringe ich eine unruhige Nacht.

5. Russland I – Wolgograd, Stalingrad (2003)

„Die neunte und zehnte Rippe, sehen Sie", sagt der Unfallarzt und deutet mit einem kleinen Zeigestock auf ein an die Wand geheftetes Röntgenbild. „Beide sind bzw. waren gebrochen", fährt er fort. Jetzt sehe ich es auch. Zwei der schmalen, fast sichelförmig gekrümmten schwarzen Schatten unterscheiden sich leicht von allen anderen. An einer bestimmten Stelle wirken sie wie aneinander gesetzt, so, als ob man sie zuerst auseinander gebrochen und dann mehr schlecht als recht wieder zusammengefügt hätte. „Das verursacht die Schmerzen, wenn Sie husten oder niesen. Aber das geht bald vorbei, die Rippen sind ja schon beinahe wieder verwachsen. Das muss doch schon eine ganze Weile her sein. Wie ist denn das passiert?", will der Arzt wissen.

Natürlich weiß ich, wann, wo und wie es passiert ist. Einen guten Monat ist es her, dass ich bei meiner Radtour durch Russland von Moskau in den Süden zum Kaspischen Meer alleine unterwegs war. Als ich durch den dichten Stadtverkehr von Wolgograds Zentrum fuhr, blieb ich mit einer Pedale an einer extrem hohen Bordsteinkante hängen. Ich stürzte vom Rad, konnte mich aber gut abfangen und dachte erst einmal, dass nicht viel passiert sei. Keine Abschürfungen, keine Prellungen, keine Blessuren. Alle Gelenke und Gliedmaßen ließen sich einwandfrei bewegen. Mein Stahlross hatte ebenfalls nichts abgekriegt.

Deshalb mache ich mir nicht viel aus dem kleinen Malheur und suche in der Innenstadt von Wolgograd, dem ehemaligen Stalingrad, ein Hotel. Viel Auswahl gibt es nicht, ich betrete die Lobby eines großen Betonklotzes in bestem sozialistischem Stil. Die Zimmer sind für eine Großstadt erstaunlich günstig. Ich handle trotzdem einen kleinen Rabatt heraus, weil ich hier eine längere Pause von einigen Tagen einlegen will. Es ist Anfang Mai, wenige Tage vor dem Jubiläum zur Feier des Sieges im Großen Vaterländischen Krieg, wie man hier den 2. Weltkrieg nennt. Dieses Spektakel will ich mir nicht entgehen lassen.

Nachdem ich die Packtaschen von meinem Fahrrad abgenommen habe, bugsiere ich das Rad hochkant in den quietschenden und knarzenden Aufzug. Im fünften Stock angekommen, parke ich meinen Drahtesel im gebuchten Zimmer direkt neben dem Bett. Der Raum ist zweckmäßig und geräumig. Neben einem Bett aus Pressspan besteht der einzige Luxus aus einem Schreibtisch mit Stuhl.

Kurze Zeit später sitze ich auf einem bequemen Sofa in der großzügig gestalteten Hotellobby und blättere in meinem Reiseführer. Als ich bemerke, dass sich neben mir zwei junge Männer auf Deutsch unterhalten, spreche ich sie an. Es stellt sich heraus, dass die beiden Mitarbeiter vom Volksbund Deutsche Kriegsgräberfürsorge sind. Sie erzählen mir, dass sie seit etlichen Wochen hier seien und zusammen mit russischen Hilfskräften Ausgrabungen und Umbettungen durchführen. Aufgrund von Informationen durch ältere Einwohner stoße man immer noch auf die in der Schlacht um Stalingrad gefallenen deutschen Soldaten, die oftmals nur eingescharrt worden waren. Manchmal könne man anhand der Erkennungsmarke oder durch persönliche Gegenstände wie Ringe sogar die Identität der Toten feststellen und Angehörige in Deutschland informieren. „Aber in den meisten Fällen", sagt der ältere der beiden, „haben Grabräuber alles geplündert, was man irgendwie brauchen oder zu Geld machen kann." Auf meine Frage schildern sie mir, was sie nach der Ausgrabung mit den Skeletten machen. „Die sterblichen Überreste der Verstorbenen werden in die zentrale Kriegsgräberstätte Rossoschka überführt", erklären sie mir. Sie fordern mich auf, diese knapp 40 Kilometer vom Stadtzentrum entfernte Gedenkstätte zu besuchen.

Ich bin überrascht, weil ich mit einer solchen Begegnung überhaupt nicht gerechnet hatte. Im Gespräch ist mir klar geworden, dass die beiden Männer ihre Tätigkeit als Beitrag zur Völkerverständigung und als Friedensarbeit begreifen. Trotzdem frage ich mich im Laufe des Abends, wie sinnvoll das aufwändige Projekt ist. Die sogenannte Ruhe- oder Liegezeit bei Erdgräbern in unseren heimischen Friedhöfen, also die Zeit bis zu einer Neubelegung des Platzes, liegt in der Regel zwischen 20 und 30 Jahren. Doch hier werden nach mehr als 60 Jahren die Gebeine von Soldaten – ob identifizierbar oder nicht – ausgebuddelt, zusammengeklaubt und an einem anderen Platz erneut vergraben. Für Angehörige mag es tröstlich sein, zu wissen, wo der Gefallene seine ewige Ruhe gefunden hat, aber würde eine pietätvoll gestaltete Gedenkstätte mit eingemeißelten Namen nicht ausreichen?

Mit diesen Gedanken schlafe ich ein. Mitten in der Nacht erwache ich durch einen leicht stechenden Schmerz in meinem Brustkorb. Wenn ich ruhig liegen bleibe, tut nichts mehr weh, aber wenn ich mich umdrehen will, sticht es wieder. Ich kann mir keinen Reim darauf machen und komme nicht auf den Gedanken, dass es mit meinem kleinen Sturz am Vortag in der Innenstadt zusammenhängen könnte. Trotzdem schlummere ich kurz darauf wieder ein und schlafe gewohnt wie ein Murmeltier.

Am folgenden Tag besuche ich die Sehenswürdigkeiten der Stadt, die fast ausnahmslos mit dem grausamen Kriegsgeschehen zusammenhängen. Als erstes zieht es mich zum Mamajew-Hügel mit seiner 84 Meter hohen und deshalb kilometerweit sichtbaren Mutter-Heimat-Statue. Die Frauengestalt in wehendem Gewand schwingt mit wild entschlossenem Gesichtsausdruck ein riesiges Schwert. Sie ist eine der größten Statuen der Welt. Der strategisch wichtige Hügel war während der Schlacht von Stalingrad besonders heftig umkämpft. Hier liegen mehr als 30.000 gefallene Sowjetsoldaten in der Erde. Am Aufgang zur Kolossalstatue erklingen aus verborgenen Lautsprechern Gefechtslärm, Schüsse, Sirengeheul und Artilleriebeschuss mit Bombeneinschlägen. Bevor man die gigantische Statue erreicht, wird man durch die Ruhmeshalle geleitet, wo eine aus dem Boden emporgereckte überdimensionierte Hand eine Fackel mit dem „Ewi-

Die Autobahn in Russland wird auch von einheimischen Radlern genutzt.

Schon aus kilometerweiter Entfernung zu sehen: Eine riesige Frauengestalt in wehendem Gewand und emporgestrecktem Schwert. Die Kolossalstatue „Mutter Heimat ruft" in Wolgograd ist die meistbesuchte Gedenkstätte Russlands.

gen Feuer" in die Höhe hält, flankiert von zwei Soldaten als Ehrenwache. Eine martialische Anlage voller Symbolik.

In der Innenstadt steuere ich auf ein aus roten Backsteinen errichtetes großes Gebäude zu. Eine nackte Ruine ohne Dach, die zahlreichen ehemaligen Fenster sind tiefschwarze Löcher. Es handelt sich um die völlig zerstörte Grudinin-Mühle, die man nach der Schlacht um Stalingrad als Mahnmal stehen gelassen hat.

Am nächsten Morgen, es ist Samstag, bin ich gerade mit dem Frühstück fertig, als ich von draußen laute „Urrha-Urrha" Rufe und rhythmische Marschmusik höre. Die Jubiläumsfeierlichkeiten haben begonnen. Eine große Gruppe Soldaten marschiert in festen Reihen im Stechschritt über die abgesperrte Straße. Voran tragen sie Standarten und Fahnen. Im Abstand folgen ihnen rüstige Veteranen in Paradeuniformen, die über und über mit Orden und Auszeichnungen behängt sind. Die Musiker mit ihren Trommeln und Pauken bilden das Ende des Zuges.

Kurz darauf treffe ich vor dem Hotel die beiden Deutschen vom Kriegsgräberbund. Nur wenig interessiert schauen sie sich die bombastische Militärparade an. Einer der beiden spricht fließend russisch und erzählt mir von einem Gespräch mit einem hiesigen Lehrer. Der habe ihm mit Verweis auf die aktuelle wirtschaftliche Situation die provokante Frage gestellt: „Wie schaut ein Siegervolk aus? Eher wie Russland oder eher wie Deutschland?" Nach einer guten Stunde habe ich genug von den zahlreichen Feld- und Flakgeschützen, von den Panzern und Raketenwerfern.

Gegen Mittag ist der militärische Teil des Jubiläums beendet. Schlagartig verändert sich die Szenerie. Kinder bevölkern die Spielplätze, ausgelassene Jugendliche stehen vor Eisdielen Schlange oder haben eine offene Flasche Bier in der Hand, Familien flanieren entlang der Uferpromenade der Wolga. Ich nutze den Nachmittag, um mit einem Taxi zu der empfohlenen zentralen Kriegsgräberstätte zu fahren. Ich bin überrascht, weitere Besucher hier zu finden, die mit einem kleinen Bus gekommen sind. Noch mehr bin ich erstaunt, als ich merke, dass alle aus Deutschland sind. Die meisten der überwiegend älteren Leute stehen an den großflächigen Granittafeln, wo die Namen der geborgenen und identifizierten 24.427 Gefallenen eingraviert sind. Einige andere befinden sich etwas abseits bei großen Granitwürfeln, die die Namen von tausenden vermissten deutschen Soldaten tragen.

Die deutschen Besucher bieten mir einen Platz in ihrem Bus an, um in die Stadt zurückzufahren. Ich nehme das Angebot gerne an und auf der Rückfahrt erzählen mir einige, dass sie nur deshalb hierhergekommen seien, um zu sehen, wo ihr Vater oder Onkel begraben wurde. Dass der Sammelfriedhof so würdevoll gestaltet sei, beruhige sie ungemein. Nach dieser Begegnung bin ich mir nicht mehr sicher, ob das Projekt des Sammelfriedhofs nicht doch seinen Sinn hat.

Mein letzter Pausentag in Wolgograd ist ein Sonntag. Frühmorgens fahre ich mit der Straßenbahn weit in den südlichsten Teil des Stadtgebiets, das sich ins-

gesamt über 60 Kilometer am Ufer der Wolga entlangzieht. Hier liegt die ehemalige, 1765 von der Herrnhuter Brüdergemeine gegründete deutsche Siedlung Alt
Sarepta. Wie viele andere deutsche Siedlungen im Osten Europas geht die Gründung auf eine Initiative der Kaiserin Katharina II. im 18. Jahrhundert zurück. In
der Folgezeit waren die Deutschen wirtschaftlich äußerst aktiv. Schon kurz nach
ihrer Ankunft bauten sie eine Tabakfabrik und verarbeiteten Baumwolle. Später
widmeten sie sich sogar dem Weinanbau. Zeitweise war Sarepta die wichtigste
und bekannteste deutsche Kolonie in Russland.

Heute gibt es hier noch eine verschwindend kleine deutsche Gemeinde. Als
ich ankomme, bin ich allerdings etwas enttäuscht. Die ganze Anlage nennt sich
Freilichtmuseum Alt-Sarepta, aber die beiden einzigen Gebäude, die etwas her-
machen, sind die gut 200 Jahre alte restaurierte Kirche und ein hübsch verputztes
Haus, in dem die Bibliothek untergebracht ist. Doch ich habe Glück. Als ich in die
Kirche eintrete, beginnt gerade ein Gottesdienst in deutscher Sprache. Der Pastor
predigt ergreifend von einem Drama in der Schöpfungsgeschichte, dem Bruder-
mord von Kain an Abel. Ich muss an meine jugendlichen Söhne denken, die sich
mitunter fast den Kopf einschlagen. In einem stillen Stoßgebet bitte ich, dass eine
Zeit kommen möge, in der sie sich besser vertragen werden.

Als ich am nächsten Tag Wolgograd verlasse, hänge ich noch lange den vielen
Eindrücken nach. Auf einer langen Brücke überquere ich die Wolga und erreiche
nach einigen kräftezehrenden Tagesetappen mein Endziel, Astrachan am Kaspischen Meer. Unterwegs passiere ich die Kleinstadt Achtubinsk, nicht ahnend,
dass nur ein Jahr später mein jüngerer Sohn Wolf genau hier in einer russischen
Gastfamilie ein Auslands-Schuljahr verbringen wird. Das kam so: Das Bundes-
land Bayern hat sogenannte „Partnerländer", und dazu zählt auch Russland. Als
Gymnasiast bewarb er sich dann beim Bayerischen Kultusministerium erfolgreich als „Botschafter Bayerns" für diesen Auslandsaufenthalt. Aber das ist eine
ganz andere Geschichte.

Zurück zum Ausgangspunkt. Die kraftvolle Fortsetzung der Radtour nach
den Pausentagen in Wolgograd war unwissentlich goldrichtig, wie der Arztbe-
such einen Monat später zeigte: Die bei Rippenbrüchen oftmals beeinträchtigte
Atmung wurde durch die tagelange Anstrengung gefordert und gefördert. Auf
dem Röntgenbild sehe ich beim Unfallarzt nun schwarz auf weiß die heilsame
Folge: Der doppelte Rippenbruch ist fast schon verheilt.

6. Bulgarien – Zu Gast bei Kirill und Lena (2003)

Auf unseren Reisen passiert es immer wieder mal: Wildfremde Menschen laden uns spontan ein, bei ihnen zuhause zu essen und zu übernachten. Diese Begegnungen sind stets etwas ganz Besonderes, denn wir tauchen ungeplant und unvorbereitet ein in die Privatsphäre unserer Gastgeber. Obwohl oder vielleicht auch, weil wir in solchen Sternstunden oft wie Ehrengäste behandelt werden, ist das stundenlange Beisammensein – vor allem wegen der Sprachbarriere – ziemlich anstrengend.

Auf Nebenstraßen wollen wir in Bulgarien ein bekanntes Höhlenkloster erreichen und es besichtigen. Verrostete Hinweisschilder mit Einschusslöchern weisen uns den Weg. Am späten Nachmittag treffen wir auf Kirill. Er sitzt in einem kleinen Häuschen am Eingang und verkauft für einige Groschen die Tickets. Als wir zwei Karten bezahlen wollen, spricht uns Kirill in gebrochenem Deutsch an und sagt, dass die Besuchszeit bald enden werde. Wir sollten doch, schlägt er uns vor, lieber morgen früh das Kloster besichtigen.

Ich schätze Kirill auf Mitte sechzig. Er trägt eine dicke, große Hornbrille und schielt auf seinem linken Auge. Über seinem verwaschenen, aber sauberen Pulli trägt er eine Weste mit vielen Taschen. Später erfahren wir, dass er mit der Tätigkeit am Kassenhäuschen seine spärliche Rente aufbessert. Er vermittelt den Eindruck eines einfachen, aber sympathischen und aufgeschlossenen Mannes.

Wir sind unschlüssig, weil wir vorhatten, noch bis zu einer etwa 20 Kilometer entfernten Kleinstadt zu fahren und dort ein Zimmer zu nehmen. In unmittelbarer Nähe des Klosters gibt es keine Unterkunft und der einsetzende Regen lädt nicht gerade zum Naturcamping ein. Kirill unterbricht unsere Überlegungen, indem er kurzerhand sagt: „Kommen in mein Haus, Frau da." Sollen wir, können wir diese spontane Einladung einfach so annehmen, fragen wir uns. Ist sie überhaupt ernst gemeint oder nur eine höfliche Floskel?

Der Bulgare deutet auf den Eingang zum Kloster und sagt uns, dass er in einer halben Stunde die Tür abschließen und nach Hause gehen wird und wiederholt, dass wir doch mitgehen sollen. Wir beschließen, die nette Einladung anzunehmen und kurze Zeit später schieben wir unsere Räder neben Kirill zu dessen nahe liegendem Heimatdorf.

Bald kommen wir an einem typischen kleinen Bauernhäuschen an und Kirill ruft seine Frau Lena, die uns nach einer kurzen Erklärung ihres Mannes sehr freundlich begrüßt und herzlich willkommen heißt. Sie führt uns ins Haus und weist uns ein einfaches Zimmer zu, in dem einige ältere Möbelstücke und zwei Betten stehen. Wir bedanken uns überschwänglich und breiten unsere Schlafsäcke aus. Eine richtige Dusche ist im Haus nicht vorhanden, aber es gibt ein Waschbecken mit fließend kaltem Wasser. Das genügt uns vollauf.

Ein Eselsgespann rast im Schweinsgalopp an uns vorbei – mit einem Wagen, der sich auch im Museum gut machen würde.

Zum Wohl! Wir verbringen einen unvergesslichen Abend mit Lena und Kyrill.

Als wir den Staub und Schweiß des Tages abgewaschen haben, begeben wir uns in die Küche. Dort steht Lena mit Küchenschürze am holzbefeuerten Herd und ist schon fleißig am Werkeln. Nachdem wir fragen, ob wir ihr irgendwie helfen können, ruft die aufgeweckte Hausfrau nach ihrem Mann und der zeigt uns stolz das Haus und die Nebengebäude.

Kirills Reich ist wirklich beeindruckend. Zuerst führt er uns in seine Holzwerkstatt, wo er offensichtlich gerade dabei ist, an seinem Spaten den abgebrochenen Stiel zu erneuern. Es herrscht eine liebevolle Unordnung. Der kleine Raum ist vollgestopft mit den unterschiedlichsten Geräten und Werkzeugen, der Boden ist mit Sägespänen übersät, Regale beherbergen ein Sammelsurium von Nägeln und Schrauben und an der Wand hängen neben seiner Arbeitsjacke einige alte Familienfotos. Danach geht's zu den Stallungen im und am Haus. Hier versorgt Kirill zwei junge Schweine, etwa ein Dutzend Hühner, ungefähr zehn Enten und 15 bis 20 Stallhasen. Gleich hinterm Haus ist ein Gemüsegarten, in dem unter anderem Zwiebeln, Tomaten, Gurken und Bohnen reifen. Unschwer erkennen wir, dass unsere Gastfamilie wirtschaftlich nahezu autark ist.

Nach der Besichtigungstour bittet uns Lena an den Küchentisch. Als wir sehen, wie sie aufgekocht hat, ist es uns ziemlich peinlich, denn damit haben wir nicht gerechnet. Zuerst serviert sie eines der Nationalgerichte Bulgariens: Bob Tschorba, die köstliche Bohnensuppe, dann gibt es mit Reis und Hackfleisch gefüllte Paprikas und den bekannten Schopskasalat aus Tomaten, Gurken und bulgarischem Käse.

Obwohl ich normalerweise kein Fleisch esse, greife ich beherzt zu, denn das Prinzip der Gastfreundschaft steht für mich über meinen Essgewohnheiten. Ich bin pappsatt, aber Lena holt als Nachtisch frischen Joghurt aus dem Kühlschrank, dazu stellt sie einen Topf mit Honig und Heidelbeermarmelade auf den Tisch. Das fürstliche Mahl ist mit Abstand das Beste, was wir in Bulgarien gegessen haben. Als die beiden fragen, ob es geschmeckt hat, bejahen wir heftig und schütteln dabei zur Bekräftigung mit dem Kopf. Bekanntlich steht das Kopfschütteln in Bulgarien für Zustimmung.

Nachdem Lena abgeräumt hat, nimmt das Unvermeidliche seinen Lauf. Kirill kommt mit einer vollen Flasche Wodka und vier Gläsern, die so groß sind wie bei uns Saftgläser. Eine lange Unterhaltung beginnt. Unsere Gastgeber interessieren sich vor allem für unsere Familie. Gut, dass wir einige Fotos dabei haben. Zwischen den Schnäpsen wird – aus anderen Gläsern – immer Wasser oder Limonade getrunken. Gemeinsam stoßen wir mit Nasdrawe – auf die Gesundheit – an. Als im Laufe des Abends die Flasche leer ist, zaubert der Hausherr die nächste hervor. Nie zuvor oder später habe ich so viel Wodka getrunken wie an diesem unvergesslichen Abend. Wie ich mein Bett gefunden habe, weiß ich beim besten Willen nicht mehr.

7. Griechenland – Familie und Heimat (2003)

Wir wollen von Bulgarien kommend zum europäischen Teil der Türkei radeln, meine Frau Inge und ich. So durchqueren wir ein kleines Stück griechisches Territorium. Dort erleben wir am Nachmittag eine nette Überraschung. Als wir durch eine Kleinstadt kommen, sieht ein etwa 70-jähriger Mann unser deutsches Fähnchen an Inges Rad und spricht uns in gutem Deutsch an: „Deutschland? Kommt rein und trinkt was."

Wir nehmen die Einladung an und sitzen gemeinsam mit zwei älteren Männern und ihren Frauen am Wohnzimmertisch. Eine der Frauen bringt uns Gläser mit Wasser und Saft sowie etwas Obst und Knabberzeug. Nachdem wir berichtet haben, woher wir kommen und wohin unsere Tour geht, erzählen sie uns, woher sie unsere Sprache kennen.

Die beiden Männer sind Brüder. Als Gastarbeiter kamen sie einst nach Deutschland und arbeiteten bei den Ford-Werken. Nach einigen Jahren holten sie ihre Frauen und Kinder nach und betrieben fast 20 Jahre lang ein familiär geführtes Lokal in Köln. Das Restaurant mit dem wohlklingenden Namen „Delphi" war ihr Leben. „Zuerst war es sehr schwierig", erinnert sich Nikos, „vor allem der Papierkram mit den Behörden und die ganzen Auflagen. Mit der Zeit haben wir uns dann einen Namen gemacht und viele Besucher wurden zu Stammgästen."

Stolz erzählt er weiter: „Alle unsere Kinder sind in Deutschland geboren. Da leben sie auch, sind jetzt erwachsen und haben selbst Kinder. Einer meiner Söhne hat eine deutsche Frau. Er hat unser Lokal übernommen, ist fleißig und verdient viel Geld damit." Die anderen Kinder, sagt uns der Grieche, hätten ebenso einen Beruf gelernt und sich ihr Leben aufgebaut. „Sie sprechen viel besser deutsch als griechisch", meint er mit einem leicht schmerzlichen Unterton.

Als sie noch in Köln lebten, seien sie mindestens einmal im Jahr in ihre alte Heimat gefahren. Am liebsten hätten sie damals ihre Eltern mitgenommen nach Deutschland. Aber die hätten das abgelehnt, weil sie zu stark mit ihrem Heimatort verwurzelt gewesen seien. Vielleicht wäre er mit seinem Bruder und den Frauen auch am Rhein geblieben. Aber vor einigen Monaten sei seine Mutter gestorben und sein 91-jähriger Vater lebe nun alleine hier. „Wir müssen uns um ihn kümmern, deshalb sind wir zurück", schildert er uns die Situation.

Als wir uns für die Stärkung bedanken und wieder aufbrechen wollen, hält er uns zurück. Er geht zu einem alten Plattenspieler und legt eine Scheibe auf. Und dann ertönt mit leichten Kratzern das Lied von Udo Jürgens: „Griechischer Wein ist so wie das Blut der Erde, komm', schenk dir ein, und wenn ich dann traurig werde, liegt es daran, dass ich immer träume von daheim, du musst verzeih 'n..."

8. Usbekistan – Roland (2005)

Roland ist mein Freund, besser gesagt, war mein Freund. Mein langjähriger Radfreund. Zusammen haben wir in Deutschland etliche mehrwöchige Radtouren unternommen. Der 60-jährige Gymnasiallehrer arbeitet in Hamburg und hat keine Kinder, wohnt aber mit seiner Lebensgefährtin Brigitte seit über 20 Jahren unter einem Dach. Nun hat er sich ein Sabbatjahr genommen und will das machen, wovon er schon immer geträumt hat: Eine Radtour auf der historischen Seidenstraße. Voller Vorfreude beschließen wir, das Projekt gemeinsam durchzuziehen.

Anfang September starten wir bei bestem Wetter an der Grenze zwischen Europa und Asien: In der kasachischen Stadt Atyrau am Kaspischen Meer, durch die der „Kontinental-Grenz-Fluss" Aral fließt. Nachdem wir die Stadt verlassen haben, empfängt uns die Steppe. Auf der mit tiefen Schlaglöchern übersäten Straße verkehren nur wenige Fahrzeuge. Die meiste Zeit sind wir allein, freie Sicht zum Horizont nach allen Seiten. In kümmerlichen Dorfläden müssen wir uns mit Lebensmittel- und Wasservorräten für mehrere Tage eindecken. Nach unseren bisherigen problemlosen Deutschlandtouren ist das wie der Sprung ins kalte Wasser.

Im staubtrockenen und steinigen Ustjurt-Plateau passieren wir die usbekische Grenze, bevor es durch die trostlose Kysylkum-Wüste aus Kies und Sand an den kümmerlichen Resten des Aralsees vorbeigeht. Die weit vom Wasser entfernt liegenden rostigen Schiffswracks spiegeln Rolands Stimmung wider. Nach zweiwöchiger Wüstenerfahrung hat er die Schnauze gestrichen voll.

Eine in Sichtweite verlaufende Eisenbahnlinie dient der Orientierung. Für Roland ist das eine große Versuchung und wiederholt schlägt er vor, in einen der Züge einzusteigen. Als wir etliche Kilometer unsere schweren Räder auf versandeten Wegen schieben müssen und tags darauf lange Strecken auf einer harten Piste wie aus Wellblech vorwärtsholpern, stöhnt er: „Wie im Archipel Gulag, wenn wir hier rauskommen, haben wir nur noch Schrotthaufen unter dem Arsch." Worauf ich ihm erwidere: „Wer solche Touren macht wie wir, der frönt halt einer Leidenschaft, die immer wieder Leiden schafft." Roland findet das nicht lustig. Ich lasse jedoch keinen Zweifel daran, dass ich den Ehrgeiz habe, alles auf zwei Rädern zu schaffen, und schließlich verzichtet er zähneknirschend auf einen Alleingang.

Die Toiletten in diesem Teil der Erde bestehen aus primitiven Plumpsklos in engen Bretterverschlägen. Mein Freund bezeichnet sie mit trockenem englischen Humor als „rustikal" und als ihn heftiger Durchfall plagt, meint er sarkastisch: „Ich pfeif aus dem letzten Loch." Er schimpft und flucht in einer Tour, aber er beißt die Zähne zusammen und hält durch. Schließlich erreichen wir glücklich unser Ziel, die sagenumwobenen Märchenstädte auf der Seidenstraße: Chiwa,

Der Registan in Samarkand gehört sicherlich zu den schönsten Plätzen Asiens.

Das reicht in Taschkent gerade mal für ein Abendessen!

Buchara und Samarkand. So weit, so gut. Leider war diese Reise unsere letzte. Denn meinen Freund Roland sollte ich nicht wiedersehen.

Monate später schmiede ich neue Reisepläne und will den Oberstudienrat aus Hamburg fragen, ob er wieder mit von der Partie sei. Doch ich kann ihn telefonisch nicht erreichen und von seiner Lebensgefährtin weiß ich nur den Vornamen: Brigitte. Schließlich sagt mir die Sekretärin seines Gymnasiums nach hartnäckigem Nachfragen, dass Roland vor kurzem verstorben sei. Ich bin schockiert. Ob es ein Unfall oder eine plötzliche schwere Erkrankung gewesen sei, will sie mir nicht verraten.

Wie erfahre ich mehr? Erst nach einer Weile macht's klick: In der örtlichen Zeitung ist eine Todesanzeige erschienen. Hier steht auch der volle Name seiner Freundin. Am Telefon erzählt mir Brigitte eine schier unglaubliche Geschichte. Roland, sagt sie, wäre kurz nach unserer Radtour nach Thailand geflogen, um in einem Entwicklungsprojekt in einem abgelegenen Dorf mitzuarbeiten. Nach seiner Rückkehr sei er sehr in sich gekehrt und regelrecht verschlossen gewesen. Irgendwann habe sie es nicht mehr ausgehalten. Sie habe sich von ihm trennen wollen. Daraufhin habe ihr Roland gestanden, dass er in Thailand eine junge Frau kennengelernt habe und intim mit ihr geworden sei. Noch während seines Aufenthaltes dort habe die Thailänderin einen Schwangerschaftstest gemacht und das Ergebnis sei eindeutig positiv gewesen. Im Taumel seiner Gefühle und dem Bewusstsein, unerwartet doch noch Vater zu werden, hätte er zuerst geglaubt, dass es die große Liebe wäre. Inzwischen aber wäre er völlig verzweifelt und deprimiert. Die ganze Zeit hätte er unter unsäglichen Schuldgefühlen gelitten und es nicht geschafft, ihr die Wahrheit zu sagen. Brigitte fügt hinzu, dass er wie ein Schlosshund geheult und sie schluchzend um Verzeihung gebeten habe.

Für sie, sagt mir Brigitte, sei das ein Schock gewesen. Ihre Empfindung beschreibt sie als einen Gefühlscocktail von Verletzung, Wut und Mitleid. Sie habe das erst mal verdauen müssen und sei deshalb die nächsten zwei Wochen zu ihrer im Nachbarort wohnenden Schwester gezogen.

Eigentlich habe sie nicht diejenige sein wollen, die wieder den Kontakt sucht. Aber nachdem er das Telefon nie abgenommen habe, sei sie schweren Herzens zu dem gemeinsamen Haus zurückgekehrt. Da niemand geöffnet habe, hätte sie mit ihrem Haustürschlüssel die Tür geöffnet. Was sie dann gesehen habe, so Brigitte, werde sie ein Leben lang verfolgen: Unter der massiven Holztreppe habe an einem Strick der leblose Roland gebaumelt.

Auf dem Tisch habe sein Abschiedsbrief gelegen. Darin habe er seine Lebensgefährtin um Vergebung gebeten und geschrieben, dass er ohne sie nicht leben könne. Mit der Schuld, die er auf sich geladen habe, allerdings auch nicht. Was er gemacht habe, sei der größte Fehler in seinem Leben gewesen. Sein Freitod sei die konsequente Strafe dafür. Von seinem Vermögen, habe er weiter bestimmt, sollte die Thailänderin als Alimente für das Kind 300 Euro monatlich erhalten – für die nächsten 20 Jahre. Seine sonstigen Vermögenswerte habe er Brigitte vermacht.

Brigitte berichtet schließlich, was Roland nicht wusste: Die Thailänderin war gar nicht schwanger! Sie hatte nur die Gelegenheit nutzen und ihre Kasse aufbessern wollen – was ihr letztendlich auch hervorragend gelungen war. Ob Roland sich auch umgebracht hätte, hätte er das gewusst? Hatte er somit völlig sinnlos seinem Leben ein Ende gesetzt? Tief erschüttert frage ich mich: Wer schreibt das Drehbuch eines solch absurden Abgangs?

9. Bosnien und Herzegowina – Zwei Begegnungen im Korridor (2006)

Wer eine ausgedehnte Fahrradtour über mehrere Länder unternimmt, der hat doch Zeit, sollte man meinen. Es ist Frühling, und es ist schön warm an der Adria bei meiner Balkan-Tour. Ich bin solo unterwegs. Kurz vor Mittag erreiche ich von Norden kommend den schmalen Neum-Korridor, der zu Bosnien-Herzegowina gehört. Der Korridor durchbricht auf einer Straßenlänge von rund sieben Kilometern das Staatsgebiet von Kroatien. Die Kleinstadt Neum hat als einziger bosnischer Ort einen Zugang zum Meer. Genau hier kommt mir ein vollbepackter Radler schwitzend entgegen.

Es ist ein junger Schweizer aus Zürich, der mir in knappen Sätzen erzählt, dass er eine monatelange Tour mit Tausenden von Kilometern hinter sich habe. Über Osteuropa und Russland habe er den Kaukasus durchquert und sei durch die Türkei auf den Balkan gefahren. Nun befinde er sich auf der Rückkehr in die Heimat.

Ich bin beeindruckt und möchte mehr von dem erfahren, was er erlebt hat. Also lade ich den Eidgenossen spontan zu einem Cappuccino in ein nahe gelegenes Café ein. Er bedankt sich freundlich, aber dann versetzt mich sein Verhalten in großes Erstaunen, denn er senkt schnell – fast wie gehetzt – den Blick und schaut hastig auf seine Armbanduhr. Dabei runzelt er die Stirn und wiegt den Kopf nachdenklich hin und her. Als ob er eine schwere Entscheidung zu treffen habe.

Schließlich meint er im Tonfall des tiefsten Bedauerns, dass er heute erst 70 Kilometer zurückgelegt habe und deswegen nicht zu viel Zeit vergeuden wolle. Auf einen Aufenthalt im Café müsse er leider verzichten. Nach kurzem Gruß wünscht er mir eine gute Weiterreise, schwingt sich in den Sattel und fährt flugs davon. Ich stehe erst mal da wie der sprichwörtliche Ochs vor dem Berg und fühle mich vor den Kopf gestoßen. Vielleicht zwingt ihn sein Zeitplan, schnellstmöglich heimzukommen. Urlaub zu Ende? Semesterbeginn? Ungeduldige Freundin? Ist er ein Einzelgänger? Bin ich ihm einfach zu alt? Oder will er schlicht und einfach seinen Stiefel durchziehen, ohne lästige Störung?

Fakt ist: Je nach persönlichem Reisestil setzt jeder Tourenradler seine Prioritäten und entscheidet, was ihm wichtig oder gleichgültig ist. Für welchen Zweck und für welches Ziel er wie viel von seiner Lebenszeit einsetzt. Während der eine in möglichst kurzer Zeit möglichst viele Kilometer runterreißen will, sind dem anderen die gemütlichen Pausen jede Menge Zeit wert. Während der eine schnell Berge von Spagetti reinhaut, genießt der andere jeden Bissen. Während der eine als Einzelgänger sich selber genug ist, sind dem anderen die sozialen Kontakte unentbehrlich.

Dabei gibt es kein Besser oder Schlechter. Nur ein Anders. Ganz offensichtlich war der Schweizer eben „anders" drauf als ich. Mir wird klar: Die Frage lautet nicht, ob man Zeit hat – die hat man im Grunde immer. Die Frage lautet, ob und wofür man sich Zeit nimmt. Und weil die Radreisenden allesamt Individualisten sind, mal mehr, mal weniger anpassungsfähig und -willig, ist es schwer, einen „kompatiblen" Partner zu finden.

Dann schiebe ich mein Rad zu dem Café in Sichtweite. Meinen Cappuccino, denke ich mir, kann ich auch alleine trinken. Unter großen Sonnenschirmen gibt es etliche kleine Tischchen mit Korbstühlen. Da kein Tisch frei ist, frage ich einen graumelierten älteren Herrn auf Englisch, ob ich mich zu ihm setzen dürfe. Ich bin überrascht, als er mir in gebrochenem Deutsch antwortet: „Natürlich, setzen Sie sich doch!" Wie sich herausstellt, hatte Milan, so stellt sich der Mann vor, das Deutschlandfähnchen am Radlenker gesehen.

Jetzt sitzt mir der Rentner in aller Gemütsruhe gegenüber und trinkt mit kleinen Schlucken seinen Tee. Etliche Jahre hatte der Bosnier als Gastarbeiter im Mercedes-Werk in Sindelfingen gearbeitet, bevor er wieder in seine Heimat zurückkehrte. Unvermittelt fragt er, ob ich denn keine Angst habe, wenn ich alleine in einer einsamen Gegend oder im Wald in meinem Zelt übernachte. „Wovor sollte ich mich fürchten?" frage ich zurück. Worauf er erwidert: „Lesen Sie denn keine Zeitung und sehen Sie sich nicht die Nachrichten an? Es gibt doch so viele böse Menschen auf dieser Welt!"

Natürlich habe ich Situationen erlebt, in denen mir mulmig war. Etwa im westafrikanischen Dakar, als ich in stockfinsterer Nacht mein Rad durch dunkle Straßen zu meinem Hotel schieben musste. Oder in Alaska, als entgegenkommende Autofahrer stoppten und vor großen Grizzlybären in der Nähe warnten. Aber hier auf dem Balkan, in Europa, ist es da wirklich gefährlich, alleine zu reisen?

Nach kurzer Überlegung antworte ich ihm: „Na ja, wissen Sie, überall und jederzeit kann etwas passieren. Allein in Deutschland sterben auf der Straße durch Unfälle täglich fast zehn Menschen. Wie will man das vermeiden? Das Leben ist und bleibt halt lebensgefährlich. Gottlob bin ich von meinem Charakter her keine ängstliche Natur. Und was mich auf meinen Reisen immer beruhigt: Mit meinem vollbepackten Rad passe ich nicht in das Beuteschema von modernen Wegelagerern. Und deshalb fühle ich mich auf meinem Fahrrad viel sicherer als in einem Mercedes oder BMW."

Das angeregte Gespräch mit Milan macht mir zunehmend Spaß. Ich bin wieder bestens gelaunt und bestelle mir einen zweiten Kaffee sowie ein großes Stück Mohnkuchen. Möglich geworden ist diese interessante Begegnung nur, weil der schweizer Radler weitergefahren ist. Wieder einmal ist es anders gekommen als gedacht. Gut so!

10. Schweiz – Erotische Erinnerung (2006)

Ich bin alleine, als ich vom Bodensee aus am Rhein entlang nach Basel radle. Die Tour führt an dem für mich eher enttäuschenden Rheinfall vorbei. Des Öfteren wechsle ich von der deutschen auf die schweizer Seite. Ich durchquere die einzige, winzig kleine deutsche Exklave. Als ich schließlich in Basel ankomme und auf dem Marktplatz einen teuren Cappuccino trinke, kommen Erinnerungen hoch. An meinen ersten Aufenthalt im Land der Eidgenossen.

Sommer 1981. Ich hatte gerade mein Studium der Sozialpädagogik in Würzburg erfolgreich abgeschlossen. Die Hochschule lud die Absolventen zu einer Abschlussfahrt ein. Auf diese Weise kam ich in das Nachbarland. Drei Tage lang war ich mit etwa dreißig Leuten aus meinem Semester in einem mittelgroßen Hotel in Basel einquartiert. Auf dem Programm stand unter anderem der Besuch des Goetheanums. Das Zentrum der Anthroposophen liegt etwa zehn Kilometer südlich der Stadt. Das von Rudolf Steiner, dem Begründer der Anthroposophie eigenwillig entworfene imposante Gebäude erinnert unwillkürlich an einen Tempel. Steiner verehrte Johann Wolfgang von Goethe.

Regelmäßig werden hier Theaterstücke aufgeführt. Am Abend sahen wir den ersten Teil von Goethes Faust. Als das Stück zu Ende war, gingen die meisten in das Hotel zurück. Mir und einer Handvoll Gleichgesinnter war das zu früh. In der Basler Innenstadt steuerten wir auf eine Studentenkneipe zu, aus der schon von weitem laute Jazzmusik ertönte. Zum Glück war noch ein großer runder Tisch frei.

Als sich Marlene auf einen freien Stuhl setzte, platzierte ich mich blitzschnell daneben. Marlene war in Frankfurt aufgewachsen, bevor sie zum Studium nach Würzburg ging. Sie hatte lockige, dunkelbraune Haare, eine schmale Nase und ihre Augen huschten flink und lebenslustig hin und her. Da sie einen anderen Studiengang gewählt hatte, sah ich sie nicht oft. Aber insgeheim fand ich sie sehr attraktiv und fühlte ich mich zu ihr hingezogen. Obwohl ich immer wieder ihre Nähe suchte, war mir das bislang nicht so recht gelungen. Außerdem hatte ich Angst, nicht die richtigen Worte zu finden, mich zu blamieren und bei ihr abzublitzen.

Und nun saß ich hier in Basel direkt neben meiner Traumfrau! Um mit ihr ins Gespräch zu kommen, fragte ich sie nach ihren beruflichen Plänen. Sie hatte zwei Jobs in Aussicht. Ich beschrieb ihr dann meine Situation mit dem Goethezitat: „Da steh ich nun, ich armer Tor, und bin so klug als wie zuvor." Damit brachte ich sie zum ersten Mal lauthals zum Lachen.

Da die Musik meistens sehr laut war, konnte man sich nur unterhalten, indem man sich bis ans Ohr des anderen beugte. Nach dem zweiten Schoppen nahm ich klopfenden Herzens all meinen Mut zusammen und flüsterte Marlene ins Ohr: „Weißt du eigentlich, dass der Bacchus, den wir gerade trinken, seinen Namen von dem griechischen Gott Dionysos hat und dass dieser der Gott des Weines und des Rausches ist? Und weißt du auch, wie attraktiv und anziehend ich dich finde?" Ich sah, wie sie schlagartig errötete. Aber dann sagte sie mir, dass sie schon lange gespürt habe, was in mir vorgehe. Das Eis war gebrochen.

So kam es, wie es kommen musste: Mit einer Flasche Sekt bewaffnet, schlichen wir erregt auf mein Zimmer. Marlene war alles andere als prüde und erwies sich als sehr erfahren in der Liebe. Natürlich hatte sie den in studentischen Kreisen beliebten Bestseller „Joy of Sex" gelesen. Immer wieder neckte und reizte sie mich und steigerte so meine Begierde, ohne sich vollends hinzugeben. Es war wie ein Spiel, bei dem es darum geht, sich und dem Partner noch mehr Lust und Spaß am Sex zu bereiten. In dieser Nacht durfte ich intensiv erleben, wie berauschend und beglückend die Liebe sein kann, wenn man sich viel, nein, sehr viel Zeit lässt.

Nach und nach wurde jede Stelle unserer Körper zu einer erogenen Zone, die mit den Fingern, der Zunge und den Lippen entdeckt werden wollte. Jeder verführte den anderen, jeder ließ sich verführen. Erst im Morgengrauen sanken wir erschöpft und befriedigt in die Kissen. Als wir am Morgen beim Frühstück fehlten, wussten bald alle Bescheid. Nachdem wir mit erheblicher Verspätung auftauchten, feixte einer unserer Freunde mit einem Augenzwinkern und dem Verweis auf die Anthroposophie, dass wir esoterisch wohl mit erotisch verwechselt hätten.

Nach dieser himmlischen Liebesnacht trennten sich unsere Wege. Ohne Streit und ohne Aussprache. Einfach so. Vielleicht hatten wir beide gespürt, dass es keine Wiederholung geben konnte. Dass es ein einzigartiges, aber eben auch einmaliges Erlebnis war, das für den Alltag nicht taugt. Ich habe Marlene nie mehr wiedergesehen und weiß nicht, was aus ihr geworden ist.

Einzigartig, einmalig und damit nicht wiederholbar ist auch jede meiner Radtouren. Jede schenkt mir Lebensfreude, eine gewisse Befriedigung und ein kleines Glücksgefühl – natürlich nicht vergleichbar mit der euphorischen und furiosen Ekstase der beschriebenen erotischen Nacht. Mit diesem Gedanken trinke ich meine Tasse leer und lande in der Gegenwart. Ich bezahle, schwinge mich in den Sattel und trete beherzt in die Pedale.

11. Italien – Irren ist menschlich (2007)

Es ist eine meiner ersten Fahrradtouren mit Inge. Bei vorangegangenen kleineren Touren waren wir durch Südtirol bis Venedig gefahren. Nun steht die Fortsetzung auf dem Programm. Es ist sommerlich heiß, als wir von der Lagunenstadt aus südwärts radeln, nicht weit entfernt von der Adria.

Bereits am zweiten Tag unserer Tour erleben wir eine faustdicke Überraschung. Dabei geht es nicht um unser letztes Hemd, sondern „nur" um unser letztes Wasser. Alles beginnt am Spätnachmittag mit einem Blick auf die Karte. Abseits von stark befahrenen Straßen entdeckt Inge einen kleinen Weg in Küstennähe. Und da sie Radwege ohne Autoverkehr liebt, entscheiden wir uns, den auf der Karte so idyllisch wirkenden Weg einzuschlagen.

Dann kommen Probleme: Der Fußweg versandet zu einem schmalen Pfad, wir müssen schieben. Es geht durch einen Pinienwald mit viel Gestrüpp und da wir in der Hitze ordentlich schwitzen, sind wir ein lohnendes Ziel für zahlreiche Moskitos. Und wenn Inge mit irgendeiner Sache überhaupt keine Geduld hat, dann mit Fliegen und Stechmücken, die ihr im und um das Gesicht herumschwirren. Genervt sagt sie: „Die Mücken fressen mich auf!"

Immer wieder wischt Inge mit ihrem am Lenkrad befestigten Tuch den Schweiß von der Stirn. Zu allem Unglück haben wir nur noch einen kleinen Rest Wasser in unserer Trinkflasche. Aber wie sollen wir in dieser einsamen Gegend ohne Ortschaften an Wasser kommen? Ab und an sieht man einen kleinen und meist heruntergekommenen Bauernhof. Irgendwann wird uns klar, dass wir doch zu einem der Häuser gehen und nach Wasser fragen müssen.

Von weitem sehen wir ein halb zerfallenes Gehöft mit abgeblätterter Farbe. Am Fenster eines alten Schuppens lehnt ein Mann. „Da muss es Wasser geben", ist Inge überzeugt. Der junge Italiener trägt eine verwaschene und ausgebeutelte Jeans, die schlotternd an ihm herabhängt. Sein kariertes, zerknittertes Hemd steckt in der abgetragenen Hose, er trägt abgewetzte Schuhe und hat seine Hände tief in den Hosentaschen vergraben.

Nachdem wir ihn erreicht haben, starrt er uns mit neugierigen Augen penetrant an. Er wirkt seltsam verstört und irritiert. Wir zeigen ihm unsere Flasche und bitten ihn gestikulierend, sie aufzufüllen. Mit unbewegter Miene hört er uns zu. Ob er wohl verstanden hat, was wir von ihm wollen? Erwartungsvoll reiche ich ihm unsere Wasserflasche – und traue meinen Augen nicht: Kaum hat er sie gepackt, grinst er, und dann hebt er die Flasche blitzschnell an den Mund und trinkt sie mit einem Zug leer!

Nachdem er sie abgesetzt hat, lächelt er uns dankbar und selig an. Wir sind baff erstaunt und sehen einander fassungslos an. Sofort begreifen wir, dass das kein Schabernack ist. Jetzt erst können wir das sonderbare und ungelenke Gebaren des Mannes einordnen. Wir erkennen, dass es sich um einen Behinderten

So ein Schlamassel!

Diese malerischen Häuschen in Apulien werden Trulli genannt.

handelt, den unser unangekündigter Besuch verwirrt hat. Ratlos sehen wir einander an und nehmen unsere leere Flasche wieder an uns. Da wir nicht glauben, dass der Italiener wirklich durstig war, hätten wir ihm wohl nicht den letzten Rest unseres Trinkwassers gegeben. Aber bekanntlich ist Irren eben menschlich!

Da wir weder einen weiteren Menschen noch einen Wasserhahn entdecken können, ziehen wir ziemlich frustriert von dannen. Die Sache geht doch noch gut aus, weil wir bald darauf unerwartet eine kleine Unterkunft finden, bevor es dunkel wird. Wie so oft sagen wir uns auch an diesem Abend: Ende gut, alles gut!

12. Moldawien – Das kuriose Land Transnistrien (2008)

Als Inge und ich in Osteuropa unterwegs sind, überqueren wir den Fluss Dnjestr und erreichen ein seltsames Land. Eines, das seit 1992 erfolgreich seine Unabhängigkeit behauptet, aber trotzdem von keinem anderen Staat der Erde anerkannt wird – Transnistrien, eine abtrünnige Region von Moldawien. Ein Staatsgebilde, das es eigentlich gar nicht gibt. Das Kuriosum von einem Staat erstreckt sich über eine Länge von rund 200 Kilometern östlich des Dnjestr und ist nicht einmal halb so groß wie Unterfranken. Seine gut 550.000 Einwohner entsprechen etwa der Stadtbevölkerung von Hannover oder Leipzig.

Der De-facto-Staat verfügt über alles, was einen Staat kennzeichnet: eine handlungsfähige Regierung, eine funktionierende Verwaltung, ein gutgerüstetes Militär, eine eifrige Polizei und eine eigene Währung, den transnistrischen Rubel. Es existiert sogar eine transnistrische Universität! Nur Botschaften oder Konsulate sucht man vergeblich.

Völkerrechtlich gehört das Gebiet nämlich zur Republik Moldawien. In der rot-grün-roten Staatsflagge des russlandfreundlichen Regimes prangen in der linken oberen Ecke Hammer und Sichel wie in der untergegangenen Sowjetunion. Seinen Pass oder sein Geld sollte man hier möglichst nicht verlieren. Da unsere Abenteuerlust über unsere Bedenken siegt, gehen wir das Risiko ein, nach Transnistrien einzureisen.

Von Moldawien aus führt eine Brücke zur Grenzstation. Die transnistrischen Grenzbeamten empfangen uns höflich und korrekt. Der Grenzübertritt verläuft unproblematisch: Gegen Zahlung einiger Euros händigen uns die Grenzer einen abgestempelten Einreiseschein aus. Weitere Infos – jedenfalls auf Englisch – gibt es nicht, und was auf dem Schein steht, verstehen wir nicht, weil es kyrillisch geschrieben ist. Da wir das kleine Land nur für den Transit in die Ukraine bereisen und uns nur wenige Tage hier aufhalten wollen, gehen wir davon aus, dass alles seine Ordnung hat.

Obwohl es in dem Land etliche große Industriebetriebe gibt, die unter anderem Schnaps und Rüstungsgüter produzieren, gewinnen wir schnell den Eindruck eines Armenhauses. Nur wenige, meist ältere Autos rattern an uns vorbei, weil viele Menschen sich diesen Luxus nicht leisten können – ein Radlerparadies wider Willen. Neben der Straße stehen herbstlich gefärbte Walnussbaumalleen. Beleibte Babuschkas sammeln eifrig die nahrhaften Früchte.

Nach einer Zeltnacht auf einem abgeernteten Feld erreichen wir die Hauptstadt Tiraspol. Hier verkaufen Frauen in abgetragenen Kleidern an der Straße ihre entbehrlichen Habseligkeiten für den täglichen Bedarf: Haarnadeln, Wäscheklammern, Wollsocken, Knöpfe. Dieser Flohmarkt ist nackter und täglicher Überlebenskampf. Auf den mehrspurigen und breiten Boulevardstraßen im Zentrum herrscht nur wenig Verkehr. Die Straßennamen lesen sich wie ein kommunistisches Who's who: Lenin und Marx, Engels und Liebknecht, Zetkin und Luxemburg.

In einem völlig heruntergekommenen Hotel verbringen wir die zweite Nacht und radeln am darauffolgenden Tag zur Grenze, die in die Ukraine führt. Aufgrund der verkehrsarmen Straßen vermissen wir keine Radwege und fahren ganz entspannt durch die Landschaft. Die Menschen, die wir nach einem Laden oder Restaurant fragen, verhalten sich merkwürdig. Argwöhnisch und misstrauisch beäugen sie uns, wenn wir auf sie zugehen. Als ob wir Spione wären ...

Die Ausreise aus Transnistrien gestaltet sich schwieriger als gedacht. Als wir unsere Pässe vorzeigen, werden wir ins Büro des Chefs zitiert. „Jest bolschaja problema", auf Deutsch: „Es gibt ein großes Problem", sagt dieser stirnrunzelnd, schaut uns ernst an und schüttelt wiederholt den Kopf. Wie sich herausstellt, war das bei der Einreise erteilte Visum nur ein Transitvisum für maximal einen Tag. Bei längerem Aufenthalt ist eine Registrierung bei OVIR, der Meldebehörde, erforderlich.

Gestikulierend beteuere ich, dies nicht gewusst zu haben. Fast schon unterwürfig zolle ich dem Grenzoffizier den nötigen Respekt und weise darauf hin, dass wir mit dem Rad unterwegs sind. Der Offizier lässt uns erst mal zappeln, aber nach einigen Minuten lösen 20 Euro das „bolschaja problema."

13. Ukraine – Potemkin (2008)

In der Ukraine treffen Inge und ich auf unserer Etappe zur Krim sowohl in der Hafenstadt Odessa als auch in der Stadt Cherson auf den Namen eines berühmten Herrn. Dessen Trick, schöne Kulissen und Attrappen von Dörfern aufstellen zu lassen, um Katharina der Großen den Wohlstand der armen Gegend vorzutäuschen, führte dazu, dass dieser Name als Synonym für geschicktes Täuschen und Tricksen verwendet wird. Die Rede ist von Alexandrowitsch Potjomkin, besser bekannt als Potemkin, russischer Fürst und Feldmarschall, Vertrauter und Liebhaber der Zarin, gestorben 1791 in Neurussland, der heutigen Südukraine. Eine faszinierende und schillernde Figur der Weltgeschichte.

In Odessa gehen wir zu der kuriosen Treppe, die seinen Namen trägt. Die Freitreppe mit 192 Stufen verbindet seit 1837 den Hafen mit der höher gelegenen Innenstadt. Von oben sieht man nur die Treppenabsätze, von unten nur die Stufen. Weil sie unten wesentlich breiter gebaut ist als oben, wirkt die Treppe von oben betrachtet auf der gesamten Länge wie ein Rechteck. Von unten dagegen erscheint sie wesentlich länger und hat ihren Fluchtpunkt quasi im Himmel.

Das Bauwerk gilt als Sehenswürdigkeit und Wahrzeichen der Stadt. Was kaum einer weiß: Erst 1955 (!) hat man die Treppe nach Potemkin benannt, aus Anlass des 50. Jahrestages einer Matrosen-Meuterei, die Sergej Eisenstein in seinem berühmten Streifen „Panzerkreuzer Potemkin" verfilmt hat. Ob das dem Feldherrn gefallen hätte, darf man getrost bezweifeln.

In Cherson besuchen wir in der St. Jekaterinenkirche Potemkins Grabmal. Danach setzen wir uns gemütlich in ein Café und diskutieren ausgiebig über die Redewendung von den Potemkinschen Dörfern. Bei gewieften Militärstrategen gehörten die Potemkinschen Dörfer zur Trickkiste. Panzerattrappen sollen schon ganze Armeen in die Flucht geschlagen haben. Politiker lassen sich dagegen nicht so leicht enttarnen. Sie haben einen Ruf zu verlieren oder wollen wiedergewählt werden. Ein prominentes Beispiel einer erfolgreichen Täuschung sind die jahrelangen intensiven Bemühungen des früheren US-Präsidenten Kennedy, der Öffentlichkeit eine blühende Gesundheit und eine intakte Ehe und Familie vorzuspiegeln. Immer fragt man sich: Was ist inszeniert, was ist echt?

Gibt es auch heute noch solche „Dörfer"? Und ob – tagtäglich begegnen wir ihnen etwa im Supermarkt. Auf Neuhochdeutsch übersetzt sprechen wir von Mogelpackungen und Etikettenschwindel. Ob bio, ökologisch, natürlich, naturbelassen, vitaminreich, gesund, aromatisch, premium, regional oder light: Wörtlich darf man solche Bezeichnungen oft nicht nehmen. Kreative Marketingstrategen nutzen jede Chance, den Absatz zu steigern.

Weit verbreitet sind Schein und Anschein auch in der Berufswelt. Welcher Lebenslauf ist nicht geschönt und damit streng genommen getürkt? Kommt es nicht darauf an, sich gut zu verkaufen? Die Firmen, bei denen man sich bewirbt,

Weltberühmt. Die Potemkinsche Treppe in Odessa.

sind nicht besser: In Hochglanzbroschüren präsentieren sie sich und ihre Produkte und Dienstleistungen im allerbesten Licht. Dicke Schinken von Qualitätshandbüchern suggerieren garantierte Prozesse und Ergebnisse. Wie oft werden die Handbücher gelesen? Und wie oft befolgt? Aber Papier ist geduldig.

Und wie schaut es bei uns selbst aus? In unserem persönlichen Bereich, beim Umgang mit Freunden und in der Familie? Haben wir nicht alle einen Potemkin in uns? Zeigen wir nicht immer wieder unsere Schokoladenseite, die es so gar nicht gibt? Was ist wirklich echt und authentisch ohne Maske und Fassade?

Aber brauchen wir nicht alle ein gewisses Maß an Potemkin, um das soziale Miteinander erträglich oder angenehmer zu gestalten? Was wäre das für eine Welt, in der sich niemand die Mühe machen würde, den schönen Schein zu wahren? Würden nicht Unhöflichkeit und Rücksichtslosigkeit, Zügellosigkeit und Willkür herrschen? Würde nicht ausschließlich das Recht des Stärkeren gelten? Wäre nicht, so wie es Thomas Hobbes beschrieb, der Mensch dem Menschen ein Wolf?

Meine drei Enkelsöhn Paul, Arthur und Walter fallen mir ein. Die Kleinen im Vorschulalter verhalten sich noch unverstellt und authentisch. Ihre Freude, aber auch ihr Ärger und Zorn sind spontan, unkontrolliert und „pur." Sind sie nicht gerade aus diesem Grund höchst beglückend, aber höchst anstrengend zugleich? Aber ist es nicht auch gut, dass sie diesem Zustand „reinen" Gefühlslebens entwachsen werden? Für uns Erwachsene kommt es, wie in vielen anderen Dingen auch, auf das rechte Maß an. Ein Zuviel an Potemkin ist für die menschliche Gesellschaft und für den Einzelnen ebenso schädlich wie ein Zuwenig, würde Aristoteles im Sinne seiner Tugendlehre vielleicht sagen.

14. Russland II – Lenin, Pferdefleisch und Karma (2009)

Die sibirische Region Burjatien liegt unweit der Grenze zur Mongolei südlich vom Baikalsee. Mein Radfreund Dietmar und ich steuern die burjatische Hauptstadt Ulan Ude an. In vielen Dörfern passieren wir schöne, sibirische Holzhäuser, deren Fensterläden und -bänke kunstvoll verschnörkelt und reich verziert sind. Die Vororte der Großstadt dagegen sind geprägt von heruntergekommenen Bruchbuden. Nach kurzer Zeit finden wir das Haus von Jafar. Über das Internetportal Couchsurfing hatte ich von zuhause aus den Techniker kontaktiert. Er hat uns eingeladen, einige Tage bei ihm zu nächtigen.

Wir kommen abends an und der etwa 50-jährige Jafar entpuppt sich als perfekter Gastgeber. Zusammen mit seiner netten Frau Natsag bewohnt er ein geräumiges Haus. Nach einem reichhaltigen Abendessen berichtet uns Jafar von seinem Hobby, das ihm zur Leidenschaft geworden ist. In seiner Freizeit und fast jedes Wochenende fährt er in die Umgebung zu untergegangenen Dörfern – Wüstungen würden wir sagen.

In und zwischen den Ruinen und Grundmauern der versunkenen Häuser geht er mit seinem Metalldetektor auf die Suche. Schlägt der an, nimmt er Schaufel und Spaten aus seinem Wagen und beginnt zu graben. Immer wieder, erzählt er uns mit leuchtenden Augen, werde er fündig. In einem Zimmer stehen die Artefakte, die er uns voller Stolz zeigt: Alte Münzen, Bestecke, Armbänder, Finger- und Ohrringe. Jafar wühlt buchstäblich in der Vergangenheit und bringt längst vergessene Dinge ans Tageslicht.

Den ganzen nächsten Tag hat er sich freigenommen, um uns die Sehenswürdigkeiten seiner Stadt zu zeigen. Die auch physisch größte steht mitten im Zentrum: Auf einem quadratischen Sockel ruht ein bombastischer fünf Meter hoher Lenin-Kopf. Gebaut für die Weltausstellung 1971 in Kanada, suchte die sowjetische Regierung in den darauffolgenden Jahren lange vergeblich nach einem Abnehmer für das schöne Stück. Zahlreiche Städte lehnten „dankend" ab, und so landete Lenins Haupt weit im Osten Sibiriens.

Vielleicht hätte das Monument noch besser in eine der beiden Städte an der Wolga gepasst, durch die ich wenige Jahre zuvor geradelt bin und die die Namen der kommunistischen Urväter tragen: Marx und Engels. Als ich Jafar frage, was er von dem schönen Stück hält, antwortet er mit einem Achselzucken. Gerne hätte ich eine Postkarte mit dem Leninkopf verschickt, aber wir sehen keinen Souvenirladen und als ich in zwei Buchhandlungen danach frage, ernte ich nur ein halb erstauntes, halb bedauerndes „Njet."

Unterwegs laben wir uns mehrmals an der russischen Spezialität Kwas. Das ähnlich wie Malzbier schmeckende frische Getränk schäumt, wird durch Gärung aus Brot hergestellt und hat nur ganz wenig Alkohol. Junge Frauen mit Kopftuch

Der gigantische Leninkopf steht im Zentrum von Ulan-Ude.

Im schlammigen Boden Sibiriens ist dieser Traktor versunken.

zapfen den beliebten Trunk aus gelb angestrichenen kleinen Tankwagen wahlweise in kleine oder große Plastikbecher ab.

Als wir abends zurückkommen, hat seine Frau das Essen gerichtet. Auf zwei großen Tellern türmen sich eng aufgeschichtet Dutzende von Blinis – dünne, luftige und zusammengerollte Pfannkuchen aus Buchweizenmehl: eine russische Köstlichkeit. Auf einem der Teller liegen die Pfannkuchen mit Fleischfüllung, auf dem anderen die mit Quark gefüllten. Dazu gibt es Pikantes: Salat, Käse, Quark, Joghurt und sogar Kaviar.

Es schmeckt ausgezeichnet. Während ich mich an den Quarkpfannkuchen labe, verdrückt Dietmar ein Fleischblini nach dem anderen. Unsere Konversation führen wir auf Englisch und für Dietmar, der keine Fremdsprache beherrscht, übersetze ich den Gesprächsverlauf. Während des Essens erzählt mir Jafar, dass die Blinis mit Pferdefleischleber gefüllt seien. Und fügt hinzu: „Das beste Fleisch, das es gibt."

Als mein Radfreund die Pfannkuchen über den grünen Klee lobt, frage ich ihn, ob er wissen will, welches Fleisch drin ist. „Ja, klar", sagt er. Als ich ihn aufkläre, reagiert er radikal: Abrupt lässt er den bereits angebissenen Blini auf seinem Teller liegen und erklärt, dass er ihn nicht mehr essen könne. Die Information hat ihm gründlich den Appetit verdorben. Wenn ich das geahnt hätte, hätte ich ihn erst nach Abschluss des Essens aufgeklärt.

Nach dem Essen servieren unsere Gastgeber Bier, Wodka und kleine gesalzene Trockenfischchen. Die beiden interessieren sich für unsere Familien und im Gegenzug erfahren wir, dass Jafar und seine Frau seit etwa zehn Jahren verheiratet sind und sich zum Buddhismus bekennen. Sie beschreiben ein buddhistisches Kloster im etwa 50 Kilometer entfernt gelegenen Ivolginsk. Hier, sagen sie, sei das Zentrum der Buddhisten von Russland. Dann berichten sie Erstaunliches. Als die Leiche des buddhistischen Lamas Daschi-Dorscho Itigelow, der 1927 starb, im Jahre 2002 exhumiert worden sei, seien keine Verwesungserscheinungen festgestellt worden – ein Mysterium. Jetzt ruhe der Körper in einem Tempel des Klosters und könne an gewissen Feiertagen öffentlich besichtigt werden.

Da ich persönlich noch nie mit Buddhisten zu tun hatte, nutze ich die Gelegenheit und frage die beiden aus. Ich will wissen, ob sie auch nach buddhistischem Ritus geheiratet haben. „Ja, natürlich", antwortet Jafar und tätschelt liebevoll die Hand seiner Frau, „wir wurden in einem bekannten Kloster von einem Mönch getraut." Dann schildert er, wie die religiöse Hochzeitszeremonie verlaufen ist. „Der Mönch hat mit uns gesprochen, einzeln und gemeinsam", klärt er mich auf. Danach habe er sie beide an die Hand genommen und seinen Segen zu der Verbindung gegeben – weil er und seine Verlobte dasselbe Karma hätten. Ich weiß, dass man darunter so was Ähnliches wie Schicksal versteht, bohre aber trotzdem nach: „Was bedeutet das?" Woraufhin Jafar mir das erzählt, was ihm der Mönch damals prophezeite. „Wenn ihr zusammen im Auto unterwegs seid und einen sehr schweren Verkehrsunfall haben solltet, werdet ihr beide dabei sterben – ihr habt dasselbe Karma!"

15. Mongolei I – Das Hofbräuhaus in Ulan Bator (2009)

In der mongolischen Hauptstadt Ulan Bator treffen mein Radfreund Dietmar und ich auf Oto. Oto ist nicht sein richtiger Name, aber Oto weiß, dass sein mongolischer Name für deutsche Zungen schier unaussprechlich ist – und lässt sich deshalb Oto nennen. Kennengelernt haben wir den Mongolen zwei Wochen zuvor in einem kleinen Hotel in der zu Russland gelegenen Grenzstadt Suchbaatar. Als ich dort an der Rezeption nach einem Zimmer anfragte, stand er plötzlich neben mir und sprach mich an – auf Deutsch! Wie sich herausstellte, hatte Oto vor vielen Jahren in Jena Ingenieurwesen studiert – die Mongolei war für die DDR ein Bruderland.

Zurück zum Hotel. Kaum eingecheckt, klopfet es an unserer Tür. Oto brachte eine Wodkaflasche und drei Saftgläser mit. „Das müssen wir feiern", sagte er frohgemut, setzte sich an den kleinen Tisch und schenkte die Gläser halb voll. Er erzählte von seiner großartigen Zeit in der DDR, prostete uns laufend zu, schenkte immer wieder großzügig nach und bald war die Flasche leer – obwohl Dietmar fast nichts und ich nur wenig getrunken hatten. Oto war nicht anzumerken, dass er ein großes Quantum an Schnaps intus hatte; ein untrügliches Zeichen für einen gut trainierten Trinker.

Wir mussten den nächsten Tag eine Art Zwangspause einlegen, denn Oto wollte uns unbedingt gemeinsam mit einigen Kumpels die Umgebung der Stadt zeigen. Nach dem Hotelfrühstück holte er uns ab, in seinem Auto saßen auf der Rücksitzbank bereits drei Männer. Dietmar überließ mir den Beifahrersitz und quetschte sich zu den anderen hinten rein.

Die Mongolen fuhren mit uns zum Fluss Selenge. Nachdem der Strom über mehr als 1000 Kilometer durch die Mongolei und Russland geflossen ist, ergießt er sich als der wasserreichste Zufluss in den Baikalsee. Auf einer Anhöhe über dem Fluss stiegen wir aus dem Wagen und Oto holte einen großen Karton aus dem Kofferraum. Drin waren ungefähr ein Dutzend Bierflaschen. Während Dietmar und ich uns mit jeweils einer Flasche begnügten, hatten unsere Gastgeber offensichtlich größeren Durst. In den Trinkpausen zeigte Oto stolz nach unten und erklärte uns, dass genau hier der berühmteste Mongole aller Zeiten sein Lager aufgeschlagen hatte: Dschingis Khan.

Als wir am nächsten Tag in den Sattel stiegen, mussten wir versprechen, uns zu melden, sobald wir in Ulan Bator angekommen sein würden. Wir haben unser Versprechen eingelöst und Oto muss sofort losgedüst sein. Nun sitzen wir in seinem Lada und er fährt mit uns zu einem gewaltigen Monument am Rande der Stadt. Es hat die Form eines etwa zwei Meter hohen und vielleicht 50 Zentimeter starken Bandes aus Beton, das kreisförmig von der Innenseite aus begehbar ist. Das Ehrenmal besteht aus bunten Mosaiksteinen und verherrlicht die im 2. Weltkrieg bewährte sowjetisch-mongolische Freundschaft. Ein Rotarmist reicht

Prost! Mit einer feschen Kellnerin stößt Dietmar in Ulan Bator an.

einem mongolischen Soldaten fest die Hand, unter ihnen liegen die zertretenen Fahnen des japanischen Kaiserreichs und die Reichskriegsflagge mit Hakenkreuz.

Danach geht's zurück und Oto führt uns zu einem Gebäude, aus dem laute Musik schallt. Als wir näherkommen, staunen wir nicht schlecht: Urbayerisches Tätärä. Wir treten durch die Tür – und wähnen uns fast im Münchner Hofbräuhaus. In einem großen Raum sitzen viele Gäste, vor sich ein helles oder dunkles Bier. Der mongolische Gerstensaft nennt sich „Dschingis-Bier." Wir finden einen freien Tisch und sofort erscheint eine mongolische Lady mit pechschwarzen Haaren, mandelförmigen, dunkelbraunen Augen, hohen Wangenknochen und geschminkten Lippen – im stilechten Dirndl. Dietmar wählt das helle, ich das dunkle Dschingis, das allerdings nicht in Maßkrügen, sondern in dickwandigen Gläsern serviert wird.

Eine durchsichtige Wand im großen Gastraum gewährt freien Blick auf die kupfernen Braukessel und die Sudpfanne. Das Bier ist ausgesprochen süffig und nicht ganz so herb wie ein Pils. Im Gegensatz zum ersten Saufgelage mit dem Wodka langen wir kräftig zu. Sogar Dietmar hebt immer wieder tüchtig sein Glas und lässt sich zusammen mit der feschen Bedienung fotografieren. Er strahlt und selten habe ich ihn so heiter, ausgelassen und vergnügt erlebt. In solch gelöster Stimmung feiern wir zusammen mit Oto bis tief in die Nacht.

16. Mongolei II – Sandsturm in der Wüste Gobi (2009)

Nach unserem Aufenthalt in der Hauptstadt Ulan Bator radeln wir nach Süden zur Wüste Gobi. In dem am dünnsten besiedelten Land der Welt kann man tage- und wochenlang unterwegs sein, ohne einer Menschenseele zu begegnen. Die Weite und Grenzenlosigkeit lenkt den Fokus nach innen. Freiheit und Erhabenheit oder Angst und Hilflosigkeit? Bei mir ist es so: Beim ungehinderten Blick zum Horizont in alle Himmelsrichtungen fühle ich mich als kleiner und unbedeutender Teil der Natur, weit weg von aller zivilisatorischen Hektik. In dieser großen Einsamkeit werde ich bescheiden und dankbar, ja ich spüre Ehrfurcht vor der Natur und auch Demut. Mitunter breitet sich sogar eine wehmütige Stimmung in mir aus.

Bei ständigem Wind gelangen wir am Rand der Wüste in eine gespenstisch anmutende Kleinstadt. Etliche mittelhohe Häuser stehen als verlassene Betonruinen mit fensterlosen schwarzen Öffnungen trostlos herum. Ein Teil dieser Siedlung ist bereits eine verlassene Geisterstadt, im anderen Teil, der noch von wenigen apathisch wirkenden Menschen bewohnt wird, liegt auf allen Straßen und Plätzen zentimeterhoch der staubfeine Sand der Gobi. Offensichtlich wird nichts mehr weggeräumt – die erbärmliche, gottverlassene und irgendwie mitleiderregende Stadt ist dem Untergang geweiht und liegt im Sterben.

Der Sand knirscht zwischen den Zähnen und wir halten uns nicht lange in dem traurigen Ort auf. Rasch decken wir uns mit Fladenbroten, Instantnudeln und vielen Flaschen Trinkwasser ein, weil wir wissen, dass wir in den nächsten Tagen kein Dorf erreichen werden. Auf unserer Weiterfahrt sehen wir ab und an die typischen runden Nomadenzelte, selten auch verrostete Hinweisschilder auf weit entfernte Siedlungen. Einsam liegt ein alter Kamel- oder Dromedarschädel im Sand. Ich frage mich, wo die anderen Knochen hingekommen sind.

Allmählich verwandelt sich die mit tiefen Schlaglöchern übersäte Betonstraße in eine buckelige Piste. Asphalt wird zum Fremdwort. Überall nur Sand-, Stein- und Schotterwege, daneben meistens Geröll und niedriges Gestrüpp. Schließlich orientieren wir uns nur noch an den Spuren von Fahrzeugen. Schwere Lastwagen haben die Wege stellenweise in eine Piste wie aus Wellblech verwandelt, die uns durch und durch rüttelt. Oft verzweigen sich diese Spuren, ohne dass ein Wegweiser zu sehen ist. Dazwischen kommen immer wieder versandete Abschnitte, die ein Weiterradeln unmöglich machen. Dann heißt es absteigen und wir schieben schweißüberströmt das mit Vorder- und Hinterradtaschen schwerbeladene Fahrrad durch den Sand.

Unerwartet treffen wir einige Tage später auf ein Camp mit chinesischen Arbeitern. Sie sind mit den Vorbereitungen für einen Straßenbau beschäftigt. Der Leiter des Camps winkt uns zu sich in seine Wellblechbaracke. Gestikulierend fragt er mit Blick auf einige Regale voller Bierdosen, Chipstüten und Nudelsup-

Neben mir radelt mein Feund Dietmar durch die Wüste Gobi.

Die traditionelle Jurte in der mongolischen Steppe hat eine autarke Stromversorgung: Solarenergie.

pentöpfen aus gewachster Pappe, ob wir irgendwas brauchen. Während wir kurze Zeit später die heiße Nudelsuppe mit Appetit schlürfen, zeigt er stolz einen fast fußballgroßen ovalen Stein: Ein Dino-Ei, das seine Arbeiter im Wüstensand gefunden haben. Eine bizarre Vorstellung, dass über Abertausende von Jahren hier in der lebensfeindlichen Wüste einst eine üppige Vegetation herrschte, mit einer Vielzahl von großen und kleinen Echsen und anderen inzwischen ausgestorbenen Tierarten!

Nach dem Abschied kommen wir schnell wieder da an, wo wir waren: Irgendwo im Nirgendwo. Seit Tagen haben wir kein Obo mehr gesehen, diese kultischen Steinhaufen, die mit lustig flatternden bunten Bändern und Stofffetzen den Reisenden Glück bringen sollen. Nördlich der Hauptstadt sind wir ihnen so oft begegnet. Jetzt weit und breit keine Straße und damit auch keine Straßenschilder. Wir orientieren uns an der in der Nähe verlegten Eisenbahnlinie, die rechterhand in Sichtweite verläuft. Zusätzlich wird mein kleiner Kompass an der Lenkstange zum unverzichtbaren Orientierungsinstrument. GPS am Fahrrad ist 2009 noch Zukunftsmusik.

Eine Abzweigung von der Hauptlinie der Eisenbahn führt uns in die Irre und wir fahren stundenlang in die verkehrte Richtung. Als wir es endlich merken, steht die Sonne fast senkrecht über uns. Einmal kräftig geflucht, die Räder gedreht und zurück geht`s auf unserer eigenen Spur. Am späten Nachmittag sehen wir in der flirrenden Ferne unseren morgendlichen Ausgangspunkt wieder.

Das Licht der prallen Sonne brennt am tiefblauen, wolkenlosen Himmel gleißend wie an den Vortagen, doch am Horizont baut sich bedrohlich eine ockergelbe Wolke auf, die schnell größer wird. Der Wind wird stärker und stärker, schon prasseln Sandkörner schmerzhaft auf die Haut und der Himmel verdunkelt sich zusehends: ein Sandsturm! Mit großer Gewalt beutelt uns der Wind hin und her. Zum Glück erreichen wir schließlich mit Müh und Not einige armselige Hütten mitten in der Wüste. Die nächsten beiden Tage gewähren uns die gastfreundlichen Bewohner einen windgeschützten Unterschlupf in einem kleinen Schuppen. Solange wütet der orkanartige Sturm und die Sonne verwandelt sich in ein schummeriges, düsteres Licht. Alles ist in einen dichten Nebel aus feinem Sand gehüllt. Wie froh sind wir nun, dass wir uns verfahren hatten! Angst, sogar Todesangst befällt mich bei der Vorstellung, wir hätten diesen tosenden Sandsturm im Freien überstehen müssen. Es wäre eine nicht nur ernste, sondern eine lebensgefährliche Situation gewesen. Vor meinem geistigen Auge sehe ich uns verzweifelt und vergeblich Schutz suchend in einer Sandkuhle neben unseren Rädern kauern.

Die Frage bleibt: War unser In-die-Irre-Fahren nur die glückliche Laune eines blinden Zufalls oder war es – wie meine Mutter behaupten würde – die gütige Gnade der Vorsehung und göttliche Fügung? Ein Geschenk des Himmels, bei dem ein Schutzengel seine Finger im Spiel hatte? Daran zu glauben, ist für mich ein schöner und tröstlicher Gedanke.

17. Tunesien – Mein Vater (2009)

Von Sizilien aus gelangen Inge und ich mit dem Fährschiff zur tunesischen Hauptstadt Tunis. Wir haben noch einige Tage, die wir für eine kleine Radtour in dem nordafrikanischen Land nutzen. Gleich am nächsten Abend bleibt uns nichts anderes übrig, als unser Zelt in der steinigen Wüste neben einem Stacheldrahtzaun aufzustellen. Es ist eine mondhelle Nacht mit einem fantastischen Sternenhimmel. Hier in Tunesien lebte mein verstorbener Vater längere Zeit als Soldat und Gefangener und immer wieder fallen mir verschiedene Begebenheiten ein, die er mir erzählte, als ich noch ein Kind war.

Der Mond steht in einer dünnen Sichel am Himmel. Mein Vater hat mir erklärt, wie ich den zu- vom abnehmendem Mond mit einer einfachen Eselsbrücke unterscheiden kann: Die abnehmende Mondsichel sieht aus wie der Anfang eines kleinen Schreib – „a". Wenn der Mond dagegen immer mehr zunimmt und zum Vollmond wird, „läuft er oft über und es gibt ziemlich sicher Regen", behauptete er. Als Bauer kannte er sich mit dem Wetter aus und konnte die Zeichen des Himmels deuten.

Als ich früh am nächsten Morgen aufstehe und meine Schuhe anziehen will, sehe ich vor meinem geistigen Auge den Vater, wie er seine Soldatenstiefel gründlich ausschüttelt – der Skorpione wegen. Er hat über die Kriegszeit nicht oft gesprochen, aber einiges habe ich doch mitbekommen. Als der 2. Weltkrieg begann, war mein Vater mit knapp 20 Jahren im besten Soldatenalter. Seine Feuertaufe erlebte er im Frankreichfeldzug. Dann schickte man ihn nach Russland, wo er in der Ukraine durch einen Schuss ins Bein verwundet wurde. Heimatschuss nannte man das. Nach seiner Genesung im Lazarett sollte er Rommels Truppe in Nordafrika verstärken. Von den zwölf Transportflugzeugen, die über das Mittelmeer geschickt wurden, kamen nur zehn an. Mein Vater hatte Glück – ich ebenfalls, denn andernfalls hätte es mich nie gegeben. Mit dabei im Flieger war übrigens sein Fahrrad, wie bei all seinen militärischen Einsätzen. Von seinem im Frankreichfeldzug eingesetzten Regiment existiert noch das Tagebuch seiner Radfahrschwadron.

Ich krieche aus dem Zelt und koche Kaffeewasser. Als ich kleine Holzstückchen für meinen Kocher sammle, stehe ich direkt vor dem Stacheldraht und wieder sehe ich den Vater. Mit vielen anderen Soldaten befand er sich in einem Gefangenenlager der Engländer. Das weiträumige Lager war mit Stacheldraht umzäunt. Die Essensrationen waren knapp, alle litten Hunger. Irgendwann lockten einige der Deutschen mit einem ausgekochten Suppenknochen einen Hund an den Zaun, packten ihn am Hals, zerrten ihn über die Absperrung – und schlachteten und verspeisten ihn. Obwohl auch Vater nachts oft mit knurrendem Magen aufwachte, nahm er nicht an dem Fressgelage teil. Schon der Gedanke an Hundefleisch löste ein Gefühl des Ekels und Erbrechens bei ihm aus. Um die schlimmste Not zu lindern, tauschte er seine Zigarettenration mit nikotinsüchtigen Kameraden gegen Essen ein. Jeder ist sich selbst der Nächste, fällt mir dazu ein. Erst kommt das Fressen und dann kommt die Moral, schreibt Bert Brecht in seiner Dreigroschenoper.

Inge und ich essen Fladenbrot mit Schafskäse und Oliven zum Frühstück. Beim Anblick der Oliven schweifen meine Gedanken wieder zum Vater ab. Als er mit etlichen Leidensgenossen zum Arbeiten in eine Oliven-Fabrik geschickt wurde, ließ er sich einmal nachts in der Olivenmühle einschließen. Ein riskantes Unternehmen. Aber es klappte und er schmuggelte einige Kanister Olivenöl hinaus. Überhaupt drehte sich immer viel von dem, was er erzählte, irgendwie ums Essen. Mit seinem Spähtrupp überraschte er eine Gruppe französischer Soldaten, als diese gerade beim Vespern waren. Typisch französisch? Die Feinde wurden gefangen genommen, dafür erhielt mein Vater das Eiserne Kreuz 2. Klasse. Ob er stolz darauf war? Ich glaube nicht, jedenfalls hat er es nie gesagt oder gezeigt.

Nachdem wir unser Frühstück beendet und das Zelt eingepackt haben, schwingen wir uns in den Sattel. An diesem Tag habe ich ausgesprochenes Pech: Der Schaltzug meines Rades reißt. Meine technischen Fähigkeiten halten sich in Grenzen, aber dafür kann ich etwas anderes sehr gut: Improvisieren. Mit einer Lüsterklemme flicke ich den kaputten Zug. Das Improvisieren und Organisieren habe ich zweifellos von meinem Vater gelernt, er war ein Meister in dieser Kunst. Man muss sich nur zu helfen wissen, lautete ein Spruch, den ich in meiner Kindheit oft hörte. Meist bewahrheitete sich bei seinen Reparaturen und Projekten der den Zahnärzten angedichtete Satz: Nichts hält länger als ein Provisorium. In erster Linie ging es darum, dass etwas funktionieren musste – Genauigkeit und Optik wurden zur Nebensache. Exakt das meinte er, wenn er sagte: „Ein bisschen schief ist englisch, und englisch ist modern." Mitunter übertrieb er es und dann wurde die Notlösung zum Pfusch.

An seinen Aufenthalt in Afrika wurde er in späteren Jahren immer wieder mal unangenehm erinnert: Eine schwache Form der Malaria befiel ihn mit Fieberschüben. Er blieb dann einen Tag im Bett liegen und schwitzte ordentlich – dann war alles wieder gut. Ich hoffe, dass mir ein solches „Souvenir" erspart bleibt. Nach wenigen Tagen geht es zum Flughafen. Als wir abheben, fällt mir eine letzte Geschichte ein. Noch vor seiner Gefangennahme erlebte Vater einen Fliegerangriff der Engländer. Einige seiner Kameraden rannten plan- und kopflos aus der Kaserne. Wie verhielt sich mein Vater in dieser gefährlichen Situation? Ein ordentlicher, fester Türrahmen als Schutz wäre seine erste Wahl gewesen. Den gab es aber in der primitiven Baracke nicht. Also kroch er flugs unter einen stabilen Tisch. Der würde einem herabstürzenden Balken und Ziegelsteinen standhalten. Mit Achtung und Respekt gedenke ich meines Vaters und wünsche mir, etwas von seinen Stärken abgekriegt zu haben: Bodenhaftung, gepaart mit Geistesgegenwart und Bauernschläue.

18. China I – Mein persönlicher Schutzengel (2010)

Gibt es Schutzengel? Über diese Frage denke ich anders, seit ich das erste Mal zusammen mit Inge durch China gefahren bin. Im Jahr davor war ich mit Dietmar vom Baikalsee aus bis nach Peking geradelt, nun wollen Inge und ich die Route bis Hongkong fortsetzen. Das Wetter ist frühlingshaft schön und die Straße ist gut asphaltiert, aber mit einer dicken Schicht Kohlestaub bedeckt. Immer wieder überholen uns schwere LKWs mit Kohle und wirbeln dicke, schwarze Staubwolken auf. Es stinkt nach Abgasen und Diesel. Ich ziehe mein Halstuch über Mund und Nase und wir erreichen in dem Kohlerevier eine kleinere Ortschaft. Die einst farbigen Gebäude sind von einem schmutzigen Schwarz und Grau übertüncht.

Wir haben ein flottes Tempo drauf, schätzungsweise etwa 25 km/h. Wie immer fährt Inge voraus und wie immer schaut sie sich nach beiden Seiten um, ob es nicht irgendetwas Interessantes zu sehen gäbe. Ich folge in kurzem Abstand. Plötzlich höre ich, wie sie einen lauten, erschreckten Schrei ausstößt. Instinktiv ziehe ich die Bremshebel an meinem Rad, und dann geht alles ganz schnell: Die immer noch hohe Geschwindigkeit, das tiefe Schlagloch: Das Vorderrad bleibt stecken. Ich spüre, wie eine ungeheure Kraft mich abrupt und gewaltsam aus dem Sattel hebt und ich durch die Luft fliege. Es ist, als ob ich ins Bodenlose falle. Wie kann das enden? Der Vorgang kann nur Bruchteile von Sekunden gedauert haben, aber ich empfinde ihn als eine entsetzlich lange Zeit, wie in Zeitlupe. Die Brille wird mir von der Nase gerissen. Dann das hässliche, laute, knackende Bruch-Geräusch. Die Brillengläser, schießt es mir durch den Kopf.

Schließlich liege ich am Boden, Inge kniet besorgt neben mir und versucht, mir aufzuhelfen. Ich bin im Schock und es dauert eine Weile, bis ich zurück bin in der Gegenwart. Was war geschehen? Inge hatte das Schlagloch direkt vor ihrem Vorderreifen erst im letzten Moment gesehen, einen Schrei losgelassen und war ungebremst reingefahren. Ob infolge ihrer unverminderten Geschwindigkeit oder ihrer 28-Zoll-Räder oder durch beide Faktoren – sie kam heil über das Schlagloch hinweg. Zum Glück: Nicht auszudenken, wenn sie in dem Loch stecken geblieben und ich auf sie draufgefahren wäre. Übrigens rührte das Knacken, das ich danach gehört hatte, nicht von meiner vermeintlich geborstenen Brille, sondern davon, dass der Stahlrahmen meines Rades an zwei Stellen glatt durchgebrochen war.

Und ich selbst? Auf dem Kopf hatte ich keinen Helm, bloß eine Schildmütze getragen. Meine Verletzungen durch den üblen Sturz sind unglaublich geringfügig: keine Knochenbrüche, keine Prellungen, keine Beulen, nur leichte Abschürfungen an Wange und Nase, sonst nichts. Bin ich instinktiv „gut" geflogen und gelandet? Oder ist mein persönlicher Schutzengel mitgeflogen? Die Engel-Erklärung gefällt mir besser.

Zum Frühstück gibt es Nudelsuppe mit Essstäbchen.

Auf der Straße vor einem Restaurant wird dieses Schaf geschlachtet.

Die ganze Sache endet glimpflich und ich habe großes Glück im Unglück: Nebenan befindet sich eine Polizeistation und die Uniformierten bringen uns ungefragt
eine Schüssel mit warmem Wasser und ein sauberes Handtuch. Dann inspizieren
sie das kaputte Zweirad und zeigen auf ein Anwesen in Sichtweite. Ich rapple
mich auf, nehme die Taschen ab und trage das kaputte Rad hin.

Was den Rahmen anbetrifft, war und bin ich ein Vertreter der „Stahl-Frak-
tion." Gottlob, denn der chinesische Handwerker kann mit seinem Schweißgerät
die Brüche in kürzester Zeit wieder „zusammenbrutzeln." Mit Aluminium- oder
Karbonrahmen wäre das nicht möglich gewesen. Übrigens trage ich seither einen
Schutzhelm. Nicht dass ich an meinem Engel zweifeln würde – aber ich will ihn
nicht mutwillig auf die Probe stellen!

19. China II – Lady von Dai (2010)

Richtig gruselig findet Inge das immer noch schmerzverzerrte Gesicht der Toten mit dem weit aufgerissenen Mund und der herausgestreckten Zunge. Ein schauerlicher Anblick, die Mumie von Xin Zhui. Im Provinzmuseum Hunan in Changsha sind wir bei ihrem Anblick verblüfft. Sie ruht in einem tiefer gelegten Glassarg und ist auch als Lady oder Marquise von Dai bekannt. Neben der Toten hängen an großen Wandtafeln erläuternde Texte in chinesischer und englischer Sprache.

Arbeiter hatten die Grabanlage mit der Mumie zufällig 1971 entdeckt, als sie einen Luftschutzbunker bauen wollten. Als die Wissenschaftler sie untersuchten, kamen sie aus dem Staunen nicht mehr heraus. Obwohl die Leiche älter als 2.100 Jahre ist, zeigte sie kaum Spuren von Verwesung. Nicht nur Haare und Wimpern, auch die inneren Organe waren vollständig erhalten. Die Haut war feucht und elastisch, ihre Gelenke ließen sich bewegen und in den Adern fanden die Forscher Blut. Der Körper befand sich in einem Zustand, als ob er erst vor kurzem gestorben wäre.

Die Schmerzen waren unerträglich. Xin Zhui lag auf ihrem mit kostbaren Seidentüchern ausgelegten Bett und wälzte sich hin und her. Schon lange stand es schlecht um die Gesundheit der 50-jährigen Fürstin. Zwar hatte sie immer noch guten Appetit und eine mehr als stattliche Figur, aber das Atmen fiel ihr zunehmend schwer, sie hatte pochendes Herzrasen, dazu oft fürchterlichen Durchfall und anschließend Erschöpfungszustände. Seit einem halben Jahr konnte sie sich fast nicht mehr bewegen und saß in einem kunstvoll geschnitzten Rollstuhl.

So schlimm wie jetzt war es noch nie gewesen. Seit sie vor zwei Stunden ihre Lieblingsspeise, eine frische Honigmelone mitsamt den Kernen gegessen hatte, raubten ihr höllische Bauchkrämpfe fast das Bewusstsein. Während sie mit schmerzverzerrtem Antlitz nur noch wimmernd und röchelnd vor sich hin stöhnte, versuchten ihre vier Leibärzte aufgeregt und verzweifelt, ihr Linderung zu verschaffen. Einer von ihnen befahl einer Dienerin barsch, sofort frisches Zitronengras zu besorgen und damit einen beruhigenden Tee zu kochen. Ein anderer diktierte einem Gehilfen in gereiztem Ton die Rezeptur für ein starkes Elixier. Der dritte Arzt holte seine feinen Akupunkturnadeln aus einer verschlossenen Holzschachtel. Wie so oft, waren die Ärzte auch diesmal über die Frage, wie der Patientin am besten zu helfen sei, heillos zerstritten. Sie vermieden es allerdings peinlichst, ihre Meinungsverschiedenheiten nach außen hin sichtbar werden zu lassen.

Der Fürst selbst befand sich mit seinem 25-jährigen Sohn im Nebenzimmer. Immer wieder erhob er sich aus seinem pompösen Sessel und ging nervös auf und ab. Im Gegensatz zu seiner Frau, die nur gut 1,50 Meter groß war und in den letzten Jahren reichlich Fett angesetzt hatte, war der schnauzbärtige Regent mit den pechschwarzen Augen und der Glatze hochgewachsen, drahtig und gertenschlank. Sein Gesicht war mit etwas verhärmten Zügen wie aus Holz geschnitzt, und tie-

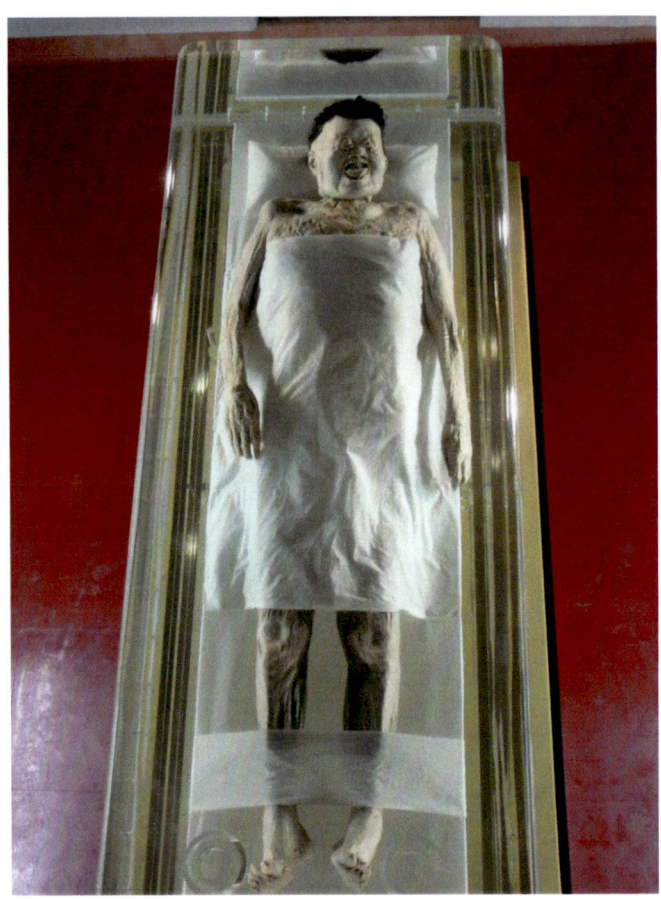

*Die 2100 Jahre alte Xin Zhui, heute auch Lady Dai genannt,
liegt in einem Glaskasten im Museum von Changsha.*

fe Falten hatten sich in seine Stirn eingegraben. Li Cang wusste nur zu gut, dass
er seine herausgehobene Stellung als Kanzler des Staates Changsha alleine seiner
Frau zu verdanken hatte. Sie war das einzige Kind der seit Generationen regie-
renden Herrscherfamilie, in die er eingeheiratet hatte. Er selber entstammte einer
hoch angesehenen Familie mit langer militärischer Tradition. Sein Vater war der
Oberbefehlshaber der Armee des Reiches gewesen und hatte etliche erfolgreiche
Feldzüge unternommen. Seine Heirat war ein bemerkenswerter Aufstieg, der unter
vielen adeligen Familien Neid hervorrief. Er war seinen Schwiegereltern zeitlebens
dankbar, dass sie, trotz Widerständen aus der Verwandtschaft, nach einer ange-

messenen Bedenkzeit in die Verbindung eingewilligt hatten. Obwohl es eine arran-
gierte Ehe war, liebte und ehrte er seine Frau und war stets darauf bedacht, nach
der göttlichen Ordnung in harmonischem Gleichklang mit ihr zu leben, ganz so,
wie es die Lehre des Konfuzius vorschrieb.

Eines aber bereitete ihm seit geraumer Zeit schlaflose Nächte. Seine Frau hatte
nämlich ein Testament verfasst und dem höchsten Beamten am Hofe zur treuen
Verwahrung gegeben. Wie alle gebildeten Chinesen glaubte sie fest daran, dass Le-
ben und Tod nur zwei Aspekte des allumfassenden Seins, des universellen und un-
veränderlichen Tao, waren. Ihr war bewusst, dass es sich bei allem auf der Welt um
zwei Polaritäten handelte, die man unter den Begriffen „Yin" und „Yang" kannte.
Eine Existenz und das Weiterleben nach dem Tod standen für sie außer Frage. Sie
hatte sich mit den höchsten Gelehrten des Reiches lange beraten, wie sie sich für
das Dasein nach dem Tod bestens vorbereiten könnte.

Xin Zhui hatte in ihrem Testament nach der intensiven Beratung mit den er-
fahrenen Ärzten und Bestattern haargenau beschrieben, wie ihre Bestattung zu
vollziehen war und wie ihr Leichnam auf das Jenseits vorzubereiten sei. Um die
Vorbereitungen, die zu Lebzeiten möglich waren, hatte sie sich mit leidenschaftli-
cher Hingabe bereits selbst gekümmert. Unter ihrer persönlichen Aufsicht hatten
die erfahrensten Baumeister die Grabkammer errichtet. Die großzügige Anlage lag
zwölf Meter unter der Erdoberfläche und war mit schweren Quadersteinen gesi-
chert. In dieser Tiefe blieb es auch im heißesten Sommer eiskalt.

Dann ließ sie in unmittelbarer Nähe der Grabanlage fünf Tonnen Kohle und
fetten Lehm ablagern. Die Kohle und der Lehm sollten nach ihrer Bestattung im
Grabmal auf die Kammer aufgeschichtet werden. Auf diese Lehmschicht müsste
als Abschluss schließlich ein 20 Meter hoher Erdhügel aufgeschüttet werden, laute-
te ihr testamentarischer Wille. Der Hügel sei dann mit Pfirsichbäumen zu bepflan-
zen, den Bäumen der Unsterblichkeit. Diese Maßnahmen sollten das Grab für alle
Zeiten vor Räubern schützen. Es dauerte fast ein ganzes Jahr, bis die Grabanlage
fertiggestellt war. Der aufwändige Bau hatte ein großes Loch in die gutgefüllte Kas-
se des Reiches gerissen.

Nachdem der Grabbau abgeschlossen war, beauftragte Xin Zhui die besten
Schreiner und Künstler, vier reich verzierte und gründlich lackierte Piniensärge
anzufertigen. Alle mussten so gearbeitet sein, dass sie ineinander verschachtelt
werden konnten. Der innerste Sarg mit ihrem Leichnam sollte zu gegebener Zeit
mit 80 Litern einer Essenz aus Alkohol, Essigsäure und geheimen Zutaten gefüllt
werden. Diese Flüssigkeit ließ sie herstellen und in einem Fass versiegeln. Bevor
um den ersten der zweite Sarg gestülpt werden würde, sollte der kleinste Sarg mit
ihrem in dem Elixier liegenden Körper mit einem langen Seidenschal umschlun-
gen werden. Diesen Schal gab Xin Zhui beim besten Weber in Auftrag und als er
endlich fertiggestellt war, mussten die berühmtesten Kalligraphen mit Pinsel und

Tusche kunstfertig aufmalen, welch einzigartiger Mensch die edle Fürstin zu Lebzeiten war.

Schließlich ließ sie viele Meter weitere Seide herstellen, denn nach ihrem Ableben sollte ihr sorgfältig gereinigter Körper in 20 Schichten Seide wie ein Kokon eingewickelt werden, bevor man ihn in den dafür vorgesehenen Piniensarg betten würde. Da sie die feinen kulinarischen Genüsse nie verschmäht hatte, legte sie ein besonderes Augenmerk darauf, dass es ihr im Jenseits an nichts fehlen würde. Bei versierten Künstlern bestellte sie hübsch verzierte Figuren von Dienern und Musikanten, die sie nach ihrem Ableben unterhalten sollten. Die Meister unter den vielen Töpfern mussten jede Menge kostbares Geschirr wie filigran bemalte Teller und Schüsseln herstellen. Zu guter Letzt schrieben die größten Gelehrten auf Bambus und Seide alles Wesentliche der Epoche auf, einerlei, ob es sich die Kunst der Medizin, um die Geschichte, Größe und Herrlichkeit des Reiches oder um die Art der Kampfkunst und des Krieges handelte.

All diese Vorkehrungen konnten kürzlich abgeschlossen werden. Der Kanzler musste zur Finanzierung vor allem der teuren Seide und des kompliziert herzustellenden Porzellans sowie für die akribische Tätigkeit der Kalligraphen auf die Reserven der Schatzkammer zurückgreifen. Li Cang hatte lange und letztlich vergeblich mit seiner Frau darüber gesprochen, wie man bei dem Vorhaben Geld einsparen könnte. Sie wollte nichts davon wissen, wurde zornig und drohte in einem Wutanfall sogar damit, ihrem betagten Vater von seinem Ansinnen zu berichten. Das konnte er nicht riskieren. Es blieb ihm nichts anderes übrig, als nachzugeben und gute Miene zum bösen Spiel zu machen. Doch das Mitleid mit seiner kranken Frau hielt sich seitdem in Grenzen.

Als der Fürst zum wiederholten Male aufstand und aufgelöst und ruhelos das Zimmer durchschritt, öffnete sich plötzlich die Tür zu dem Raum, in dem seine Frau lag. Sämtliche Ärzte traten hervor und vollführten vor dem Herrscher den Kotau: Sie warfen sich in gebührendem Abstand schwerfällig vor Li Cang nieder und berührten mit der Stirn den Boden. Sie brauchten nichts zu sagen. Der Regent wusste nun, dass seine Frau gestorben war.

Er kannte seine Pflicht und handelte so, wie seine Gattin es bestimmt hatte. Noch am selben Tage ließ er sich den genauen Wortlaut des Testaments vorlesen und erteilte den Befehl zur Einbalsamierung des Leichnams. Wenige Tage später fand die mit allen Ehren durchgeführte Begräbniszeremonie statt. Wie von der Verstorbenen bestimmt, legte man sie in den kleinsten der Särge, verwendete die Seide und das Elixier und stülpte alle vier Särge ineinander. Die Experten versichertem dem Kanzler, dass auf diese Weise niemals Wasser bis zu den Gebeinen der Verstorbenen vordringen würde. Um die Särge zusätzlich zu schützen, wurden sie mit einer dicken Holzverschalung eingefasst. In der geräumigen Grabkammer war noch genug Platz für das sorgfältig eingelagerte Geschirr, für die Skulpturen und Figuren, für die prachtvollsten Kleider, den Schmuck und die Kosmetik von

Xin Zhui. Für ihr leibliches Wohl im Jenseits platzierte man in der Kammer 30 ver-siegelte Bambuskörbe mit ausgewählten Speisen: Fleisch von Schwänen, Hunden und Schweinen sowie Obst, Reis und Sojabohnen. Um ganz sicher zu gehen, dass man die Speisen auch im Jenseits richtig zubereiten würde, legte man die richtigen Rezepte bei. Bevor man die Grabkammer verschloss, wurden die von den Gelehrten beschriebenen Bambus- und Seidenrollen hineingelegt.

Dann endlich ließ der Kanzler tonnenweise Kohle, Lehm und Erde darüber schichten und den Grabhügel bepflanzen. Mit dem ungeheuren Aufwand konnte er zwar die Familie der Verstorbenen zufriedenstellen, aber die Schatzkammer des Reiches mit ihren in langen Reihen aufgeschichteten Silberbarren war nahezu leer. In ihrer letzten Zusammenkunft hatten die engsten Beraten dem Regenten erklärt, dass er zügig die Steuern anheben müsste. Dabei, betonten sie, dürfte die Steuer-erhöhung nur in mäßigem Rahmen erfolgen, weil sonst die große Gefahr bestünde, dass es zu gewaltsamen Aufständen unter den Bauern kommen würde.

In der restlichen Zeit seiner Herrschaft war der Kanzler stets bemüht, einer-seits die Lasten für das Volk in einem gerade noch erträglichen Maße zu halten und andererseits das luxuriöse Leben am fürstlichen Hofe so einzugrenzen, wie es die vorhandenen Mittel erlaubten, ohne dass es allzu augenfällig war. Als er etwa zehn Jahre später starb, bestattete ihn sein Nachfolger zwar in der Nähe der Grabkammer seiner Frau, allerdings in bescheidenem Rahmen. Später begrub man auch den einzigen Sohn des Fürstenpaares in diesem Bereich, ebenfalls ohne luxuriöse Allüren.

So oder ähnlich, denken Inge und ich beim Anblick der Mumie von Xin Zhui, könnte es abgelaufen sein. Bei weiteren Untersuchungen fanden Mediziner auch heraus, dass die im Jahr 163 vor unserer Zeitrechnung Verstorbene Gallenstei-ne hatte. Einer davon befand sich im Gallengang und musste die unerträglichen Schmerzen hervorgerufen haben. Aufgrund ihres schlechten Gesundheitszu-stands sei es dann zu einem Herzinfarkt gekommen, lautete die Diagnose der Experten. Die Lady von Dai gilt heute als eine der, wenn nicht als die am besten erhaltene Mumie der Welt.

20. Spanien – Das fliegende Brathähnchen (2010)

Bei meiner Tour durch Spanien radle ich ein Stück auf dem legendären Jakobsweg. Der Pilgerweg ist in letzter Zeit so populär geworden, dass er geradezu bevölkert wirkt. Ständig überhole ich auf dem ausgetretenen Pfad die mit Rucksäcken ausgestatteten Sinnsucher. Unterwegs pausiere ich in der Kleinstadt Santo Domingo de la Calzada. Dieser Ort ist vor allem wegen einer Sache bekannt: Dem sogenannten Hühnerwunder. Und wegen der Folgen dieses Wunders. In der aus dem 15. Jahrhundert stammenden Kathedrale erinnert ein Hühnerkäfig mit lebender Henne und lebendem Gockelhahn an diese Legende. Es existieren sehr unterschiedliche Versionen dieser frommen Erzählung.

Eine besagt, dass ein zu Unrecht gehängter junger Pilger nach Tagen von seinen Eltern am Galgen lebend gefunden wurde. Als diese dem Richter davon berichteten, zeigte der auf das Brathähnchen auf seinem Teller und meinte bedauernd, dass ihr Sohn leider genauso tot sei wie dieses Huhn – und schon flog das knusprige Hendl laut gackernd durch die Luft.

Einer anderen Überlieferung nach bezweifelte ein Mann, dass sich beim heiligen Abendmahl die Hostie tatsächlich in den Leib Christi verwandle. So wenig wie das auf seinem Teller liegende Hähnchen wieder lebendig werden könne. Und just da geschah das oben beschriebene Wunder.

Als ich das Innere der Kathedrale betrete, sitzt das Hühnerpaar ziemlich teilnahmslos hoch über einem Treppenaufgang in einem vergitterten, am Boden aber mit viel Stroh bedeckten Käfig. Angeblich wird es täglich mit einem anderen Paar ausgetauscht. Die Kirchenhühner haben es geradezu paradiesisch gut, vergleicht man ihr Schicksal mit dem ihrer Artgenossen in Hühnerfarmen und Legebatterien. Ich frage mich, ob sie überhaupt geschlachtet werden oder ihren Lebensabend ohne Eier-Lege-Zwang friedlich beenden dürfen. Oder ob man mit den heiligen Eiern nicht einen sündhaft teuren Preis erzielen könnte. Nachdem ich das Federvieh besichtigt und eine Pause – ohne Chicken Nuggets – in dem Städtchen eingelegt habe, sitze ich wieder auf und rolle weiter über den Camino. Die Begegnung mit den Tieren hat mich nachdenklich gemacht. Das Wunder, denke ich mir, besteht eher darin, dass man die Legende auf diese ziemlich einzigartige Weise in Erinnerung hält.

Schließlich haben Tiere im Christentum traditionell keinen besonders hohen Stellenwert, um es beschönigend auszudrücken. Heißt es doch im Schöpfungsbericht, dass sich der Mensch die Erde unterwerfen und über die Fische, Vögel und Landtiere herrschen solle. Logischerweise gilt der Mensch als Krone der Schöpfung. Demzufolge sieht man Tierabbildungen oder –statuen in Kirchen äußerst selten. Und wenn, dann dienen sie wie der bekannte Bamberger Reiter nur als Staffage für Heilige oder Könige.

Die Einstellung zu Tieren hat sich in Europa erst spät geändert. Von Schopenhauer ist der Satz überliefert: „Jeder dumme Junge kann einen Käfer zertreten. Aber alle Professoren der Welt können keinen herstellen." Albert Schweitzer sagte: „Die Tiere sind unsere Brüder, die großen wie die kleinen. Erst in dieser Erkenntnis gelangen wir zum wahren Menschentum." Ein letztes Zitat des klugen Polen Stanislaw Jerzy Lec fällt mir ein: „Der Mensch ist die Krone der Schöpfung. Nur schade, dass es eine Dornenkrone ist."

21. Portugal – Freundschaft (2010)

Von Spanien kommend überschreite ich die Grenze nach Portugal. Ohne Verzögerung, weil die Kontrollen längst abgeschafft wurden. Ich bin alleine unterwegs. Es ist Hochsommer, ein sonniger Samstag und am späten Nachmittag schaue ich mich nach einem geeigneten Zeltplatz in der Natur um. Um mir die nötige Bettschwere zu verschaffen, will ich mir vorher eine Dose Bier kaufen. In einem Supermarkt suche ich das Regal mit Alkoholika.

Als ich an einer langen Reihe von Weinflaschen vorbeilaufe, stocke ich unvermittelt. Mein Blick bleibt auf dem Etikett einer Flasche hängen. Ein Etikett, das ich kenne. Und das viele Erinnerungen in mir weckt. Obwohl ich weiß, dass eine Flasche Wein für mich alleine viel zu viel ist, greife ich zu, bezahle an der Kasse und packe sie ein.

Wenig später habe ich in einem kleinen Wäldchen mein Zelt aufgestellt und meinen Kocher auf einer mit Steinen umfassten Feuerstelle aufgebaut. Im Topf köchelt eine Nudelsuppe. Nach dem Abendessen gehe ich zum gemütlichen Teil über: Ich greife mir die Weinflasche – ja, es ist tatsächlich der Vino Tinto, der trockene und schwere Rotwein, den ich gut kenne. Glucksend füllt sich der erste Becher. Ich schnuppere, bevor ich einen guten Schluck nehme. Er schmeckt genau wie damals.

Dieser Wein ist für mich untrennbar verbunden mit dem, was ich mit einem Freund erlebt habe. Inzwischen ist Ekke leider verstorben. Er war mein jahrelanger politischer Weggefährte. Ich erinnere mich an unsere erste Begegnung, als ob es gestern gewesen wäre. Er hatte zum Thema der kommunalen Wasserversorgung eine Veranstaltung organisiert und dazu auch örtliche Politiker eingeladen. Darunter mich, weil ich zu diesem Zeitpunkt für die Grünen im Kreisparlament saß. Ich war fasziniert von seiner Fähigkeit, die Menschen zu begeistern, sie „mitzureißen". Ekke war ein Überzeugungstäter und begnadeter „Agitator." Wenige Jahre später saßen wir als Fraktionskollegen nebeneinander im Kreistag.

Von Anfang an war unsere Beziehung nicht bloß politischer Natur, sondern erstreckte sich auch auf den privaten und persönlichen Bereich. Es gab regelmäßige gegenseitige Einladungen auf familiärer Ebene, gemeinsame Feste und Feiern. Und stets war er dabei: der gute und starke Vino Tinto aus Portugal. Ekke hatte den portugiesischen Wein lieben gelernt, als er einige Jahre dort in einer deutschen Schule unterrichtete. Nach Deutschland zurückgekehrt, fand er einen Weg, den ihm ans Herz gewachsenen Wein über einen Großhändler zu beziehen. Da er ein ziemlich großes Kontingent abnehmen musste, gab er einen Teil des Rebensaftes an Freunde und Bekannte ab. So wurde ich sein Kunde.

In den alten Erinnerungen schwelgend, greife ich immer wieder zum Becher. Als ich aufstehe und zum Pinkeln gehe, spüre ich, wie der Boden unter mir schwankt. Ich torkele zurück und sehe im Lichtkegel meiner Stirnlampe den kläglichen Rest in der Flasche. Und da fällt mir das Zitat von William Shakespeare ein, das mein Freund in den letzten Wochen und Monaten seines Daseins wiederholt von sich gab: „Des Lebens Wein ist ausgeschenkt, zurück bleibt nur die Hefe." Was wollte er damit bloß sagen?

22. Marokko I – Die Kletterziegen (2011)

Dietmar und ich radeln durch die Westsahara. Bevor wir die trostlose Wüstenlandschaft erreichen, durchqueren wir südlich von Agadir eine kleine, aber fruchtbare Region. Dort wachsen viele ziemlich große Bäume, und als ich genauer hinschaue, traue ich kaum meinen Augen: In den Baumkronen stehen weiße Ziegen und fressen eifrig Blätter. Ungläubig beobachten wir, wie die Tiere vom Boden aus mit hohen Sprüngen und Hüpfern in die Baumkronen gelangen und sich dort äußerst geschickt bewegen. Als ob sie keine Hufe, sondern Krallen hätten.

Bei den Bäumen handelt es sich um Arganbäume. Sie sind einzigartig: Seit unvorstellbaren 80 Millionen Jahren soll diese Baumart hier wachsen. Einst weit verbreitet in Südeuropa und Nordafrika, findet man sie heute nur noch im Süden Marokkos und Algeriens. Die uralten handwerklichen Praktiken zur Nutzung des Baumes und seiner Früchte sind als immaterielles Kulturerbe der Menschheit anerkannt. Obwohl die Bäume ungeordnet in der Gegend stehen, gehört jeder einzelne einem bestimmten Eigentümer, der auf seinen Baum aufpasst.

Am nächsten Tag entdecken wir neben der Straße einige Schilder, die auf Arganerzeugnisse hinweisen. Wir halten an, um uns die Sache genauer anzusehen. Schon stehen wir in einem kleinen offenen Verkaufsraum, in dessen Regalen Arganprodukte aufgereiht sind: Unter anderem Speiseöl, Hautcreme und Seife. Angrenzend arbeiten eine Handvoll einheimischer Frauen in langen Röcken sitzend am Boden. Eine kleine Kooperative.

Einige von ihnen sind emsig damit beschäftigt, das trockene Fleisch von den Arganfrüchten zu pulen, um die harten Kerne freizulegen. Die anderen schlagen diese Kerne mit einem Stein entzwei, um an die darin befindlichen Samenplättchen zu kommen. Die werden dann geröstet und gemahlen. Erst durch diese aufwändige Prozedur gewinnt man das Arganöl. Für einen Liter Arganöl benötigt man 30 Kilogramm der Arganfrüchte.

Obwohl es nicht billig ist, kaufe ich ein kleines Fläschchen des Speiseöls. Ich will die Frauenkooperative wenigstens ein bisschen unterstützen. In den darauffolgenden Tagen bereichert das Öl meinen Speiseplan, indem ich das überall erhältliche frische Fladenbrot damit beträufele. Es schmeckt himmlisch und ich haue rein wie ein Scheunendrescher. Es ist wie eine Sucht. Kein Feinschmeckergericht könnte diesem einfachen Essen das Wasser reichen!

Als ob sie Krallen hätten: In den Arganbäumen im südlichen Marokko klettern diese Ziegen.

Hommage an den kleinen Prinzen: Ein kleines Denkmal ehrt den Flieger Antoine de Saint-Exupéry.

23. Marokko II – Der kleine Prinz (2011)

Im Süden Marokkos befinden sich Dietmar und ich im völkerrechtlich umstrittenen Gebiet der ehemals spanischen Kolonie „Spanisch Sahara." Marokko betrachtet die Region als Teil seines Staatsgebiets. Aber seit Jahrzehnten drängen die einheimischen Sahrauis auf Unabhängigkeit und in den 90er Jahren des letzten Jahrhunderts gab es deswegen blutige Auseinandersetzungen der Staatsmacht mit der Befreiungsfront Frente Polisario. Dass es in dieser Region immer noch zumindest unterschwellige Spannungen gibt, merken wir an den vielen militärischen Checkpoints. Jetzt gibt es zwar keinen Frieden, aber immerhin schweigen die Waffen.

Die Straße verläuft meist parallel zum Atlantik, manchmal auch direkt als Küstenstraße. Als uns auf der anderen Straßenseite ein beladener Eselskarren entgegenkommt, zücke ich meinen Fotoapparat. Der ältere Kutscher hebt daraufhin drohend seinen Stock. Sofort lasse ich die Kamera sinken und mache mit beiden Händen eine entschuldigende Geste. Offenkundig bin ich auf einen strenggläubigen Moslem getroffen.

Eine für uns wichtige Station ist der kleine Wüstenort Tarfaya. Wir finden ein winziges Hotel und am nächsten Vormittag besuchen wir das örtliche Luftpostmuseum. Es ist Antoine de Saint-Exupéry und seinem berühmten Hauptwerk „Der kleine Prinz" gewidmet. Der Autor lebte und arbeitete hier zwei Jahre lang von 1927 bis 1929 als Pilot. Sein Werk ist ein modernes Kunstmärchen, aber auch ein tiefsinniges Plädoyer für Freundschaft und Menschlichkeit. Zum anderen mutet es aus heutiger Sicht fast schon prophetisch an, wie wichtig es dem kleinen Prinzen ist, sich sorgsam um seinen zerbrechlichen Planeten zu kümmern.

Als ich in dem kleinen Museum mit Zeitungsausschnitten und vergilbten Fotos herumschlendere, fallen mir die Umstände ein, unter denen ich das erste Mal dem „kleinen Prinzen" begegnet bin. Ich war vielleicht 17 oder 18 Jahre alt, als der damalige Freund meiner Schwester, mein späterer Schwager Werner, mich auf das kleine Büchlein aufmerksam machte. Mit der Bemerkung, ich solle mich von der – oberflächlich betrachtet – naiven Gestaltung der Bilder nicht täuschen lassen, empfahl er es mir wärmstens.

Dafür bin ich ihm heute noch dankbar. Denn der kleine Prinz hat mich zeitlebens nicht losgelassen. Vielleicht ist es Werner, der bereits verstorben ist, ähnlich ergangen. Hatte er doch als späterer Freimaurer folgenden Spruch an die Wand seines Arbeitszimmers geheftet: „Schafft Steine ran zum großen Bau, auch wenn sie kantig sind und rau. Der große Architekt der Welten lässt viele Eigenarten gelten. Lasst uns getrost auf ihn vertrauen, wenn wir den Dom aus Menschen bauen."

Nachdem wir Tarfaya verlassen haben und längst wieder im Sattel sitzen, denke ich unentwegt an die Worte des kleinen Prinzen: „Man sieht nur mit dem

Herzen gut – das Wesentliche ist für die Augen unsichtbar." Ich werfe einen Blick auf meinen Radpartner Dietmar. Seit Jahren verbindet uns eine innige Freundschaft. Obwohl er Handwerker ist und ich Akademiker, obwohl er eher konservativ eingestellt ist und ich eher grün-alternativ, obwohl er Ossi ist und ich Wessi.

Was ist es, das uns verbindet, obwohl wir grundverschiedene Charaktere haben und in vielen Dingen nicht derselben Meinung sind? Ich bin mir sicher, es hat nichts zu tun mit Äußerlichkeiten, Reichtum oder Macht. Auch unsere gemeinsame Leidenschaft für Radtouren erklärt die Freundschaft nicht hinreichend. Es ist das Vertrauen und die Gewissheit, dass jeder nicht bloß für sich selber, sondern auch für den anderen da ist. Oder wie der kleine Prinz es ausdrückt: „Als Freund bist du für mich ein einzigartiger Mensch in der Welt."

24. Mauretanien – Was frisst eine Ziege in der Wüste? (2011)

Ein spektakulärer Eisenbahnzug unterbricht die Eintönigkeit auf der Strecke durch die Sahara unweit der Atlantikküste. Es handelt sich um einen der längsten und schwersten Güterzüge der Welt: Tausende von Tonnen Eisenerz werden über rund 700 Kilometern von ergiebigen Minen mitten in der Wüste zur Hafenstadt Nouadhibou transportiert. Immer wieder sehen und hören Dietmar und ich den bis zu zweieinhalb Kilometer langen Zug, der aus über 200 Wagons besteht. Sie werden von drei oder vier Loks gezogen.

Am späten Nachmittag erreichen wir eine sehr kleine und abgeschiedene Tankstelle in der mauretanischen Wüste. Betrieben wird sie von einem jungen Mann, der einen zufriedenen und gelösten Eindruck macht. Er hat tadellose weiße Zähne und freut sich ganz offensichtlich über unseren Besuch, der etwas Abwechslung in seinen sonst ziemlich eintönigen Alltag bringt. Neben Kraftstoff verkauft er in einer Bretterbude mit vielen Regalen auch Dinge des täglichen Bedarfs wie Reis, Nudeln oder Kartoffeln. Bohnen, Erbsen und Mais gibt es in Dosen, Pepsi Cola und Limonade in kleinen Flaschen. Hinter der Tankstelle stecken einige halbverrostete Autowracks eingesunken in Wüstensand. Wir entschließen uns, hier zu bleiben, zumal es neben den kümmerlichen Zapfsäulen einige einfache Hütten gibt, die man für wenig Geld mieten kann.

Hinter dem Anwesen liegt eine Ziege träge im Schatten. Mein Blick kreist umher und in dem Sand und steinigen Geröll kann ich nur hartes und verdorrtes Gras sowie ein paar niedrige Dornensträucher ohne Blätter sehen. Was in aller Welt, frage ich mich, frisst die Ziege und wovon wird sie satt? Wasser kriegt sie sicher aus dem altertümlichen Ziehbrunnen, überlege ich weiter. Aber das Futter? Essensreste? Ich kann mir nicht vorstellen, dass das ausreicht.

Gegen Abend erleben wir des Rätsels Lösung. Der junge Bursche aus der Tankstelle holt einige leere Kartons aus einem Nebenraum und beginnt damit, sie in kleine Fetzen zu reißen. Dieses Material füllt er in einen leeren Eimer und kippt Wasser dazu. Das Ganze lässt er anschließend eine gute halbe Stunde lang quellen, bis sich die Kartonfetzen vollgesogen haben.

Als er dann der laut meckernden Ziege – die offensichtlich schon sehnsüchtig auf ihr Abendessen wartet – den vollen Eimer hinstellt, traue ich meinen Augen kaum. Das gute Tier haut rein, was das Zeug hält. Es sei dahingestellt, ob es ihr wirklich so gut schmeckt oder ob der Hunger antreibt. Nachdem der Eimer leer ist, erhält die Ziege ihre Nachspeise: Eine Handvoll Bananenschalen. Anschließend bindet der Tankwart und Ziegenhirte seine Geiß mit einem Strick an einem alten Schrottauto fest. Dann holt er sich einen Schemel und fängt an zu melken. Als er fertig ist, bietet er uns die frische Milch an. Eine bessere habe ich mein Lebtag nicht getrunken.

25. Senegal – Der Griff in den Schritt (2011)

Jeder Rucksacktourist, oder, wie es auf Neuhochdeutsch heißt: Backpacker, hat schon die Erfahrung gemacht: Irgendwann wird man in fremden Kulturkreisen seitens der Einheimischen mit einem Verhalten konfrontiert, das man selbst als distanzlos oder anstößig, ja kompromittierend empfindet. Wie darauf reagieren, stellt sich dann die Frage – die man manchmal in Sekundenschnelle entscheiden muss.

Eine solch heikle Situation gibt es, als ich mit Dietmar 2011 durch Westafrika radle. In Marrakesch gestartet, haben wir Marokko und Mauretanien hinter uns gelassen und befinden uns im Senegal. Nach einem langen Tag mit vielen Kilometern finden wir in einer winzigen Ortschaft ein kleines und heruntergekommenes Restaurant, dessen Besitzer uns in einem barackenähnlichen Anbau ein schäbiges, aber geräumiges Zimmer vermietet. Die Toiletten liegen außerhalb und sind nur über einen Flur erreichbar.

Nachdem wir zu Abend gegessen und uns oberflächlich gewaschen haben, schieben wir die Fahrräder durch die Zimmertür und packen unsere Taschen ab. Zwei einfache Bettgestelle aus Holz sind mit angeschmuddelten Matratzen bedeckt. Auf meine Bettstatt lege ich meinen dünnen Schlafsack und krieche hinein. Nach einigen Stunden wache ich mit dem dringenden Bedürfnis auf, pinkeln gehen zu müssen.

Also gehe ich nach draußen und suche die dürftigen und schlecht beleuchteten sanitären Anlagen auf. Am Urinal fällt mir der junge dunkelhäutige Afrikaner auf, der, neben mir stehend, sich ebenfalls erleichtert. Irgendwie, habe ich den Eindruck, mustert er mich mit einem eigenartig abtastenden Blick von der Seite her. Aber ich denke mir nicht viel dabei und als ich fertig bin, will ich zurück in unser Zimmer gehen.

In diesem Augenblick erstarre ich plötzlich, denn der junge Mann neben mir greift mir unvermittelt in den Schritt. Dabei sieht er mich fragend und mit einem, wie mir scheint, ziemlich lüsternen Blick an. Sofort ist mir klar, dass es sich hierbei um ein anzügliches Angebot handelt. Ich blicke zurück, sage in einem entschiedenen Ton mit normaler Lautstärke: „No!" und schüttle den Kopf dabei. Das reicht aus, ihn davon zu überzeugen, dass seine Annäherungsversuche keinen Zweck haben.

Unbehelligt erreiche ich anschließend unsere Schlafstätte. Als ich am nächsten Morgen meinem Freund Dietmar von dem Vorfall erzähle, ist der völlig entsetzt und aus dem Häuschen. Spontan sagt er: „Dem hätte ich eine geschossen!" Wer weiß, was dann passiert wäre. Vielleicht hätte der Afrikaner zurückgeschlagen. Oder sogar ein Messer gezückt. Ruhig, besonnen und souverän zu reagieren, ist selten verkehrt.

Die wuchtigen Affenbrotbäume können 1000 Jahre alt werden.

Für die Dorfkinder in Gambia sind europäische Radler eine Sensation.

26. Gambia – Rassismus (2011)

Meine Tour durch Westafrika endet in Gambia. Geographisch ist das Land kleiner als Schleswig-Holstein und hat rund zwei Millionen Einwohner: Der kleinste Staat Afrikas. Er wird – abgesehen von einem kurzen Küstenabschnitt – vollständig vom Senegal umschlossen. Das Staatsgebiet ragt wie ein langer Finger beidseits des Gambia-Flusses in das Nachbarland hinein. Der ungewöhnliche Grenzverlauf lässt sich angeblich darauf zurückführen, dass in der Kolonialzeit englische Schiffe den schiffbaren Teil des Flusses kontrollierten. Die Reichweite ihrer Kanonen bestimmte die Ausdehnung ihres Territoriums, denn ansonsten hatten die Franzosen das Sagen. Ich schiebe mein Rad auf eine hoffnungslos überfüllte winzige Fähre, die mich über die mehrere Kilometer breite Mündung des träge dahinströmenden Flusses bringt, der dem ganzen Land seinen Namen gibt.

Direkt neben mir palavern mehrere dicke Mütter lautstark miteinander und packen seelenruhig ihre üppigen Brüste aus, um plärrende Babys anzulegen. Während der Überfahrt spricht mich ein etwa 15-jähriger Junge an. Nach dem üblichen Woher und Wohin fragt er mich nach meiner Motivation. Als ich so was wie „Land und Leute und Natur" sage, meint er achselzuckend, das wäre doch Luxus. Nur ein reicher Europäer oder Amerikaner könne sich das leisten. Ein Afrikaner käme nie auf eine solche Idee.

Dann wird mir bewusst, dass der Fluss im Laufe der letzten Jahrhunderte viel Böses gesehen hat – Gewalt, Grausamkeit und Unmenschlichkeit: Der Strom diente als zentraler Transportweg für den Sklavenhandel. Tausende von Schwarzhäutigen sahen hier ihre Heimat zum letzten Mal, bevor sie in den Bauch von Transportschiffen gestopft wurden. Die gesamte Wirtschaft der Vereinigten Staaten und der Karibik mit ihren Baumwoll-, Zuckerrohr- und Tabakplantagen beruhte auf der Lieferung von Sklaven. Wie Vieh waren sie ohne eigene Rechte ihren jeweiligen Eigentümern auf Gedeih und Verderb ausgeliefert. Die europäische „Herrenrasse" betrachtete und behandelte die Sklaven nicht als Menschen, sondern als billige Ware. Barbarei in Reinkultur.

Nachdem die Fähre angelangt und an der Hafenmauer vertäut ist, schiebe ich mein Rad durch eine belebte Straße. Hier erlebe ich etwas, was völlig neu für mich ist: Als ich von einem Souvenirverkäufer kein Salatbesteck kaufen will, zischt er mir zu: „You rassist!" Wenige Minuten später werde ich nochmals mit dieser Beleidigung konfrontiert, als ich einem jungen Mann, der sich als Touristenführer anbietet, freundlich eine Absage erteile. Was soll dieser Vorwurf? Offensichtlich will man den weißen Touristen ein schlechtes Gewissen einreden und sie auf diese Weise veranlassen, doch irgendwas Überflüssiges zu kaufen. Ob diese Strategie erfolgreich ist?

Schließlich finde ich ein kleines, äußerlich ziemlich heruntergekommenes Hotel. Da es bereits dämmert und das mit einem brummenden Ventilator aus-

Ein überfülltes Boot überquert den Gambia-Fluss.

Fischverarbeitung am Strand von Gambia.

gestattete Zimmer einen einigermaßen sauberen Eindruck macht, zahle ich und schleppe mein Fahrrad samt Gepäck hinein. Ich stehe noch in der Dusche, als die Lichter ausgehen – an die regelmäßig wiederkehrenden Stromausfälle muss ich mich erst gewöhnen. Als ich auf die Straße trete, um nach einem Lokal zu suchen, ist ringsum alles dunkel. In diesem Stadtteil gibt es keine Straßenlaternen. Da ist es sicher keine gute Idee, alleine durch dunkle Gassen zu streifen. Kann man es denjenigen, die in elenden Wellblechhütten hausen und von der Hand in den Mund leben müssen, wirklich verdenken, wenn sie – zutreffenderweise – davon ausgehen, dass jeder Weiße einen mehr oder weniger prall gefüllten Geldbeutel bei sich trägt? Und annehmen, dass ein Europäer oder Amerikaner den Verlust einiger Geldscheine schon verschmerzen werde?

Ich bin froh, dass sich gleich in der ersten Seitengasse ein kleines Restaurant befindet. Ohne zu zögern, betrete ich das um diese Uhrzeit nur wenig frequentierte Lokal. Die Speisen sind auf der Karte auch mit Abbildungen dargestellt, was die Auswahl sehr erleichtert. Mir steht der Sinn nach frischen Meeresfrüchten mit Pommes und Salat. Als mein Gericht kommt, bin ich völlig von den Socken, denn so riesige Garnelen – oder sind es Hummer? – habe ich noch nie gesehen, geschweige denn gekostet. Es schmeckt ausgezeichnet und ist für deutsche Verhältnisse sehr preisgünstig.

Am nächsten Tag schlendere ich zum nahen Strand. Mehrere Muschelkettenverkäufer bedrängen mich mit ihrer dekorativen Ware. Als ich ablehne, erlebe ich dasselbe Spiel wie am Vortag: Ich werde als Rassist beschimpft. Ich ignoriere sie und laufe unverdrossen weiter. In Strandnähe sehe ich zahlreiche alte und verrostete Fässer achtlos und halbversunken im Sand herumliegen. Neben dreckigen und ölig verschmierten Eimern sitzen zwei junge Frauen – und schuppen auf alten, zerrissenen Plastikplanen lieblos hingeworfene Fische ab, die von unzähligen Fliegen umschwirrt werden. Sie haben nichts dagegen, fotografiert zu werden, fordern anschließend aber unmissverständlich Bares. Als ich ihnen einen kleinen Schein hinhalte, bin ich erneut ein Rassist. Ich bin fast versucht, den Geldschein wieder einzustecken, aber das traue ich mich dann doch nicht. Ich lege das Geld auf die Plane und trolle mich.

Es ist Mittagszeit und ich habe Hunger, aber das, was ich gesehen habe, hat mir den Appetit auf Meeresgetier gründlich verdorben. An einem Imbissstand wähle ich diesmal Foufou – Maniokbrei mit Erdnusssauce und Gemüse. Als Europäer kann ich mir – im Gegensatz zu vielen Einheimischen – den Luxus leisten, wählerisch zu sein. Ein Privileg, sicherlich. Auch schon Arroganz oder gar Rassismus?

27. Malta – Der Geburtstagshund (2011)

Ende Oktober unterwegs in Malta. Vor zwei Tagen sind wir von Sizilien aus mit der Fähre auf das kleinste EU-Land übergesetzt. Kreuz und quer radeln wir über die Insel. Am späten Nachmittag erreichen wir eine gemähte Wiese, auf der etliche Mandelbäume mit reifen Früchten stehen. Hier schlagen wir unser Zelt auf und nach dem Abendessen knacken wir die harten Schalen und knabbern die leckeren Mandeln zum Feierabendbier.

Wir sitzen gemütlich auf zwei dicken Holzklötzen, als wir einen Hund bemerken, der sich mit bedächtigen Bewegungen nähert. Als ob er schüchtern unsere Nähe suchen würde. Die ziemlich große und schon in die Jahre gekommene Hundedame macht mit ihrem glatten weißen Fell einen gepflegten Eindruck. An ihren Zitzen sieht man, dass sie erst vor kurzem ihre Welpen gesäugt haben muss. Ob sie wohl ein Martyrium durchlitten hat und ausgesetzt oder verjagt wurde? Langsam und friedlich streicht sie um uns herum, wobei sie einen gebührenden Abstand hält. Wir können uns keinen rechten Reim darauf machen, aber ziehen uns ins Zelt zurück, als es dunkel wird.

Am nächsten Morgen gratuliert mir meine liebe Inge und gibt mir einen dicken Kuss – ich habe Geburtstag. Als ich zum Zelteingang rausschaue, erwartet mich eine Überraschung: Die Hündin liegt mit wachen Augen vor unserem Zelt und schaut mich offen und vertrauensvoll an. So, als ob sie sagen wollte: Ich habe euch die ganze Nacht über bewacht und jetzt gehöre ich zu euch! Symbolisch frühstücken wir dann zu dritt. Nur symbolisch, denn wir geben dem Vierbeiner nichts zu Fressen. Nicht aus Geiz oder Sparsamkeit, sondern weil wir befürchten, dass wir unseren Geburtstagshund dann nie wieder losbekommen. Auch wenn wir wollten, könnten wir das Tier nicht adoptieren – spätestens am Flughafen wäre Schicht im Schacht. Wir haben keine Wahl.

Dann machen wir zwei gravierende Fehler: Weil die Hündin offensichtlich Durst hat, stellen wir ihr die mit Wasser gefüllte Brotzeitdose hin. Gierig schleckt sie die Flüssigkeit. Und dann halte ich ihr noch meinen Arm hin. Vorsichtig nähert sie sich, macht Männchen und legt ihre Pfoten ergeben darauf. Liebevoll und fast schon zärtlich schaut sie mich aus kurzer Entfernung an und ich kann förmlich hören, wie sie mir zum Geburtstag alles erdenklich Gute wünscht. Es ist wie im Märchen.

Nachdem wir abgebaut haben und weiterradeln wollen, schaut uns die Hündin immer noch geduldig und erwartungsvoll an. Wir fahren los – und tatsächlich heftet sie sich an unsere Fersen. Sie lässt nicht locker und nach einigen Kilometern ist sie heftig hechelnd mit weit heraushängender Zunge immer noch da. Ich bleibe stehen und lasse Inge schon mal vorausfahren. Nach einer Weile werfe ich unserer treuen Begleiterin mein belegtes Brot zu. Nachdem sie sich darüber hermacht, steige ich auf und trete in die Pedale, was das Zeug hält. Als ich zu-

Liebevoll legt die zutrauliche Hündin ihre Pfoten auf meinen Arm.

rückblicke, sehe ich, wie die Hündin nochmals verzweifelt versucht, mit meinem Tempo Schritt zu halten. Es zerreißt mir das Herz.

Schluchzend steigere ich meine Geschwindigkeit, bis ich nach einer halben Stunde völlig außer Atem bin. Ich drehe mich um und weiß, dass ich sie abgehängt habe. Ich bin aufgewühlt und durchlebe einen Gefühlssturm zwischen Erleichterung, Trauer und Schmerz. Heftige Gewissensbisse plagen mich. Und was das Schlimmste ist: Ich fühle mich wie einer, der seinen besten Freund ans Messer geliefert hat, wie ein fieser Verräter!

28. Zypern – Geteiltes Land (2011)

Inge und ich sind in einem geteilten Land aufgewachsen. Vor allem aus diesem Grund waren wir sehr neugierig und gespannt auf Zypern. Die Insel ist seit Jahrzehnten geteilt. Im südlichen, größeren Teil leben fast nur griechische Zyprioten, im nördlichen die türkischstämmigen. Unsere Tour rund um die Insel beginnt im Süden und führt uns schnell nach Nikosia, der letzten geteilten Hauptstadt der Welt.

Als wir die Mauer sehen, die mitten durch die Stadt verläuft, denken wir natürlich an Berlin. Aber sofort bemerken wir die Unterschiede. Sie ist längst nicht so hoch und es gibt keine Sperrzäune oder Stacheldrähte. Auch der Grenzübergang selbst ist mit dem einstigen eisernen Vorhang nicht vergleichbar. Keine schwerbewaffneten Soldaten oder Polizisten versperren gebieterisch und angsteinflößend den Weg. Eher gelangweilt wirken die Blauhelm-Soldaten der UNO, die an der Grenze herumstehen. Unsere bereitgehaltenen Pässe wollen sie nicht sehen, geschweige denn abstempeln. Das also ist die durchlässige Pufferzone, die auch als „Grüne Linie" bezeichnet wird.

Spätestens jetzt ist uns klar, dass es sich hier doch um eine völlig andere Art von Geteilt-Sein handelt. Als Kind und als Jugendlicher waren Städte wie Erfurt oder Dresden für mich nur böhmische Dörfer und gefühlt viel weiter entfernt als London oder sogar New York. Ich war 30 Jahre alt, als ich mit einer Gruppe, die der DKP nahestand, eine mehrtägige Reise in den Arbeiter- und Bauernstaat unternahm. Das war sowas von aufregend, Abenteuer pur: Die Grenzsoldaten der DDR durchsuchten akribisch unser Gepäck und den ganzen VW-Bus. Ab dem Grenzübergang hatten wir einen ständigen Begleiter an unserer Seite. Seine Aufgabe bestand darin, aufzupassen, dass das genauestens ausgearbeitete und genehmigte Besuchsprogramm tatsächlich eingehalten wurde.

Unser Programm umfasste unter anderem den Besuch von ausgewählten volkseigenen Betrieben (VEB) in der Bezirksstadt Suhl. Ich erinnere mich noch gut an ein großes Kombinat, in dem Elektrogeräte wie Toaster und Wasserkocher produziert wurden. Für den Export in den Westen, wohlgemerkt. In der Fabrikhalle hingen große Transparente an den Wänden. Auf einem stand – mir kam es vor, wie zum Hohn – der wunderbare Zweiteiler: „Ich leiste was – Ich leiste mir was!"

Wir radeln stundenlang durch Nordzypern, aber meine Gedanken fliegen immer wieder zurück in die Vergangenheit. Schließlich erreichen wir am Nachmittag die Stadt Famagusta. Als wir zum Strand fahren wollen, stehen in Sichtweite etliche riesige und schwer beschädigte Hotelburgen. Eine dicke Stacheldrahtrolle versperrt den Weg dorthin. Auf einem Schild ist ein Soldat mit Gewehr abgebildet – militärisches Sperrgebiet!

Wir hatten gelesen, dass hier Varosia liegt, ein Stadtteil von Famagusta. Einst boomte hier der Massen- und Strandtourismus. Aber seit den Kämpfen 1974, die zur Teilung der Insel führten, ist das Gebiet abgeriegelt: eine Geisterstadt. Wirtschaftlich fatal, aber ökologisch positiv: Der Strand zählt inzwischen zu den wichtigsten Eiablageplätzen für die bedrohte grüne Meeresschildkröte. Ich kann mir vorstellen, dass viele Hotelzimmer inzwischen von diversen Vogelarten bewohnt werden.

Nachdem wir an diesem Tag weit über 100 Kilometer gefahren sind, wollen wir nicht zelten, sondern uns eine Unterkunft suchen. Im Zentrum von Famagusta werden wir fündig. Das Hotel ist für hiesige Verhältnisse nicht ganz billig, liegt aber günstig und das Zimmer ist sauber und geräumig. Damit halten wir uns an das Motto, das die Werktätigen in der DDR ständig vor Augen hatten: Ich leiste was – Ich leiste mir was!

29. Montenegro – Tunnelerlebnis (2012)

„Ob Sonnenschein, ob Sternenfunkel: Im Tunnel bleibt es immer dunkel", dichtete Erich Kästner. Wenn es nur das wäre – der Kick, den man erlebt, wenn man auf dem Rad durch einen langen, verkehrsreichen Tunnel fährt, ist ohne weiteres mit dem Adrenalinstoß in einer Achterbahn vergleichbar. Unvergesslich bleibt mir der Tunnel bei meiner Frühjahrstour durch den Balkan. Ein großes Verbotsschild warnt Fußgänger und Pferdegespanne vor dem gähnend schwarzen Loch. Nochmals studiere ich daraufhin meine Karte und komme zum selben Ergebnis wie am Abend vorher: Risiko hin, Risiko her, es gibt keine Alternativstrecke, ich habe keine Wahl.

Ich erinnere mich an alle Einzelheiten. Daran, wie ich die Warnweste überziehe und das Licht am Rad anschalte. Daran, wie ich mehrmals tief ein- und wieder ausatme, bevor ich mich in das schwarze Loch traue. Daran, dass sich die Motorengeräusche von Autos und LKWs ohrenbetäubend an den Wänden brechen. Daran, dass er mehrere Kilometer lang und unbeleuchtet ist und keinen Seitenstreifen hat. Daran, dass ich erst spät die Kurven erkenne. Daran, dass vor und hinter mir Scheinwerferlichter auftauchen und ich krampfhaft versuche, die Spur zu halten. Daran, dass ich das Gefährlichste erst bemerke, als ich mitten drin bin: Dass es an zahlreichen Stellen von der Decke heruntertropft und diese Pfützen auf dem kalten Boden zu Eisplatten gefrieren. Daran, dass ich den Gedanken auszublenden versuche, ob es ein Fehler war, hineinzufahren. Daran, dass ich Blut und Wasser schwitze. Nach einer gefühlten Ewigkeit bin ich durch und wische mir zitternd den Schweiß von der Stirn.

Auf dieser Reise habe ich keine Begleitung und fühle mich öfters einsam. Es stimmt schon: Geteiltes Leid ist halbes Leid, geteilte Freude ist doppelte Freude. Nichts ist schlimmer, als abends alleine in einem Restaurant zu sitzen. Dann sitzt rechts von mir die Langeweile, links die Verzweiflung. Und gegenüber die Schwermut. Ich kann zwar auch alleine reisen – aber glücklich macht es mich nicht. Ich bin eben kein Einzelgänger. Lange habe ich mich nach einem Freund gesehnt, der mich begleiten würde. Glücklicherweise traf ich irgendwann auf Dietmar, der mich zwar nicht auf all meinen Touren begleitete, aber trotzdem mein bester Radfreund wurde und mit dem mich einzigartige Erlebnisse verbinden.

An diesem Tag jedenfalls schreibe ich beim Abendessen eine Postkarte an meinen damaligen Freund Matthias, der ernsthaft in Erwägung gezogen hatte, auf dieser Tour mitzukommen. Dabei schildere ich meine noch frischen Eindrücke. Ich beende mein Schreiben mit dem Satz: „Schade, dass du nicht dabei bist." Wieder zuhause, spricht dieser mich auf die Karte an und meint: „Gottseidank war ich nicht dabei – Durch diesen Tunnel wäre ich nie mitgefahren!" Obwohl mich das enttäuscht, kann ich es ihm eigentlich nicht verdenken…

Fuhrwerke und Fußgänger dürfen nicht durch, aber was ist mit Radfahrern?

Ein Prachtexemplar von einem Wolf, erlegt im Gebirge des Balkans.

30. Kosovo – Frieden schaffen ohne Waffen (2012)

Auf meiner Balkantour 2012 erreiche ich nach kurzem Aufenthalt in Serbien den kleinen Staat Kosovo. Im Norden des Landes treffe ich mehrmals auf internationale KFOR-Truppen. Ich spreche die Soldaten einer österreichischen Einheit an. Freimütig erzählen sie mir, dass es bei ihnen recht locker zugehe und dass alle gerne hier seien. Vor allem, weil der Einsatz finanziell lukrativ sei. Ein Gruppenfoto mit den Österreichern auf ihrem Panzerwagen rundet unsere Begegnung ab.

Die militärische Mission im Kosovo erfolgt auf der Grundlage einer UN-Resolution aus dem Jahr 1999. Deutschland und 27 weitere Staaten haben einige Tausend Soldaten in das Land entsandt. Oder soll man „Ländchen" sagen, ist es doch kleiner als Schleswig-Holstein. 2008 erklärte sich die bis dahin serbische Provinz für unabhängig, wird aber bis heute nur von knapp zwei Drittel aller UNO-Staaten anerkannt. Kosovo hat weder Sitz noch Stimme in der UN-Vollversammlung.

Die Bevölkerung im Kosovo besteht fast zu 90 Prozent aus Albanern. Im Norden leben jedoch mehrheitlich Serben. KFOR soll hier den Frieden sichern. Auf den Straßenschildern dominiert die serbische Sprache und an vielen Gebäuden sehe ich serbische Flaggen wehen. Seit 20 Jahren herrscht eine Art Burgfrieden zwischen den verfeindeten Volksgruppen der Albaner und Serben. Ist das der Anwesenheit der internationalen Truppen geschuldet? Bräche neue Gewalt und Unruhe aus, falls die Soldaten abzögen?

Solche Fragen gehen mir durch den Kopf, nachdem ich mich von den Soldaten verabschiedet habe und durch den kleinen Landstrich auf engen Straßen mit wenig Verkehr radle. Mit Antworten tue ich mir schwer. Das war nicht immer so. Als Jugendlicher war ich leidenschaftlicher Pazifist. Wirklicher und dauerhafter Frieden, war ich tief überzeugt, sei nur auf gewaltlosem Weg erreichbar – Frieden schaffen ohne Waffen, lautete das prägnante Schlagwort.

Zur Bundeswehr zu gehen, kam für mich nicht in Frage. Nachdem ich Anfang der siebziger Jahre den Kriegsdienst verweigerte, wurde in zwei mündlichen Anhörungen mein Gewissen geprüft. Von uralten Männern, aus meiner damaligen Sicht. Ihr Alter ließ darauf schließen, dass sie aktiv am 2.Weltkrieg teilgenommen hatten. Ich hielt es für absurd, von Kriegsveteranen mein Gewissen überprüfen zu lassen.

In meiner damaligen schriftlichen Begründung führte ich unter anderem die Feldbriefe meines Cousins Arthur an. Arthur war der einzige Sohn meiner Tante Olga, er starb im letzten Kriegsjahr 17-jährig in Oberitalien. Dass ich nicht bereit war, eine Waffe in die Hand zu nehmen, rief bei zahlreichen Verwandten und Bekannten meiner Eltern Unverständnis und Ablehnung hervor. Ich rechne es meiner Mutter heute noch hoch an, dass sie meine Entscheidung nicht nur respektierte, sondern anderen gegenüber sogar verteidigte. Ihre progressive Haltung

Im Kosovo treffe ich KFOR-Truppen aus Österreich.

Bunker-Pause an einem sonnigen Frühlingstag.

resultierte vor allem aus der leidvollen Erfahrung, dass sich ihr eigener Vater – also mein Großvater, den ich nie kennenlernte – in französischer Gefangenschaft das Leben nahm. Niemand weiß, welch fürchterlichen Erlebnisse ihn zu diesem unbegreiflichen Schritt bewegten.

Und heute im Kosovo? Kann man bestreiten, dass die internationale militärische Aktion den brüchigen Frieden in der unruhigen Region gesichert hat? Muss man den Einsatz nicht gutheißen? Hätten rein zivile Maßnahmen auch erfolgreich sein können? Niemand kann das wissen. Über die Jahrzehnte hat sich meine Einstellung geändert. Mir ist bewusst, dass der Bombenhagel, der den letzten Weltkrieg beendete, Abertausenden von Unschuldigen den Tod brachte. Und doch hat diese Apokalypse mit Schutt und Asche zu einer historisch einzigartigen und dauerhaften Friedensperiode in Mitteleuropa geführt. Als ultima ratio, als letztes Mittel, kann ich heute militärische Friedensmissionen unter UN-Mandat akzeptieren.

Dass ich damals trotzig meinen persönlichen Weg ging, halte ich nicht für eine Jugendsünde. Im Gegenteil, eher für eine Jugendtugend. War es doch für mich richtig und wichtig, meiner pazifistischen Überzeugung treu zu bleiben. Ist die utopische Vorstellung einer waffenlosen Welt nur eine einzige Illusion, genährt aus naivem Wunschdenken? Liegt in der Natur des Menschen nicht Friedlichkeit und Gewalt ganz nahe beieinander? Bekanntlich schildert auch die Bibel bereits in ihren ersten Kapiteln Mord und Totschlag: Der neidische Kain erschlägt seinen Bruder Abel. Vermutlich mit einer Hacke, eigentlich zum Unkrautjäten hergestellt.

Die Blauhelm-Soldaten erhielten 1988 für ihren Dienst sogar den Friedensnobelpreis. Man darf aber nicht übersehen: Die Bilanz der internationalen „Friedenstruppen" ist gemischt und selbst die Bundeszentrale für politische Bildung merkt kritisch an, dass „die Hoffnungen, durch externe Interventionen die Menschenrechte sichern und demokratische Strukturen aufbauen zu können, sich oft als Illusion erwiesen (hätten)."

Während ich gedankenversunken weiterradle, fallen mir etliche Situationen ein, in denen ich durchaus aggressiv reagiert habe. Aber geht das nicht jedem so? Läuft nicht bei jedem irgendwann das Fass über? Als Gerichtsreporter muss ich so oft von überschäumendem Jähzorn und von blinder Wut berichten. Dabei gibt es ein ganz einfaches Rezept, Gewalttätigkeit zu vermeiden: abhauen statt zuhauen!

31. Albanien – Im Land der Bunker (2012)

Ich bin von Mazedonien zur albanischen Hauptstadt Tirana unterwegs und da begegne ich ihnen immer wieder: Bunkern aus der Zeit, in der Enver Hoxha bis zu seinem Tod 1985 über 40 Jahre lang das Land im stalinistischen Stil regierte. Sie wirken wie zufällig über das ganze Land verstreut. Manche sind eher klein und unscheinbar und liegen versteckt von Gestrüpp überwuchert in der Landschaft. Andere dagegen haben von ihrer plumpen Wucht nichts eingebüßt und wirken wie Bunker-Monster. Es ist ein sonniger Frühlingstag, als ich an einer von diesen Betonfestungen eine längere Pause einlege und mir meine Gedanken mache.

Ich hatte gelesen, dass der Alleinherrscher in dem Drei-Millionen-Einwohner-Land Hunderttausende von diesen Dingern – angeblich kaum vorstellbare 700.000 – aus Spezialbeton errichten ließ. Verteilt über ein Staatsgebiet, das nicht mal halb so groß ist wie Bayern. Das sollte jedwede ausländische Macht von vornherein von einer Invasion abhalten. Er wollte sein isoliertes Land und sich selbst unangreifbar machen.

Seit dem Ende dieser unseligen und unheimlichen Zeit wurden viele der Beton-Iglus mühevoll beseitigt, aber Zigtausende von ihnen „verzieren" noch die Landschaft. Die meisten rotten nutzlos vor sich hin, für einige wenige hat man eine neue Verwendung gefunden: Als Ziegen- oder Hühnerställe, als Treffpunkte für Liebespaare, als Kioske oder Lokale, einer sogar als Kapelle. Vergebung aller Sünden in einer solch düsteren und im wahrsten Sinne des Wortes bedrückenden Atmosphäre?

Mit Bunkern haben wir Deutschen ja so unsere Erfahrung. Man braucht nur an den Westwall oder an den berüchtigten Führerbunker zu denken. Oder an die Luftschutzbunker in den Städten. Was soll man davon halten? Ein ziviler Bunker ist sicher so etwas wie ein schützendes gepanzertes Gebäude, aber bei einem militärischen Bunker ist das anders – hier geht es um waffenstarrende Festungen.

Und noch etwas geht mir durch den Kopf. Der von dem Freud-Schüler Wilhelm Reich geprägte Begriff des Körperpanzers, in dem sich manche Menschen verbunkern. Wenn traumatische Erlebnisse vollkommen verdrängt und der Schutzmechanismus gegenüber einer als feindlich wahrgenommenen Umwelt übermächtig wird, hat das oft schlimme Folgen: massive Muskelverspannungen, emotionale Blockaden und Abschottung bis hin zu Depressionen. Ich schicke ein Stoßgebet gen Himmel, weder einen psychischen noch einen realen Bunker jemals nutzen zu müssen.

32. Mexiko I – Xolotl, der aztekische Gott des Unglücks (2012)

Ein Unglück kommt selten allein, heißt es. In Mexiko lernen wir Xolotl kennen, den aztekischen Gott des Unglücks. Dabei fängt alles sehr positiv an: Herzlicher Empfang am Flughafen durch die Familie von Ana-Maria, meiner Schwiegertochter. Eine knappe Woche sind wir in der Familie zu Besuch und werden wie Ehrengäste behandelt. In dieser Zeit passiert das erste Malheur: Inge bekommt eine Darminfektion, da sie den frisch aussehenden, weil immer wieder mit unsauberem Wasser übergossenen Obststücken am Straßenrand nicht widerstehen konnte. Die Folgen: Heftiger Durchfall und völlige Appetitlosigkeit.

Als die Infektion nach einigen Tagen abklingt, machen wir uns radelnd auf den Weg durch Mexiko-Stadt. Da ereignet sich noch in der Metropole das zweite Malheur: Inge stürzt vom Fahrrad, weil ein an den Gabeln befestigter Metallbügel plötzlich das Vorderrad blockiert. Die Folgen: Ein geprelltes und heftig schmerzendes Handgelenk. Tags darauf lassen wir den Moloch Mexiko-Stadt hinter uns und die Straße führt auf über 3000 Meter in die Berge. Hier kommt es zum dritten Malheur: Inge stürzt abwärts wieder vom Rad, weil unvermutet loser Splitt auftaucht. Die Folgen: Hautabschürfungen und Blutergüsse.

Nun macht sich Inge Gedanken, ob diese Vorkommnisse nicht ein böses Omen seien, eine Warnung vor dieser Reise. Und schon erleben wir das vierte Malheur: Inge zerdeppert in einem billigen Hotel ein Waschbecken, weil sie in dem Becken ihre verschmutzten Füße waschen will. Die Folgen: Das Waschbecken zerbricht auf dem Steinboden, am nächsten Morgen müssen wir als Schadensersatz rund 20 Euro bezahlen.

Aber, man glaubt es kaum, damit endet die Pechsträhne. Xolotl hatte sich offensichtlich ein neues Opfer gesucht: Auf einer kaum befahrenen Straße sehen wir einen mittelgroßen Lkw schräg im Graben liegen. Als wir näher kommen, staunen wir nicht schlecht: Die Ladetüren des Lasters stehen offen und davor hat sich eine ansehnliche und freudig erregte Menschentraube gebildet. Oben auf der Ladefläche stehen zwei Männer und werfen den Leuten einzelne Pakete zu, die daraufhin schleunigst das Weite suchen. Einen Fahrer können wir nirgends entdecken. Des einen Freud – des andern Leid!

Von da an wendet sich das Blatt und wir stehen, äh, rollen auf der Sonnenseite des Schicksals. Schon am folgenden Tag erreichen wir bei der Sierra Madre del Sur die Stadt Oaxaca de Juárez, die Hauptstadt des gleichnamigen Bundesstaates Oaxaca. Dort genießen wir eine uns bisher unbekannte Köstlichkeit: Mole Negro. Die cremige Schokoladensauce besteht aus der gemahlenen Kakaobohne. Wir essen sie mit Reis und Gemüse, und auch einige Chapulines, also knusprig frittierte Grashüpfer, müssen daran glauben. Den Azteken und Mayas haben wir nämlich

In Mexiko begegnen wir baumgroßenKakteen.

Wie anno dazumal: Trequilaherstellung in einem mexikanischen Kleinbetrieb.

nicht nur den Unglücksgott Xolotl zu verdanken, sondern auch den Göttertrank namens Schokolade.

Nun wird es noch eine richtig schöne Reise mit allem, was dazu gehört: viel Kultur und Natur, zahlreiche interessante Begegnungen und kulinarische Highlights. Bei Unglücksfällen sollte man also die Flinte nicht zu schnell ins Korn werfen. Jede Medaille hat zwei Seiten, jede Krise endet einmal, und nach dem Regen scheint immer wieder die Sonne.

33. Belize – Begegnung mit Mennoniten (2012)

Unterwegs in Belize, dem früheren Britisch-Honduras. Wir wissen, dass hier dörfliche Gemeinschaften von Mennoniten existieren. Bevor wir sie selbst entdecken, fallen ihre Felder, Höfe und Gärten auf: Akkurat, gepflegt, ordentlich und sauber, deutsch eben. Als wir im Zentrum einer Kleinstadt eine Pause einlegen, sehen wir etwa ein Dutzend Menschen zusammenstehen. Obwohl es drückend heiß ist, tragen die blonden und blauäugigen Männer Latzhosen und einen breitkrempigen Cowboyhut, während alle Frauen weite Röcke und langärmelige Blusen mit hochgeschlossenen Krägen anhaben. Ihre Haare sind hochgesteckt und von einer Haube verdeckt. Diese traditionelle Kleidung in altertümlicher Tracht erinnert uns an alte und vergilbte, längst historische Portraitfotos unserer Urgroßeltern. Die Personen bilden schon rein äußerlich einen sehr starken Kontrast zu den Einheimischen. Es handelt sich um Mennoniten.

Unter einem schattigen Baum sitzen ein Mann und eine Frau auf einer kleinen Bank, beide etwa 25 Jahre alt. Ihr Gesichtsausdruck wirkt ernst und etwas distanziert. „Ob sie wohl deutsch sprechen?" frage ich Inge. Wir entschließen uns, einen Versuch zu wagen. Wann kriegt man schon mal die Gelegenheit, mit Mennoniten in Mittelamerika zu kommunizieren?

Wir gehen hin, grüßen und ich frage: „Sprechen Sie deutsch?" Als sie mich erst mal etwas ratlos anschauen, wiederhole ich langsam und betont meine Frage. Der Mann macht einen etwas schüchternen Eindruck, aber die Frau ergreift das Wort und bejaht in einem eigenartigen Dialekt. Später recherchiere ich im Internet, dass es sich wohl um Plautdietsch handelt, eine westpreußische Variante des Niederdeutschen. Nachdem ich uns vorgestellt und erklärt habe, woher wir kommen, frage ich die Frau, ob sie zu den Mennoniten gehören.

Sie bejaht und erklärt uns kurz danach: „Für uns als Mennoniten gelten nur die Gesetze der Bibel und wir schwören niemandem außer Gott die Treue. Deshalb leisten wir auch keinen Kriegs- oder Wehrdienst. Unsere Vorfahren stammen aus Deutschland und sind ihres Glaubens wegen zuerst nach Russland geflohen. Von dort aus sind sie später nach Kanada umgesiedelt, bevor sie in ihre jetzige Heimat Belize zogen. Hier leben wir alle in einer Dorfgemeinschaft beieinander. Wir haben einen Bäcker, einen Metzger, einen Dorfladen, einen Schmied und einen Arzt, im Grunde also alles, was man im täglichen Leben so braucht. Und natürlich eine Kirche. Meine neun Geschwister leben alle in dem Dorf."

Beruflich, erzählt sie weiter, sei ihr Begleiter als Landwirt und sie als Dorflehrerin tätig. Das macht mich neugierig. Unter anderem will ich von ihr wissen, wie viele Schüler in ihrer Klasse sitzen und wie lange die Kinder die Schule besuchen müssen. Auf die Frage nach der Schuldauer schaut sie mich ziemlich irritiert an und reagiert verständnislos, so, als ob sie gar nicht recht verstehen würde, was ich damit meine.

Wie ein historisches Foto aus der Zeit unserer Urgroßeltern: Mennoniten in Belize.

Also wiederhole ich meine Frage nochmals langsam, laut und deutlich. Endlich versteht sie, und sie formuliert mit einfachen Worten ihre Antwort: „Na, einfach so lange, bis sie es können." Ihr Tonfall verrät, dass es sich um eine derart selbstverständliche Tatsache handelt, die doch jedes Kind weiß. Inge und ich sind ratlos. Denn was, bitte, ist „es?" Wieder so eine dumme Frage, denn im weiteren Verlauf des Gesprächs stellt sich heraus, dass damit die guten alten Grundfertigkeiten gemeint sind: Lesen, Schreiben, Rechnen – das, was man eben zum Leben braucht.

34. Monaco – Für Geld kriegst du Federn in den Arsch geblasen (2012)

Von Italien und der ligurischen Küste kommend, steuern Inge und ich einen Campingplatz unweit zur Grenze nach Monaco an. Wir schlagen unser Zelt auf, um am nächsten Tag dem südeuropäischen Stadtstaat einen kurzen Besuch abzustatten. Der zweitkleinste Staat der Erde fehlt noch in unserer Länder-Sammlung.

Es ist Spätsommer und am folgenden Morgen zeigt sich schon früh die Sonne. Nach wenigen Kilometern erreichen wir die Grenze. Das Fürstentum mit seinen etwa 38.000 Einwohnern gehört zwar nicht zur EU, aber zum Schengen-Raum. Deshalb gibt es keine Grenzkontrolle. Es herrscht dichter Verkehr mit vielen Nobelkarossen und wir fahren vorsichtig rechts an der Autoschlange vorbei.

An der Ampel scheren wir aus, steigen ab und drücken auf den Knopf für die Fußgänger. Unweit des Hafens finden wir eine freie Bank, auf der wir uns niederlassen. Für das zweite Frühstück holen wir die mit heißem Wasser gefüllte Thermoskanne aus der Tasche. Kaffee, Tee oder Schokolade lautet die Getränkeauswahl. Dazu gibt es Makronenplätzchen und Cantuccinis.

Unser Blick fällt auf den benachbarten prächtigen Pool eines Fünf-Sterne-Hotels mit Wellnesseinrichtungen. Direkt daneben liegt der Yachthafen, in dem zahlreiche aufgemotzte Boote liegen. Nahe bei den gebräunten Poolschönheiten sehen wir eine ältere Dame an einem Teetischchen sitzen, deren Schoßhund neugierig aus einer Gucci-Handtasche guckt. Neben ihr steht ein distinguierter Herr in feinem Zwirn mit einer silbrig glänzenden Fliege. Sein Sakko hängt lässig über der Lehne eines Liegestuhls. Ich frage mich, ob er ihr mit seinen gezierten Gesten gerade die Welt erklärt.

Der steile Berghang hinter uns ist gespickt mit Luxushotels und edel gestalteten Wohntürmen. Wir haben gelesen, dass der Durchschnittspreis für einen Quadratmeter Wohnfläche bei mehr als 50.000 Euro liegt. Dafür gibt es hier weder Einkommens- noch Erbschaftssteuer. Für wen ist das attraktiv, fragen wir uns. Wer zieht hierher? Top-Verdiener, Neureiche, Manager? Oder Fußballprofis, Industrielle, Filmstars?

Wir genießen unseren einfachen Imbiss und verspüren keinen Neid auf die Geldmenschen. Geld regiert die Welt, heißt es. Aber nicht die Herzen, möchte man hinzufügen. Mit Geld kann man sich alles Mögliche kaufen: Luxus, Macht, Posten, Sex. Aber sicherlich nicht das, worauf es im Leben wirklich ankommt: Glück, Zufriedenheit, Gesundheit, Freundschaft, Liebe, Lebenssinn. Mir fällt ein Spruch meiner Patin Olga ein, die als Rentnerin regelmäßig zur Kur nach Bad Kissingen oder Bad Rodach fuhr: „Für Geld kriegst du Federn in den Arsch geblasen!"

35. Sri Lanka I – Der Skandal (2013)

„Andere Länder, andere Sitten", heißt es treffend. In jeder Kultur lauern für Fremde Fallstricke und Fettnäpfchen. Als Rad-Traveller informieren wir uns vor einer Reise über Land und Leute – aber es bleiben zwangsläufig Lücken und man ist und bleibt ein Eindringling und Fremdling, im besten Fall ein Gast. In Sri Lanka kam es in diesem Zusammenhang zu einem besonders peinlichen Vorfall, einem echten Fauxpas.

Den ganzen Tag über sind wir in großer Hitze geradelt. Obwohl wir ab dem späten Nachmittag nach einer Unterkunft Ausschau halten, können wir keine finden. Natürlich könnten wir irgendwo unser Zelt aufstellen. Aber es gibt zumindest zwei gewichtige Gründe, die dagegen sprechen: Zum einen ist es schwierig, in der von üppiger tropischer Vegetation bedeckten Landschaft einen geeigneten Platz zu finden. Zum anderen kühlt es nachts fast nicht ab, was dazu führt, dass man trotz geöffneten Zelteingangs in kürzester Zeit im stickigen Zeltinneren klatschnass wird.

Ungefähr eine Stunde, bevor es dunkelt, müssen wir uns entscheiden. Da taucht unweit von der Straße ein Restaurant mit großzügig gestaltetem und überdachtem Außenbereich auf. Das Lokal ist sauber, der Boden frisch gekehrt, die Entscheidung leicht: Hier wollen wir uns nach dem Abendessen schlafen legen. Dem Klappern von Töpfen und Geschirr nachgehend, suchen wir erst mal diejenigen, die in diesem Landgasthof das Sagen haben. Englisch versteht zwar niemand, aber unsere Geste des geneigten Kopfes mit der flachen Hand darunter kennt man in jeder Kultur. Ganz offensichtlich hat man nichts dagegen, zumal sie sehen, dass wir mit vollbepackten Rädern gekommen sind.

Alles scheint gut. Bevor wir uns umziehen, wollen wir uns noch oberflächlich waschen. Wieder benutzen wir die Zeichensprache. Wir kramen Seife und Handtuch aus den Packtaschen und suchen dazu unsere nicht mehr ganz sauberen „Abendklamotten." Damit gehen wir hinter unseren Gastgebern her, die uns zu einer Art Gartengrundstück führen. Dort finden wir einen angeschlossenen Wasserschlauch – ideal, denken wir.

Begleitet von Vogelgezwitscher, beginnen wir damit, uns zu entkleiden. Dabei fällt uns das eigenartige Gebaren der Einheimischen auf. Unter argwöhnischen und misstrauischen Blicken hören wir ein unheilvolles Raunen, Tuscheln und Murren. Manche von ihnen ziehen eine Grimasse, aber wir können uns keinen Reim darauf machen. Nach einer Weile sind alle verschwunden. Erst dann legen wir etwas beklommen auch unsere Unterwäsche ab, seifen uns ein und duschen uns ab. Ganz normal, oder?

Als wir uns wieder angezogen haben, kommt es zu einem lauten Spektakel. Wir werden von einem guten Dutzend Einheimischer umringt und es gibt ein Riesen-Tohuwabohu. Ihre Stimmen klingen aufgeregt, erzürnt und sogar wütend,

Familienfoto mit deutscher Radlerin.

sie diskutieren aufgebracht und haben jede Zurückhaltung aufgegeben. Wir wissen überhaupt nicht, was wir verbrochen oder wodurch wir sie provoziert haben und ich denke schon, sie wollen für die Dusche im Nachhinein etwas bezahlt bekommen. Weit gefehlt!

Ein Jugendlicher in dem Pulk spricht uns schließlich in schlechtem Englisch an. Er ist in höchstem Maße gereizt und erregt. Mit empörter Stimme raunzt er uns grimmig an, dass wir nicht in Europa seien und dass es hier eine andere Kultur mit fundamental anderen Regeln und Gebräuchen gebe. Zuerst wissen wir immer noch nicht, was er damit sagen will, bis endlich der Groschen fällt: Wir haben uns beim Waschen und Duschen nackt ausgezogen – ein Sakrileg sondergleichen! Jetzt erinnern wir uns an die Einheimischen, die mit einem Sarong, also einer Art von Wickelrock, am Strand badeten.

Wir entschuldigen uns tausendmal und beteuern immer wieder, aus Unwissenheit gehandelt zu haben, was ja durchaus der Wahrheit entspricht. Wir versprechen hoch und heilig, zukünftig aufzupassen. Irgendwann glaubt uns der Junge und übersetzt es seinen Landsleuten. Langsam beruhigt sich die aufgeheizte Stimmung.

Zurück im Lokal können wir jetzt sogar Essen und als übliches Getränk Milchtee bestellen. Beim Tee halte ich mich zurück, weil ich des Nachts nicht mehrmals auf verschlungenen Wegen durch einen Garten gehen will, um das in einem Bretterverschlag befindliche Plumpsklo zu erreichen. Als wir dann bezahlt und ein großzügiges Trinkgeld gegeben haben, stellen sich – ich kann es kaum glauben – alle zu einem großen Familienfoto auf. Der von uns verursachte Skandal ist nicht vergessen, aber vergeben!

36. Sri Lanka II – Die Safaritour (2013)

Auf der Insel im Indischen Ozean erleben wir ein im wahrsten Sinne des Wortes „einschneidendes" Abenteuer: Eine Safaritour. Safari – übt nicht das Wort alleine schon eine ungeheure Faszination aus und klingt nach wilder Natur pur? Die Jagd auf „attraktive" und ungezähmte Tiere in freier Wildbahn – früher mit dem Gewehr, heute mit Kamera und Handy. Verspricht das nicht die Befriedigung eines längst verdrängten Urinstinktes? Dass der Gedanke einen gewissen Reiz auch auf mich ausübt, will ich nicht verhehlen. Inge muss ähnlich empfinden, denn sie will die angebotene Safaritour unbedingt mitmachen. Wie oft habe man schon die Gelegenheit und genügend Zeit, sagt sie, sich einer solchen Tour anzuschließen?

Im Süden der tropfenförmigen Insel gelangen wir in die Nähe eines Nationalparks, der solche Touren anbietet. Ganz billig ist es nicht, denn pro Nase sind umgerechnet etwa 75 Euro fällig. Aber weil Inge richtig scharf drauf ist, buchen wir das Event und werden am nächsten Morgen gegen vier Uhr in stockdunkler Nacht an unserer Lodge abgeholt.

Wir nehmen in einem offenen Jeep Platz. Hinter dem Fahrer gibt es drei schmale Sitzbänke, die abgestuft angeordnet sind. Schnell ergattern wir uns in dem durch einen stabilen Stahlrahmen abgesicherten Fahrzeug die hintere Bank, die uns beste Sicht verspricht. Sicherheitsgurte gibt es nicht. Im Eingangsbereich des Parks hält unser Fahrer. Nach und nach trudeln weitere mit Touristen besetzte Safarijeeps ein. Als etwa fünfzehn bis zwanzig Fahrzeuge beieinander sind, geht es im Konvoi los. Wir fragen uns, welche Tiere wir bei dem Motorenlärm wohl sehen werden und sind ziemlich enttäuscht, denn so hatten wir uns die Safari nicht vorgestellt.

Die Geländewagen haben Vierradantrieb und brettern mit hoher Geschwindigkeit durch tief ausgefahrene Pisten. Die Insassen werden ständig durchgerüttelt und manchmal aus ihren Sitzen hochkatapultiert. So geht es in wilder Fahrt auf den vorgegebenen Wegen über Stock und Stein. Die Tiere des Parks haben sich offensichtlich an den allmorgendlichen Krach gewöhnt und wir sehen – allerdings nur aus der Ferne – einige Elefanten, Krokodile und Wasserbüffel. Inge ist die einzige in unserem Wagen, die, als sie mal kurz zurückblickt, für einen Moment einen Leoparden vorüberhuschen sieht. Ein Pfau und ein paar Störche kreuzen unseren Weg. Obwohl der Fahrer immer anhält, sobald ein Tier zu sichten ist, gelingt es uns trotz Zoom-Einsatz kaum, schöne Tierfotos zu schießen.

Auf dem Weg zurück zum Parkeingang ziehen wir ein erstes Fazit und stellen fest, dass sich die Safari nicht gelohnt hat. Der Fahrer hat es nun besonders eilig. Er rast durch die ausgefahrenen Spurrillen, was dazu führt, dass wir immer wieder hoch in die Luft geschleudert werden. Als er über ein besonders tiefes Schlagloch prescht, passiert es: Wir werden aus unseren Sitzen dermaßen hochgeschleudert, dass wir mit dem Kopf an den Stahlrahmen knallen. Meine Mütze

Neugierig beäugt uns diese Affenfamilie.

Wunderschön, wie der Pfau sein Rad schlägt.

mildert den Aufschlag. Aber Inge erwischt es knüppeldick: Sie schlägt mit der Nasenwurzel auf das Metall und schreit vor Schmerz auf. Eine tiefe, blutige Wunde zeigt sich knapp unter den Augen quer über der Nasenwurzel.

Jetzt reicht es mir endgültig und ich brülle den Fahrer an, dass er sofort anhalten soll. Aufgebracht beschimpfe ich ihn. Als er sieht, was er angerichtet hat, bekommt er es mit der Angst zu tun und fleht uns inständig an, dass wir uns nicht bei der Parkverwaltung beschweren mögen. In diesem Fall, beteuert er, verlöre er seinen Job. Immer wieder entschuldigt er sich und bietet an, uns zum nächstgelegenen Krankenhaus zu fahren.

Nach kurzer Beratung verzichten wir darauf, den Vorfall zu melden. Wir lassen uns zu unserer Unterkunft fahren. Als erfahrene Krankenschwester verarztet Inge sich selbst mit einem Klammerpflaster, wobei ich assistiere. Später stellt sich heraus: Die Nase ist gebrochen. Nach der Aufregung ziehen wir am Abend dieses ereignisreichen Tages ein Resümee: Wir haben das Abenteuer gesucht – und wir haben es gefunden! Aber ganz anders als gedacht. Wieder mal stellt sich heraus: Ein Plan ist das Eine, das Leben ist das Andere. Gottlob gibt es keinen bleibenden Schaden, aber bei genauem Hinsehen ist die Narbe heute noch sichtbar.

37. Bahrain – Der Lebensbaum im Königreich (2013)

Bahrain ist eine sehr kleine Insel im Persischen Golf. Fünf Tage lang erkunden Inge und ich das Königreich. Von der Hauptstadt Manama aus, die ganz im Dubai-Stil mit zahlreichen Wolkenkratzern erbaut ist, radeln wir über die Insel. Als wir ein riesiges Bild des Königs fotografieren, erscheint bereits eine Minute später eine Polizeistreife. Was wir damals nicht wissen: Gegenüber, hinter einer hohen Mauer, befindet sich die königliche Residenz. Und die darf man natürlich nicht in den Fokus einer Linse nehmen. Schnell können wir die Beamten davon überzeugen, dass wir „nur" ihren großartigen Herrscher fotografiert haben.

An einer Kamelfarm vorbei steuern wir auf die weltbekannte Formel-1-Rennstrecke zu. Wir sind enttäuscht, weil die Tore verschlossen sind und man den Rennzirkus nur von außen sieht. Über ausgedehnte Ölfelder geht es dann zum sogenannten Lebensbaum, der sich mitten in der Wüste befindet. Und der beeindruckt uns tatsächlich. Es handelt sich um eine sehr alte Akazie mit tief herunterhängenden Ästen, ein Baum, mutterseelenallein im Wüstensand. Angeblich soll er 4000 Jahre alt sein, was nach orientalischer Art sicher weit übertrieben ist. Rätselhaft aber ist, wie der alleinstehende Baum sich mit dem lebenswichtigen Wasser versorgt, denn nirgendwo in der Umgebung findet man eine Quelle oder eine Oase. Aber das Leben sucht sich seinen eigenen Weg! Leben gab es lange, bevor der Mensch auf die Bühne trat. Und Leben wird es lange noch geben, wenn unsere Spezies abgetreten sein wird. Ein tröstlicher Gedanke!

Zurück zu dem geheimnisvollen Baum. Der Legende nach soll er sogar der letzte Überrest des geheimnisvollen Garten Eden sein! Große und alte Bäume haben quer durch fast alle Kulturen und Kontinente eine besondere und mythische Bedeutung. Unser eigenes Land ist da keine Ausnahme. In vielen Dörfern steht noch eine Tanzlinde. Unter markanten Bäumen wurde Gericht gehalten. In der Flur findet man Gedenkbäume, die beispielsweise an militärische Siege erinnern sollen.

Man hat uralte Bäume in vorchristlicher Zeit tief verehrt, weshalb sie von den Missionaren gefällt wurden. Als Baum der Unsterblichkeit gilt in China der Pfirsichbaum und Buddha hatte seine Erleuchtung unter einem Feigenbaum. In Mexiko im Bundesstaat Oaxaca haben wir in Santa María del Tule den dicksten Baum der Welt bestaunt: Die Zypresse hat einen Durchmesser von sagenhaften 14,05 Metern. Eine weitere Zypresse, die auch über 4000 Jahre alt sein soll, haben wir im Iran gesehen. Einer Legende zufolge wurde dieser Baum durch den Religionsstifter Zarathustra gepflanzt. In der iranischen Kunst und Kultur steht die Zypresse als weitverbreitetes Symbol für Aufrichtigkeit, Wahrhaftigkeit und ewige Jugend.

In der christlichen Pflanzensymbolik weist die Akazie auf die Unsterblichkeit der menschlichen Seele hin, der Ölbaum auf den Frieden und die Stechpalme, aus

Die uralte Akazie steht mitten in der Wüste Bahrains.

deren Zweigen angeblich die Dornenkrone gefertigt war, auf die Passion Christi. Auch in der biblischen Schöpfungsgeschichte spielen zwei Bäume eine entscheidende Rolle: Der Baum des Lebens und der Baum der Erkenntnis von Gut und Böse.

Wir sind überzeugt, dass ein Rest dieser uralten archetypischen Vorstellungen auch in uns lebendig geblieben ist. Bei der Geburt meines ältesten Sohnes habe ich einen Birnen-, beim zweiten einen Apfelbaum gepflanzt. Als vor einigen Jahren mein Sohn heiratete, hat er zusammen mit seiner mexikanischen Frau ebenfalls ein Hochzeitsbäumchen in unseren Garten gesetzt – einen Pfirsichbaum. Schließlich: Nicht bloß für den Lebensanfang, auch für das Lebensende eignet sich das uralte Symbol. Sowohl meiner Frau als auch mir ist die Vorstellung sehr sympathisch, dass unsere Asche einmal auf einem Waldfriedhof ruhen könnte.

38. Australien – Unverhofftes Glück und mein Vorfahre, der Abenteurer (2013)

Wochenlang radle ich durch Australien. Durch das – oder heißt es den? – Outback. Inmitten der 4000-Kilometer-Strecke liegt die kleine Ortschaft Alice Springs. Von dort aus führt eine Stichstraße zum vielleicht berühmtesten Felsen der Welt, dem Uluru. Er gilt als Wahrzeichen Australiens. Früher war der gigantische Steinblock unter dem Namen Ayers Rock bekannt.

In Alice Springs angekommen, suche ich mir ein Guesthouse und buche zwei Nächte, weil ich den radelfreien nächsten Tag nutzen will, um mit einem Bus zum rund 300 Kilometer entfernten Uluru zu fahren. Das entsprechende Ticket buche ich gleich beim Einchecken bei der freundlichen Lady an der Rezeption. Mit einem Hochgefühl lege ich mich zufrieden ins Bett und freue mich schon auf die Besichtigung, die ein Höhepunkt meiner Reise werden soll.

Als ich früh am nächsten Morgen aus dem Fenster schaue, bin ich völlig frustriert: Seit mehr als drei Wochen hat mir täglich aus einem stahlblauen Himmel die Sonne Haut und Hirn verbrannt – und ausgerechnet heute regnet es in Strömen! Dabei wollte ich unbedingt den Felsblock spätabends in spektakulär leuchtend roten Tönen aufs Foto zaubern, so, wie man aus unzähligen Postkartenmotiven den Uluru eben kennt.

Soll ich auf den Besichtigungtrip unter diesen widrigen Umständen gleich ganz verzichten? Und stattdessen einen Faulenzertag einlegen und neue Kraft schöpfen für die Weiterfahrt? Nach kurzem Überlegen entscheide ich mich für den Bus. Etwa drei Stunden später erreichen wir das Ziel und es hat aufgehört zu regnen. Den letzten Kilometer legen wir zu Fuß zurück. Der Himmel ist wolkenverhangen und die Sonne hat keine Chance. Als wir uns dem Felsblock nähern, erwartet mich eine Überraschung: Durch den Regen hat sich ein fantastischer und surreal wirkender Wasserfall gebildet. Er stürzt kaskadenartig herunter und auf dem rostroten Boden schäumt mit weißer Gischt ein kleiner See. Ohne den verwünschten Regen hätte ich dieses tolle Schauspiel nie erlebt – unverhofftes Glück!

In diesem Moment kommt mir mein abenteuerlustiger – oder raffgieriger? – Vorfahre in den Sinn. Wobei sich die beiden Eigenschaften ja nicht ausschließen. Ich stelle mir vor, wie er mit dem Spaten in der Hand in einem Schlammloch seines Claims steht. Von unzähligen kräftezehrenden und letztlich fruchtlosen Versuchen ist er vollkommen erschöpft und niedergeschlagen. Er ist ganz kurz davor, aufzugeben.

Und dann geschieht das, was ihm wie ein Wunder vorkommt: Er stößt auf eine ergiebige Goldader! Ungläubig prüft er und vergewissert sich immer wieder, keinem Trugbild aufgesessen zu sein. Zuerst kann er es kaum fassen, aber dann

Auf dem Stuart-Highway durch das Outback.

Nach einem ergiebigen Regen hat sich ein kaskadenartiger Wasserfall gebildet.

gibt es keinen Zweifel und kein Halten mehr: Donnernd zerreißt sein Freuden-schrei die Luft! Der Erfolg ist der Lohn für sein stures Nicht-Aufgeben-Wollen, für sein unbändiges Festhalten an einer vagen Hoffnung, von anderen als Fata Morgana und Wunschbild verlacht – unverhofftes Glück!

Von meiner Mutter erfuhr ich das Wenige, was sie selbst über diesen Vorfah-ren wusste. Der Glücksritter habe sich im 19. Jahrhundert auf die lange und ge-fährliche Reise nach Australien gemacht. In einem Brief habe er den Seinen in der Heimat geschrieben, dass er tatsächlich Gold gefunden hätte und bald zurück-kehren würde. Doch nach diesem Lebenszeichen sei Funkstille gewesen. Und zwar für immer, erzählte mir meine Mutter. Was er wohl erlebt und erlitten hat?

Aus seinem Brief sprach die freudige Erwartung, alsbald heimzukehren. Ir-gendwer oder irgendetwas muss dann seine Pläne durchkreuzt haben. Wer Gold gefunden hatte, lebte gefährlich. Hat er seinen Mut mit dem Leben bezahlt? Das Gedicht aus Goethes „Wilhelm Meister"-Roman fällt mir ein, das mir meine längst verstorbene Tante Olga ins Album schrieb: „Wer nie sein Brot mit Tränen aß, wer nie die kummervollen Nächte auf seinem Bette weinend saß, der kennt euch nicht, ihr himmlischen Mächte..." Ob ich von diesem Ahn mein „Abenteu-er-Gen" geerbt habe? Die Lust an der Überraschung, am Risiko und am „wilden" Leben? Wer weiß...

39. Frankreich – Das universelle Traum-Kunstwerk (2013)

Auf unseren Reisen sind wir zahlreichen imposanten Sehenswürdigkeiten begegnet: gigantischen Kathedralen, bunten Hindu-Tempeln, himmelhohen Pyramiden, riesigen goldenen Buddhas oder ehrfurchtsgebietenden Moscheen. Aber ein Kunstwerk, das wir in Südfrankreich sehen, passt in keine Kategorie: Das „Palais Idéal", wie der Künstler Ferdinand Cheval sein Werk taufte.

Unser Weg führt entlang der Rhone nach Süden und wir haben kaum Lyon mit seinen künstlerisch bemalten Häuserfassaden hinter uns gelassen, als Inge und ich bei regnerischem Wetter eine Entscheidung treffen müssen. Sollen wir auf unserer Route weiterfahren oder einen Abstecher ins rund 20 Kilometer entfernte Dorf Hauterives einlegen? Dort, so haben wir in unserem Reiseführer gelesen, stehe ein in seiner Art einzigartiges Kunstwerk.

Wir entscheiden uns für den Umweg und erreichen den Palast des Briefträgers Cheval. Der Himmel ist bedeckt, an schöne Fotos mit blauem Hintergrund ist nicht zu denken. Nachdem wir in einem kleinen Gebäude, das als Museum dient, unseren Eintritt bezahlt haben, betreten wir den Garten – und sind völlig verblüfft.

Aus Kiesel- und Flusssteinen steht da ein Etwas, das fast Alles in sich vereint: Man erkennt riesige Skulpturen, Burgen und Schlösser mit Torbögen, ein Labyrinth von verzierten Türmen und verschnörkelten Säulen, pittoreske Grotten und Wasserfälle, Palmen und Kakteen, Tierfiguren, Dämonen, Fabelwesen und und und... Einige Male umrunden wir das 26 Meter lange, 14 Meter breite und zehn Meter hohe Werk.

Das Charakteristische daran, erscheint es mir, ist, dass es nicht charakteristisch ist – seine Nicht-Klassifizierbarkeit in einen bekannten Stil. Ein Gebilde wie aus einem Traum entsprungen, und tatsächlich sprach der Erbauer von einem Märchenpalast. Der „Macher" war ein ganz einfacher Mann, ein Landbriefträger, der täglich etwa 32 Kilometer zu Fuß zurücklegte und Briefe und Pakete austrug. Von Postkarten aus fernen Ländern und von illustrierten Zeitschriften ließ er sich inspirieren.

Seine Leistung und vor allem seine unbeugsame und schier unerschöpfliche Willenskraft übersteigt fast das Vorstellungsvermögen. 33 Jahre lang, an 10.000 Tagen in 93.000 Stunden, sammelte er auf seinen Märschen Steine und brachte sie nach Feierabend mit nach Hause, wo er im Mondschein mittels Kalk und Zement Mörtel anrührte und seinem Traumgebilde Leben einhauchte. So verarbeitete er rund tausend Kubikmeter Gestein und 3500 Säcke Kalkstaub, bis er im Jahr 1912 im Alter von 77 Jahren sein Monument vollendete.

Der Traum eines Briefträgers: 33 Jahre lang baute Ferdinand Cheval an seinem fantastischen Märchenschloss.

Man kann Chevals Werk als Kunst ansehen, aber auch als Kitsch oder Spinnerei abtun. Eines steht aber fest: Cheval blieb sich selber und seinem Weg ein Leben lang treu. Von seinen Zeitgenossen, die ihn für geistesgestört hielten, ließ er sich nicht beirren. „Mir ging auf, dass die Menschen immer schon die verspottet und schikaniert haben, die sie nicht verstehen können", schrieb er in sein Tagebuch. Neben dem Optischen beeindrucken die einfachen, aber tiefen Weisheiten der Inschriften:

– „Das Leben ist ein Ozean voller Stürme zwischen dem Neugeborenen und dem alten Mann, der geht."
– „Der Sterbende ist eine untergehende Sonne."
– „Der Schwache wie der Starke sind gleich vor dem Tod."

Als wir wieder im Sattel sitzen, komme ich ins Grübeln. Was mich am meisten angesprochen und fasziniert hat, war vielleicht gar nicht das Kunstwerk an sich, sondern die Persönlichkeit und der Charakter seines Schöpfers. Ich fühle mich – zumindest ein wenig – wesensverwandt mit ihm. Viele Menschen in meinem Dorf halten auch mich für einen Spinner. Wer über viele Tausende von Kilometern unverdrossen und unermüdlich in die Pedale tritt, verfügt sicherlich über ein immenses Maß an Willenskraft, hat aber vielleicht auch nicht alle Tassen im Schrank. Doch verglichen mit der Leistung Chevals ist das, was ich auf zwei Rädern zustande bringe, wohl doch nur Kinderkram.

40. Andorra – Der sonderbare Zwergstaat (2013)

Vom französischen Mittelmeer aus steuern Inge und ich das mittelalterliche Carcassonne mit seinen vielen Türmen und Mauern an. Gelegentlich widmen wir uns mit Hingabe dem gleichnamigen Brettspiel, bei dem es darum geht, mit Glück und Geschick Städte und Straßen zu bauen. Das malerische Städtchen wählen wir als Ausgangspunkt für unsere Tour in die Pyrenäen zum Zwergstaat Andorra, der eingekeilt zwischen Frankreich und Spanien liegt. Einen ganzen Tag über geht es sachte bergan, dazwischen gibt es einige steile Anstiege. Insgesamt gesehen ist die Strecke aber gut machbar. Neben einem alten, heute deplatziert wirkenden Zollhäuschen übernachten wir in unserem Zelt unmittelbar neben der Straße.

Tags darauf erreichen wir ohne Grenzkontrolle das Nicht-EU-Land. Die Hauptstadt Andorra la Vella empfängt uns mit unzähligen Shopping-Centern, in denen sich die Einkaufstouristen tummeln. Überall werben Schilder für Alkohol, Zigaretten, Kosmetik, Schmuck und Markenklamotten. Die Waren sind wesentlich billiger als in den Nachbarländern, weil Mehrwertsteuer und Unternehmensabgaben sehr niedrig sind.

Das winzige Land mit seinen 78 000 Einwohnern leistet sich seit Jahrhunderten zwei gleichberechtigte Staatsoberhäupter: Dabei handelt es sich um den Bischof des katalanischen Städtchens Urgell und den Präsidenten von Frankreich. Jährlich kommen mehr als zwölf Millionen Besucher in das Land – oder soll man Ländchen sagen? Die meisten nur zum ausgiebigen Shopping, nur wenige der Touristen bleiben über Nacht hier.

Inge und ich zählen zu der Minderheit, die hier übernachten. Beim Essen am Abend unterhalten wir uns über dieses kuriose Land. Landläufig gelten in Europa fünf weitere Länder als sogenannte Zwergstaaten: Liechtenstein, Malta, Monaco, San Marino und der Staat Vatikanstadt. Wie haben es diese wenigen Zwerge geschafft, zwischen den zahlreichen unersättlichen Riesen zu überleben? Und haben sie eine Zukunft? Andorra hat sich als Einkaufsparadies, Steueroase und Wintersportort etabliert. Reicht das auf Dauer?

Das erste Mal begegnete ich dem Namen Andorra im gleichnamigen Roman von Max Frisch. Das Buch handelt, verkürzt gesagt, von Antisemitismus, gesellschaftlichen Zwängen und menschlicher Feigheit. Aber das Andorra im Roman hat nach Frischs eigener Aussage nichts mit dem pyrenäischen Kleinstaat Andorra zu tun, sondern steht „als Modell" symbolisch für jedes x-beliebige Land. Den Titel seines Dramas bedauerte der Schweizer Schriftsteller später und bekannte, dass er das Völklein in den Pyrenäen gar nicht kennen würde. Ein besserer Name sei ihm aber nicht eingefallen.

Ein Modell? Nicht für Inge und mich. Das Abendessen bei einem Italiener ist überteuert, die Bedienung unfreundlich, die Pizza aufgewärmt und fett. Natürlich gibt es kein Trinkgeld an und keinen Abschiedsgruß vom schon vorher mürrisch

Auf dem höchsten Berg Andorras.

dreinblickenden Kellner. Touristennepp. Das Beste an Andorra ist für uns der Abstecher auf den 2408 Meter hohen Pass Port D`Envalira über der Hauptstadt.

Beim Rückweg nach Perpignan, der etwa 200 Kilometer fast vollständig bergab führt, legen wir an einem weiteren kuriosen Ort eine Rast ein. Auf halber Strecke liegt das Städtchen Llívia mit gut eintausend Einwohnern auf zwölf Quadratkilometern – eine spanische Enklave auf französischem Boden. Den Grund dafür findet man im „Vertrag der Pyrenäen", der im Jahr 1660 den Grenzverlauf zwischen den Königreichen Frankreich und Spanien festlegte. Nach diesem Vertrag sollten 33 spanische Dörfer östlich einer Demarkationslinie französisch werden. Die damaligen Stadtväter im spanischen Llívia aber erinnerten sich daran, dass sie 1528 von Kaiser Karl V. die Stadtrechte erhalten hatten. In dem Vertrag ist eindeutig nur von „Dörfern" die Rede – so wurde Llívia eine katalanische Enklave. Als wir auf dem Marktplatz anhalten und in einer Bäckerei einige Teilchen einkaufen, bemerken wir unschwer, dass wir nicht mehr in Frankreich sind, denn die hübsche Verkäuferin begrüßt uns mit einem fröhlichen „Buenos dias."

41. Bahamas – Gewissensfragen (2014)

Einige Tage auf den Bahamas. Die Hauptstadt Nassau liegt auf der Insel New Providence, die flächenmäßig kleiner als die Stadt München ist. Der Verkehrspolizist, der hier im Stil eines Bobbys den Verkehr regelt, erinnert an die Zeiten, in denen die Insel eine britische Kronkolonie war.

Die Bahamas sind als Steueroase und als Touristenziel bekannt. Als wir in einem hübschen Lokal in der Hafenanlage zu Abend essen, passieren in nächster Nähe einige riesige Kreuzfahrtschiffe. Immer, wenn einer dieser Riesenpötte anlegt, ergießt sich eine uniforme Touristenmasse über einen relativ engen Bereich um den Hafen. Da die meisten Urlauber „all inclusive" gebucht haben, lassen sie bei ihrem Landgang nicht allzu viele Kröten springen. Und für die Hotels sind diese Besucher eine Nullnummer.

Allerdings liegen die Bahamas auch günstig vor der US-Küste und so gibt es jede Menge anderweitige Feriengäste. Immerhin 60 % der Erwerbstätigen arbeiten in der Tourismusbranche. Ein regelrechter Touristenboom hat eingesetzt, weil mehrere James-Bond-Filme wie etwa der Streifen „Sag niemals nie" hier gedreht wurden.

Als wir die Speisekarte studieren, sehen wir eine ganze Reihe von Gerichten mit „Conchs." In unserem Reiseführer lesen wir, dass dies eine hiesige Spezialität sei. Es handelt sich um das Fleisch einer Meeresschnecke, genauer gesagt, der Fechter- oder Rosa Flügelschnecke. Sie hat ein rundes, dekoratives 20 bis 25 Zentimeter großes spiralförmiges Gehäuse mit einer breiten rosafarbenen Außenlippe. Die Schnecke gibt es roh in Zitronensaft mariniert, als Suppe, als Salat oder gebraten wie Hackfleischküchlein.

Inge und ich sind kulinarisch sehr aufgeschlossen und probieren vorzugsweise landestypische Gerichte. Wir bestellen beide die gebratene Variante der Schnecken. Als das Gericht mit Reis und Salat als Beilage kommt, duftet es köstlich. Vom Hafen weht die würzige Meeresluft herüber und es schmeckt uns ausgezeichnet.

Tags darauf unternehmen wir eine 70 Kilometer umfassende Inselumrundung, die sich bequem an einem Tag bewerkstelligen lässt. Meist fahren wir an der wunderschönen Küste entlang. Zur Mittagszeit halten wir an einem kleinen Imbissstand. Hier gibt es den bei Einheimischen überaus beliebten Conch-Salat. Das rohe Schneckenfleisch wird in Limettensaft eingelegt und mit klein geschnittenen Peperoni, Zwiebeln und Tomaten vermischt. Wieder sind wir begeistert.

Wie geplant, gelangen wir abends zurück zu unserem Hotel in der Hauptstadt. Im Internet recherchieren wir, was es hier noch so alles gibt. Bei dieser Gelegenheit finden wir weitere Informationen über die delikaten Meeresschnecken. Überrascht und erschrocken lesen wir, dass die Schneckenart auf Grund von Überfischung stark gefährdet ist.

Auf den Bahamas allerdings kommen sie immer noch massenhaft vor – trotzdem haben wir ein schlechtes Gewissen. Natürlich fällt unser Konsum nicht ins Gewicht, aber das ist kein Argument, weil damit jeder einzelne Tourist sein Verhalten rechtfertigen könnte. Ein ähnlich ungutes Gefühl beschleicht uns, wenn wir an die Flüge auf unseren Reisen denken. Wir wissen, auch das ist alles andere als ökologisch verträglich. Doch welche Alternativen gibt es, wenn man die Welt umradeln will? Bei den Conchs ist die Lösung einfach, denn man wird auch mit Kartoffeln, Reis oder Nudeln satt.

Ökologisch bedenkliche Spezialität auf den Bahamas: riesige Meeresschnecken, die „Conchs" genannt werden.

42. Dominikanische Republik – Das Stundenhotel (2014)

Die karibische Insel Hispaniola ist in die beiden Staaten Dominikanische Republik und Haiti aufgeteilt. Inge und ich landen vormittags in Santo Domingo, der Hauptstadt der Dom-Rep, wie der Staat kurzerhand genannt wird. Über Land radeln wir in Richtung Haiti.

Gegen Abend suchen wir nach einer Unterkunft. Das Angebot ist spärlich und wir schauen uns schon nach einem geeigneten Zeltplatz um, als wir doch noch fündig werden. Die zahlreichen, in knallroter Farbe grell blinkenden Lichter in Herzform schließen jeden Zweifel aus: Ein Stundenhotel. Wir haben bereits bei unserer ersten Mexiko-Tour – im Großen und Ganzen positive – Erfahrungen mit mittelamerikanischen Stundenhotels gesammelt. Deshalb fackeln wir nicht lange und schieben unsere Räder zur Rezeption, die wir in einem kleinen Wachhäuschen finden. Nachdem wir das Zimmer inspiziert haben, nennt mir die Hotelbesitzerin den Stundenpreis. Wir wählen die Option eines 12-Stunden-Aufenthaltes. Dieser Tarif beinhaltet einen Rabatt und wir checken ein.

Alle Zimmer befinden sich im ersten Stock und jedem Zimmer ist eine separate Garagen-Box zugeordnet, die direkt darunter liegt. Auf diese Weise sieht niemand das Auto eines anderen Gastes. Das Zimmer selber ist in schummriges Licht getaucht und besteht aus einem großen Raum, in dem ein breites Bett mit Nachttischen sowie ein Esstisch und zwei Stühle stehen. Unter dem Bettlaken sieht man einen Kunststoffbezug. Ein großer Bildschirm ist am Bettende postiert. Das Außenfenster besteht aus Milchglas.

Angrenzend befindet sich das Badezimmer mit Waschbecken und Dusche. Auf dem Tisch liegt eine Speisekarte. Über ein Telefon kann man sich etwas bestellen. Auf einem der Nachttischchen liegt ein Set, bestehend aus Duschgel, Shampoo, zwei Kondomen und einem Gleitmittel. Es gibt einen anonymen Zimmerservice, der über eine Durchreiche erfolgt. Alles ist penibel sauber und hygienisch. Dadurch wirkt es ziemlich steril.

Nach dem Abendessen unterhalten wir uns über das Hotel und dessen Service. In Westeuropa werden diese Etablissements praktisch ausschließlich von Prostituierten genutzt. In vielen außereuropäischen Ländern aber leben Jugendliche und junge Erwachsene bis zu ihrer Heirat im Elternhaus. Unverheiratete Paare haben so kaum eine Möglichkeit, Intimitäten auszutauschen – diese Gelegenheit in einer anonymisierten Atmosphäre bietet eine solche Absteige. Aus diesem Grund dienen die Zimmer zum einen dem horizontalen Gewerbe, werden aber auch von „ganz normalen Leuten" gebucht, die eine schöne Stunde – oder Nacht – miteinander verbringen wollen. Bevor wir uns schlafen legen, zappe ich die zehn auf einem Blatt stehenden Fernsehsender durch. Ein Sender bringt Nachrichten, drei weitere Programme präsentieren einen Krimi, einen Western und eine Familienkomödie. Auf den restlichen sechs Kanälen laufen Pornofilme.

Sauber, günstig und anonym: Ein Stundenhotel in der Dom-Rep.

Die Menschen auf dem vollbeladenen Laster zieht es in die reiche Dominikanische Republik.

43. Haiti – Grenzerfahrungen (2014)

Wie wichtig sind heute noch Ordnung, Sauberkeit, Sorgfalt und Pünktlichkeit? Während der Studentenrevolte wurden diese Begriffe als sogenannte „deutsche Sekundärtugenden" verunglimpft, weil sie für die Studenten der Inbegriff des Spießbürgertums waren. Doch wenige Jahrzehnte später erlebten sie eine Renaissance und in der Generation meiner Kinder, spöttisch auch als „Generation Biedermann" bezeichnet, stehen sie als Schlüsselqualifikationen in der Werteskala wieder ganz oben. Wie immer man dazu steht – dass diese „Tugenden" weder überflüssig noch wertlos sind, haben Inge und ich bei einem Grenzübertritt erlebt.

Die Insel Hispaniola in der Karibik ist zweigeteilt. Wir landen auf der Dominikanischen Republik und radeln über Land zur Staatsgrenze nach Haiti. Kurz vor der Grenze steigen wir in einem kleinen Hotel ab, um am nächsten Morgen zeitig die Grenzformalitäten erledigen zu können. Wie geplant machen wir uns am nächsten Tag nach dem Frühstück auf den Weg.

Je näher wir der Grenze kommen, desto unübersichtlicher und chaotischer wird die Situation. Es wimmelt von aufgeregten und hektisch hin und her hetzenden Menschen sowie von jeder Art von Fahrzeugen, die mit Transportgütern beladen sind. Dazwischen stehen stoisch etliche Kühe und Pferde – manche so dünn, dass man die Rippen zählen kann. Das Stimmengewirr schwillt immer mehr an, und irgendwann habe ich das Gefühl, mich in einem Bienenschwarm zu befinden. Die Gerüche nach Moder, Urin und Verwesung vermischen sich zu einem widerwärtigen Gestank. In dem chaotisch anmutenden Gewimmel, Gewühl und Getöse weisen keine Schilder den Weg zu den Zollstellen oder Grenzbeamten, um sich die Stempel im Pass abzuholen.

Dafür schart sich mehr als ein Dutzend junger Männer dicht um uns. In dem Trubel umschwirren sie uns wie lästige Insekten. Sie bieten uns, nein, sie drängen uns unablässig ihre Dienste auf. Hemmungslos reden und gestikulieren sie wild und laut auf uns ein. Sie klopfen und tupfen uns völlig distanzlos ständig auf Schultern und Arme. Ich spüre ihren heißen Atem auf meiner Haut. Schnell sehe ich ein, dass der Versuch, die vielen Schlepper zu verscheuchen, zwecklos wäre.

Nachdem ich vergeblich nach einem Gebäude Ausschau gehalten habe, wo man sich einen Ein- und Ausreisestempel hätte holen können und angesichts von Menschenmassen, die ich-weiß-nicht-wofür an irgendwelchen Schaltern anstehen, entscheide ich mich nach kurzem Zögern, einen der aufdringlichen Schlepper anzuheuern. Für ein Bakschisch von zehn oder 20 Euro werde ich mit ihm handelseinig. Kaum ist dieser Deal gelaufen, kommt Bewegung in unsere Sache. Unsere Wahl scheint gar nicht schlecht gewesen zu sein, denn unser „Beschützer" verjagt erst mal seine Konkurrenten, also die anderen Schlepper.

Inge bleibt bei den Fahrrädern zurück und mich begleitet unser Helfer zu einer abseits gelegenen und ziemlich unscheinbaren Baracke. Dort gibt es die Ausreise- bzw. Einreiseformulare. Er bietet an, diese für mich auszufüllen. Das erledige ich aber selbst, weil ich einerseits unsere Reisepässe nicht aus der Hand geben will und andererseits damit rechne, dass er für etwaige Zusatzdienste auch ein Zusatz-Bakschisch einfordern wird.

Auf diese Weise landen die notwendigen Stempel in unseren Pässen. Wieder zurück bei Inge und den Rädern, schiebe ich mich nun gemeinsam mit ihr im dichten Gedränge in die Richtung der eigentlichen Grenze. Normalerweise passieren Fußgänger an Grenzübergängen eine Schranke oder einen Schlagbaum. Hier befinden sich stattdessen einige meterhohe verbeulte Container aus Metall mit einer etwa zwei Meter breiten Lücke. Diese Lücke ist auf Brusthöhe mit einer zentimeterstarken, waagrecht angebrachten und straff gespannten Kette gesichert.

Durch dieses Schlupfloch rempeln und drängen sich mit ruppigem Ellenbogeneinsatz pausenlos die Leute – gleichzeitig von beiden Seiten! Wenn sie sich bis zur Kette vorgekämpft haben, ducken sie sich schnell hindurch. Keiner regelt den wilden Grenzverkehr, Beamte oder Uniformierte sind nirgends zu sehen. „Da kommen wir doch nie durch!", schüttelt Inge verzweifelt den Kopf. Doch genau in diesem Moment zwängt sich ein kleines Motorrad durch den Spalt. „Komm, wir müssen es probieren", mache ich ihr Mut. Gerne hätte ich einige Fotos geschossen, traue mich in der aufgeheizten Stimmung aber nicht.

Tatsächlich, wir schaffen es. Im Augenwinkel sehen wir, wie im Schutz unserer vollbepackten Räder ein junges Mädchen schnell mit uns zwischen den „Grenzcontainern" durchschlüpft. Wir vermuten, dass ihr Grenzübertritt mit keinem Stempel legalisiert ist. Welches Schicksal das Mädchen hinter sich hat und was vor ihr liegt, werden wir nie erfahren. Wir atmen tief durch und sind erleichtert, als diese chaotische Grenze hinter uns liegt.

Zurück zu den „Sekundärtugenden": Wenn es schon Grenzen gibt, dann sind eindeutige und offensichtliche Regelungen hilfreich, gewährleisten Orientierung und einen ordentlichen und organisierten Ablauf. Wir haben erlebt, dass es auch anders geht. Aber das hat seinen Preis: Es ist stressig und nervenaufreibend. Doch es gibt auch einen kleinen Lohn. Das außergewöhnliche Erlebnis prägt sich ein und bleibt für immer im Gedächtnis haften!

44. Jamaika – Das schwarze Gold aus den blauen Bergen (2014)

Ob in Alaska oder der Südsee, ob im Regenwald oder in der Wüste, er gehört bei all unseren Reisen dazu: der Kaffee. Nach Möglichkeit zweimal täglich: Frühmorgens als erster Muntermacher und bei einer Pause am Nachmittag als kleine Belohnung. In Sachen Zubereitung sind wir Pragmatiker: Schneller Instantkaffee statt aufwändig gebrühter Filterkaffee, Milchpulver statt Frischmilch.

So ist es auch, als wir auf Jamaika unterwegs sind. Als Frühaufsteher bin ich zuständig für das erste heiße Gebräu des Tages. Meist fülle ich bereits am Vorabend kochend heißes Wasser in die Thermoskanne, das nach dem Aufstehen die richtige Trinktemperatur hat. Wenn es dann heißt: „Inge, der Kaffee ist fertig!", fängt auch meine Liebste an, sich in ihrem Schlafsack zu drehen und zu räkeln.

Dieser Tag auf Jamaika steht ganz im Zeichen des Kaffees. Wir wollen nämlich in die Berge, genauer gesagt, in die blauen Berge. Angeblich wächst in den Blue Mountains der beste Kaffee der Welt. Mit leicht süßlichem und nussigem Aroma soll er zu einem samtigen, runden und harmonischen Geschmackserlebnis führen. Man kann das „schwarze Gold" auch bei uns online kaufen – für rund 100 Euro das Pfund.

Einmal vor Ort, wollen wir uns das sagenhafte Getränk nicht entgehen lassen und steuern die Bergregion im Osten der Insel an. Nach kräftezehrenden Anstiegen erreichen wir auf mäßig befahrenen Straßen am frühen Nachmittag eine kleine Plantage, wo die Kaffeebohnen in Handarbeit geröstet und getrocknet werden. In einem Laden mit integriertem Café kann man für einen gesalzenen Preis das frisch gebrühte Getränk kosten und geröstete Bohnen kaufen. Nach den ersten Schlucken sind wir etwas ernüchtert. Gut, der Kaffee schmeckt uns, aber den Unterschied zu anderem Filterkaffee können wir nur erahnen. Sind wir Kaffee-Banausen mit verkümmerten Geschmacksknospen? Ist der Blue-Mountain-Kaffee nur was für Kaffee-Gourmets? Bei der zweiten Tasse diskutieren wir über das Thema Genuss.

Unser Radfreund Dietmar hält mich für einen „Schnabel." Das ist sein Ausdruck für Feinschmecker. Für einen anderen Freund dagegen bin ich alles andere als ein Gourmet. Als wir ihm einmal erzählten, dass wir unterwegs Instantkaffee trinken würden, reagierte er spontan: „Das ist doch kein Genuss!" und fügte kategorisch hinzu: „So was kommt mir nicht in die Tasse!" Ja, was ist das überhaupt, kulinarischer Genuss? Führen nur qualitativ hochwertige und teure Zutaten und Zubereitungen zum „richtigen" und damit „echten" Schlemmen? Hängen Genusserlebnisse und Gaumenfreuden nur vom Geldbeutel ab? Warum fühlen sich manche bei erlesenen oder exotischen Speisen und Getränken im siebten Himmel und andere lässt das völlig kalt?

Über Geschmack lässt sich nicht streiten, heißt eine bekannte Redensart. Über Genuss wohl auch nicht, möchte man hinzufügen. Jeder kann da nur für sich selbst sprechen. Für mich jedenfalls ist es das Höchste, wenn ich frühmorgens in der Kälte oder bei Regen im Zelt einen dampfenden Instantkaffee schlürfe. Nachdem wir einige 100-Gramm-Beutel der Bohnen zu einem gerade noch vertretbaren Preis gekauft haben, treten wir frohgelaunt wieder in die Pedale.

45. Kuba – Not macht erfinderisch (2014)

Die Radtour im Frühjahr durch Kuba beschert uns viele schöne, interessante und überraschende Erlebnisse. Mit „uns" meine ich meine Frau Inge, unsere langjährige Freundin Anne Kühl und mich. Immer wieder sehen wir die dekorativen Plakate und Poster mit dem Nationalhelden Che Guevara. Den Maximo Lider Fidel Castro, der jahrzehntelang bis 2011 die Macht in seinen knochigen Händen hielt, entdecken wir nur selten. Ob er keinen Personenkult in eigener Sache will? Einmal finden wir ihn abgebildet auf einem Plakat, im Hintergrund die kubanische Flagge, mit dem Zitat: „Y creo en ustedes!" – „Ich glaube an euch!"

Wiederholt begegnen wir archaisch anmutenden Ochsen-, Kuh-, Esels- und Pferdegespannen, die von nostalgischen und manchmal klapprigen Oldtimern überholt werden. Tagsüber genießen wir kleine Köstlichkeiten wie die leckeren Kokosnüsse oder den frisch gepressten Zuckerrohrsaft. Oder, wenn wir ordentlich in die Pedale getreten haben, die dicke und fetttriefende Peso-Pizza, deren Bezeichnung den billigen Preis verrät. Kuba ist das einzige Land, in dem man zwei unserer „zivilisiertesten" Produkte nicht findet: Coca Cola und die Burger von Mac Donalds. Es fällt uns auf, aber wir vermissen das nicht.

Schnell finden wir heraus, dass es hier zwei parallele Währungen gibt und was es damit auf sich hat. Offiziell gilt der kubanische Peso, mit dem man in den normalen Läden einkaufen geht. Daneben aber existiert der sogenannte Peso convertible, der mit den Buchstaben CUC abgekürzt wird. Er ist fest an den Wert des US-Dollars gebunden und spielt eine wichtige Rolle, denn nur damit kann man teure und luxuriöse Dinge kaufen. Wer genug CUCs hat, ist ein gemachter Mann. Dass die Kubaner sehr einfallsreich sind, um an die begehrte Währung zu kommen, merken wir jeden Nachmittag oder Abend, wenn wir eine Stadt erreichen.

Junge Männer, wir nennen sie – nicht abschätzig, sondern der Einfachheit halber – Schlepper, sprechen uns an und fragen, ob wir eine Unterkunft suchen. Meist wollen sie auch wissen, wie teuer sie sein darf. Dann führen sie uns in der Regel zu einem ansprechend aussehenden Wohnhaus, das mit einem bestimmten Symbol gekennzeichnet ist. Damit ist klargestellt, dass es sich hierbei um eine offiziell zugelassene private Unterkunft handelt.

Es gibt kaum eine bessere Möglichkeit, den kubanischen Lebensstil kennenzulernen, als dieses Bed & Breakfast in einem solchen privaten Familienhaus. In diesen „Casa particulares" genannten Häusern gibt es ein oft komfortables Gästezimmer, das man für wenig Geld mieten kann. Auf Wunsch und gegen einen kleinen Aufpreis gibt es auch Abendessen und/oder Frühstück. Bezahlt wird in CUCs, ein Zimmer kommt auf etwa zehn bis zwanzig Euro. Durch das extrem niedrige Lohnniveau sind Gäste, die in Devisen zahlen, sehr begehrt und umwor-

Die „Peso-Pizza" wird in einem typisch kubanischen Backofen zubereitet.

Auf einer Landstraße in Kuba überholt ein Oldtimer ein Kuhgespann.

ben. Schon mit wenigen Übernachtungen erzielen die Gastgeber ein Einkommen in Höhe eines durchschnittlichen Monatslohnes.

Wie sich die Insulaner behelfen müssen und dabei einen erstaunlichen Einfallsreichtum entwickelt haben, erleben wir mehr als einmal. In vielen Städten ersetzen beispielsweise Rikschas die in „entwickelten" Ländern üblichen Taxis. Augenfällig sind auch kreative Schöpfungen im kulinarischen Bereich. So ist eine relativ neue kulinarische Spezialität die bereits beschriebene Peso-Pizza. Sie wird frisch gebacken – auf einem Blech, das in einer längs aufgeschnittenen Metalltonne über einer Holzglut liegt. Den frisch gepressten Zuckerrohrsaft, Guarapo genannt, trinken wir oft aus speziellen Gläsern: Die Trinkgläser wurden aus Bierflaschen hergestellt! Man hat sie in der Mitte durchgesägt und anschließend abgerundet. Not macht erfinderisch, heißt es treffend. Es führt sogar zum umweltfreundlichen Upcycling, wie das neudeutsche Wort für solche „Erfindungen" heißt. Wohl in keinem anderen Land sehen wir weniger Müll und Abfall am Straßenrand als in Kuba. Die Frage nach dem Warum beantwortet sich schnell: Man hat für alles eine Verwendung.

Wir sind schon eine Weile über Land gefahren, als Anne bemängelt, dass der Sattel ihres Rades nicht auf optimaler Höhe sitzt. Schnell löse ich die festsitzende Schraubenmutter und korrigiere die Sattelhöhe. Ob die Schraube schon angerostet war, weiß ich nicht, jedenfalls bricht sie beim kräftigen Anziehen ab. Nach „fest" kommt „kaputt", hätte dazu mein Radfreund Dietmar gesagt.

Nun müssen wir den Schraubenrest aus dem Gewinde herausbekommen. Das geht nur mit einem Metallbohrer. Wir fragen uns zur nächsten Fahrradwerkstatt durch und müssen dort erfahren, dass sie keine Bohrmaschine besitzen. Der Werkstattbetreiber führt uns zu einem anderen Radladen. Auch dort haben sie keine Bohrmaschine. Nun diskutieren die beiden Radexperten, wie sie uns helfen können.

Schließlich führen sie uns quer durch ihren Ort zu einem größeren Anwesen. Da treffen wir einen Mann, der tatsächlich dieses Luxuswerkzeug sein Eigen nennt. Der Bohrmaschinenbesitzer hat sogar einen passenden Metallbohrer zur Hand. Den setzt er an und bohrt – um nach geschätzten zehn Sekunden rasch in seinem Haus mitsamt Werkzeug zu verschwinden und kurz darauf wieder zu erscheinen und weiterzubohren. Zuerst können wir uns keinen Reim darauf machen. Als sich das Spiel aber etliche Male wiederholt, geht uns ein Licht auf: Der Fachmann muss jedes Mal die Bohrerspitze scharf schleifen, um weiterarbeiten zu können.

Nicht immer ist der Mangel ein Handicap, mitunter entstehen dadurch wunderschöne Unikate: Wir erwerben ein handbemaltes, buntes Fisch-Mobile aus Pappmasche, das nun seit Jahren das Zimmer unserer Enkelkinder ziert. Die Mangelwirtschaft hätte meinen Radfreund Dietmar sicherlich an seine Vergangenheit in der DDR erinnert. Auch dort musste man sich zu helfen wissen, musste auf Teufel komm raus organisieren und improvisieren.

Auf unseren Reisen erleben wir immer wieder, dass sich die Menschen von diesen widrigen Umständen nicht nerven oder stressen lassen. Im Gegenteil: Das Leben verläuft einerseits zwar einfacher und „primitiver", andererseits aber ruhiger und „menschlicher" als bei uns. Das soziale Miteinander, die Gemeinschaft und Geselligkeit, das Aufeinander-Angewiesen-Sein hat einen hohen Stellenwert. Muss man diese „Errungenschaft" einer sozialistischen Gesellschaft nicht schätzen?

Oder ist dieses Bild zu rosig gezeichnet? Hat in einer solchen Mangelwirtschaft nicht derjenige die Nase vorn, der die besten Beziehungen aufzubauen versteht? Werden persönliche Kontakte nicht gnadenlos instrumentalisiert? Gewinnt der, der am besten schachern und tricksen kann? Der sich flink und geschickt in Grauzonen bewegt wie eine Ratte im Abwasserkanal? Wie man es auch dreht und wendet, man muss Goethe einmal mehr recht geben: „Wo viel Licht ist, ist auch Schatten!"

46. Dänemark – Schau mir in die Augen, Kleines (2014)

Mit Inge geht´s nordwärts: Von Hamburg über Dänemark und Schweden nach Oslo. Wir befinden uns auf dem Ochsenweg in Dänemark. Einst ein historischer Landweg, auf dem zahlreiche Rinder aus Jütland und den dänischen Inseln zur Mast nach Schleswig-Holstein und Friesland getrieben wurden, dient der Weg heute einer ganz anderen Spezies: den Drahteseln und Stahlrössern. Aber die sind seit dem Siegeszug von Aluminium und Karbon auch immer seltener geworden.

Im Mittelalter nutzten immer wieder christliche Pilger aus dem Norden Europas diese Route, um den Weg nach Süden einzuschlagen – entweder nach Rom oder um weiter westlich auf dem Jakobsweg zum spanischen Santiago de Compostella zu gelangen. Militärisch wurde der historische Weg nur selten genutzt.

Inge und ich steuern Frederikshavn an, weil wir von dort aus mit dem Fährschiff nach Göteborg übersetzen wollen. Kurz vor der Hafenstadt finden wir eines Abends einen netten Campingplatz. Obwohl sich auf dem Gelände etliche Wohnmobile und Wohnwagen befinden, gibt es noch viel Platz. Wie üblich, stellen wir unsere Räder ab und das Zelt auf. Wir essen zu Abend auf einem Holztisch in der Nähe und legen uns nach einem Dosenbier irgendwann schlafen.

Von der Anstrengung tagsüber bin ich müde und im Zelt auf der Isomatte und im Schlafsack schlafe ich genauso tief und fest wie zuhause im Bett. Einmal in Orpheus Armen, lasse ich mich auch vom Donnergrollen eines Gewitters oder vom erdbebenähnlichen Erzittern des Untergrunds durch einen nahe vorbeirollenden Zug nicht aus der Ruhe bringen. Bei Inge ist das anders. Trotz kräftezehrender Etappen holen die Schlafprobleme sie immer wieder ein. Sie ist eindeutig lärmempfindlicher und weniger gelassen als ich.

Gottlob weckt sie mich nur dann auf, wenn ich gar zu laut schnarche oder irgendetwas Außergewöhnliches vorfällt. Als sie mich in dieser Nacht anstupst, drehe ich mich erst mal zur Seite, aber dann bemerke ich trotz meiner Schlaftrunkenheit, dass sie sich aufgesetzt hat und hellwach ist. Als ich sie frage, was denn los sei, erzählt sie mir aufgeregt, wie sie einen dreisten Diebstahlsversuch vereitelt habe.

Wie immer liegt sie direkt am Zelteingang. Irgendwann, sagt sie mir, sei sie aufgewacht, weil sie bemerkt habe, dass am Zelt etwas gezogen und gerüttelt hätte. Sie habe ihre Stirnlampe aufgesetzt, das Licht angeknipst und den Reißverschluss geöffnet. Als sie nach draußen ins Vorzelt geschaut habe, habe sie geglaubt, zu träumen. Es habe fast surreal gewirkt: Aus nächster Nähe habe sie ein kleiner Fuchs angestarrt – ganz nach dem Motto: Schau mir in die Augen, Kleines! Das Tier hätte den Trageriemen unserer im Vorzelt verstauten Vorratstasche zwischen seinen Zähnen gepackt gehabt und sei gerade hartnäckig damit beschäftigt gewesen, diese hinauszuziehen. In der Tasche befanden sich diverse Lebensmittel.

Nach diesem intensiven Blickkontakt aus nächster Nähe habe das Füchslein schnell das Weite gesucht. In Inges Erinnerung scheint es ihr so, als ob Reineke sie nicht bloß überrascht, sondern regelrecht entrüstet angeblickt habe, weil man ihn bei seinem Vorhaben so unerwartet störte – als ob es sein gutes Recht wäre, sich was zu holen. Eine menschliche Unverschämtheit, sozusagen.

Wenn man in der Natur oder Wildnis im Zelt schläft, muss man immer damit rechnen, dass nachts irgendwelche Tiere herumschleichen. Oft sind es Hunde, Katzen oder Eichhörnchen. In Australien muss man mit wildlebenden Dingos und im Nahen Osten mit Schakalen rechnen. All das ist ziemlich harmlos. Doch in Alaska und Kanada ist es wichtig, sich vor nächtlichem Bärenbesuch in Acht zu nehmen. Lebensmittel am oder gar im Zelt sind fast schon eine Einladung an Meister Petz. Im Mittleren Osten und auf der arabischen Halbinsel schliefen wir stets mit einem Pfefferspray in Griffweite – der wild umherstreifenden Hyänen wegen. Der Besuch des Füchsleins war ganz gewiss nicht gefährlich, aber auf all unseren Radtouren die „intimste" Begegnung mit einem Wildtier.

47. Südkorea – Die Vermummten (2014)

Südkorea hat von allen asiatischen Ländern vielleicht das größte Radwegenetz. Neben den Wegen sind oft diverse Fitnessgeräte aufgebaut. Häufig begegnen Dietmar und ich anderen einheimischen Radlern. Von deren Bekleidung sind wir vollkommen überrascht, denn trotz Temperaturen von über 35 Grad – es ist nicht nur heiß, sondern auch schwül – sind sie alle regelrecht vermummt: lange Hose, langes Shirt, Gesichtstuch, Brille, Helm – keine Haut ist zu sehen.

Wir können uns keinen Reim darauf machen. Vermuteten wir bei den ersten Begegnungen noch eine Sonnenallergie oder Ähnliches, wird uns schnell klar, dass es einen anderen Grund dafür geben muss. Ich recherchiere im Internet und finde das ästhetische Motiv der Koreaner heraus: Helle, weiße Haut gilt hier als besonders schön!

Um das zu erreichen, müssen sich die Freizeitsportler vor der Sonne schützen und alle freien Körperpartien abdecken – auch wenn dabei der Schweiß in Strömen fließt! Die Südkoreaner sind auch die Weltmeister bei Schönheitsoperationen. Nirgendwo sonst arbeiten die Menschen so hart an ihrer äußeren Erscheinung. Zeit- und kostenintensive Hautpflege ist dabei ein Muss. Die Menschen definieren sich über ihr Aussehen: Ich bin, was ich im Spiegel sehe!

Das Schönheitsideal einer makellosen weißen Haut gab es über Jahrhunderte auch in Europa. In adeligen Kreisen war das ein Abgrenzungsmerkmal gegenüber den gemeinen Bauern und Handwerkern. Doch das ist lange her. Seit vielen Jahren zeigen die Deutschen eine sonnengebräunte Haut aus dem Urlaub stolz wie eine Trophäe. War der Strandurlaub zu kurz, helfen Sonnenstudios nach. Allerdings: Seit es sich herumgesprochen hat, dass dadurch das Risiko für Hautkrebs steigt, hat sich der Hype etwas gelegt. Fakt ist: Was als schön empfunden wird, ist radikal dem Wandel der Zeit unterworfen und abhängig von der jeweiligen Kultur und Schicht. Schönheit ist eine Modeerscheinung, ein Diktat des Zeitgeistes.

Als ich die vermummten einheimischen Radler sehe, fällt mir ein altes Sprichwort ein: „Wer schön sein will, muss leiden." Ich bin dagegen froh, kurzärmelig und mit nackten Beinen in die Pedale treten und in einer Gesellschaft leben zu dürfen, in der nicht nur das Äußere darüber entscheidet, wie angesehen ich bin, welchen Partner ich erobern kann oder welchen Job ich kriege.

Die Vermummung ist ein Tribut an das Schönheitsideal.

Wie gemalt: Die Kapsel einer Lotusblüte.

48. Japan – Bloß nicht sein Gesicht verlieren (2014)

Immer freundlich lächeln – eine Fassade, aber auch eine Lebenseinstellung. Gerade in Fernost war und ist diese Haltung, bloß sein Gesicht nicht zu verlieren, immer noch weit verbreitet. Doch auch bei Asiaten läuft irgendwann das Fass über, auch ihnen brennt die Sicherung durch und sie gehen auf die Palme. Wie ein Asiate seine Contenance verliert, erleben wir in Japan.

Nachdem ich mit Dietmar quer durch Südkorea geradelt bin, setzen wir mit der Fähre in den südlichen Teil Japans über. Das Radfahren an der dichtbesiedelten Küste des hoch entwickelten Inselstaates ist weder einfach noch angenehm. Das runde, blaue Schild, wie wir es auch bei uns kennen, weist die Fußgänger und Radfahrer an, sich einen meist schmalen und oft unübersichtlichen Bürgersteig zu teilen. Einmal kommt es sogar zu einem Zusammenstoß, als eine unvermittelt aus einer Haustür huschende Frau meinem Freund Dietmar direkt vors Rad läuft.

Die Straße ist dem motorisierten Verkehr vorbehalten. Die Überquerung auch von kleineren Seitenstraßen ist mit Fußgängerampeln geregelt. Dass man da nur sehr langsam vorankommt, liegt auf der Hand. Wenn weit und breit kein Auto in Sicht ist, fahren wir deshalb manchmal auch bei „Rot" über die Straße. Als wir wieder einmal diese Verkehrssünde begehen, hören wir hinter uns die schrillen Töne einer Trillerpfeife. Ich drehe mich rasch um und erkenne zwei Verkehrspolizisten, die ich vorher nicht bemerkt hatte. Neben ihnen stehen Motorräder, schwere Polizeimaschinen.

Fieberhaft überlege ich, ob wir einfach weiterfahren und das Pfeifen ignorieren sollen. Aber das Risiko, dass sich die Verkehrshüter auf die Sattel ihrer Maschinen schwingen, uns schnell einholen und zur Rede stellen könnten, erscheint mir zu hoch. Also bremsen wir ab und steigen vom Rad.

Die beiden Uniformierten kommen eilenden Schrittes auf uns zugehastet. Und schon gestikuliert der offensichtlich Ranghöhere der beiden atemlos und aufgeregt. Er überschüttet uns mit einem vorwurfsvollen Wortschwall auf Japanisch. Ich denke gar nicht daran, ihm zu widersprechen, aber blicke ihm mit festem Blick direkt in die Augen. Dann erwidere ich, da die meisten Japaner zumindest ein paar Brocken Englisch können: „Please, speak english!"

Der Polizist ist inzwischen so aufgebracht und in Rage, dass er nachdrücklich und wiederholt mit seinem rechten Fuß auf den Boden stampft und lauthals weiterschimpft. Seine Tiraden überraschen mich, zumal ich in diesem Land bislang nur höflichen und zurückhaltenden Menschen begegnet bin. Ganz ruhig und höflich bleibend, aber mit ernster und eindringlicher Stimme sowie unbeirrtem Blick, wiederhole ich einige Male meine Aufforderung: „Please, speak english!" Und tatsächlich, nach kurzer Zeit habe ich damit Erfolg. Vielleicht hat der Japaner inzwischen eingesehen, dass er durch sein unbeherrschtes Gebaren sein Ge-

Eines der beliebtesten Fotomotive in Japan: Das scheinbar auf dem Wasser schwebende zinnoberrote Tor zum Itsukushima-Schrein auf der Insel Miyajima bei Hiroshima.

Passend zur Flagge Japans versinkt die Sonne am blutrot gefärbten Himmel.

sicht verloren hat, jedenfalls wird er ruhiger und sagt tatsächlich in gebrochenem Englisch: „It is not allowed to go, when light is red!"

Ich antwortete einsichtig: „Yes, o.k." und verspreche mit ernster Stimme: „We will not do it anymore." In Deutschland wäre in einer solchen Situation sicherlich ein Bußgeld fällig gewesen. Ich bin heilfroh, dass der japanische Polizist keine Anstalten macht, uns zur Kasse zu bitten. Also bedanke ich mich abschließend, gehe auf die beiden zu und verneige mich vor ihnen – den Kopf dabei ziemlich tief und demütig zu Boden senkend.

Der das Wort führende Verkehrspolizist erscheint mir in diesem Moment etwas verdutzt – und gibt sich dann zufrieden damit. Ich habe das Gefühl, dass ihm sein eigener unbeherrschter Auftritt – vielleicht auch im Hinblick auf seinen Kollegen – im Nachhinein peinlich ist. Ich schmunzle, denn ich habe es geschafft, die üblichen Rollen zu vertauschen: Er als Asiate hat die Selbstkontrolle verloren, ich als Europäer bin geduldig, ruhig und souverän geblieben. Damit habe ich ihn gewissermaßen mit seinen eigenen Waffen geschlagen. Oft stimmt es ja: In der Ruhe liegt die Kraft!

49. Polen – Wodka löst die Zunge (2015)

Eine Fahrradtour im Winter? In Osteuropa? Mit der richtigen Ausrüstung, warum nicht? Um eine Lücke in meinen Radtouren zu schließen, fahre ich mit dem Zug Mitte Februar nach Warschau. Von da aus will ich durch Weißrussland zur lettischen Hauptstadt Riga radeln.

Am Warschauer Bahnhof empfängt mich grimmige Kälte und eisiger Wind, der mir um die Ohren pfeift. Unvermittelt steigen vergessen geglaubte Erinnerungen auf. An die Eiseskälte bei meinem ersten Aufenthalt in Polen. An meinen damaligen Job als Leiter einer Jugendgruppe. Es war Anfang der 1990er Jahre, ein Tag im Dezember. Mit einigen Mitarbeitern und etwa zwei Dutzend Teenagern fuhr ich in eine polnische Stadt. Finanziert wurde der Jugendaustausch vom Deutsch-Polnischen Jugendwerk. Die Maßnahme sollte zur Völkerverständigung mit einem ehemaligen „Erbfeind" Deutschlands beitragen.

Ich wende mich wieder der Gegenwart zu und mache mich auf den Weg zum vorab gebuchten Hotel. Unterwegs kaufe ich mir eine Flasche Wodka – den mit einem Halm Büffelgras drin. Da schweifen meine Gedanken erneut in die Vergangenheit ab, denn Wodka spielte damals eine große Rolle. Nachdem wir nachts angekommen waren und erst mal ausschliefen, war am darauffolgenden Abend der offizielle Empfang angesagt. Doch den ganzen Tag über wurde ich von einer polnischen Familie zur nächsten „weitergereicht." Überall musste ich höflichkeitshalber etwas essen und natürlich auch trinken. Und da waren ein oder zwei oder drei Gläschen hochprozentigen Inhalts eine Frage der Ehre und quasi Pflicht. Als ich schon zu torkeln begann und ein weiteres Glas mit der Begründung ablehnte, dass ich noch eine Rede halten müsse, lachte mein letzter Gastgeber: „Wodka löst die Zunge!"

Ich weiß nicht mehr, wie ich zu dem Versammlungsraum kam. Mein vorbereitetes Redemanuskript lag irgendwo in meiner Aktentasche in meinem Zimmer. Jedenfalls stand ich plötzlich in Anzug und Krawatte vor der versammelten Mannschaft – Bürgermeister und Präsident der Handwerkskammer inklusive. Alle warteten gespannt auf meine Rede. Ich konzentrierte mich, fing aber nicht sofort an, sondern blickte mich erst einmal im gesamten Saal um. Eine Kunstpause, die Ruhe schuf. Einen kurzen Moment lang fragte ich mich, ob es nicht das Beste wäre, einen Kreislaufkollaps vorzutäuschen. Aber dann begann ich zu sprechen – frei und ohne Notizen.

An meiner Seite stand eine junge und ausgesprochen hübsche Dolmetscherin, die mich aufmunternd anlächelte. Satz für Satz übersetzte sie ins Polnische. Das half mir ungemein, denn diese kurze Zeitspanne reichte aus, mir die jeweils folgenden Worte zurechtzulegen. Ich erzählte, warum ich das Ganze angeleiert hatte: Dass ich einen kleinen Beitrag leisten wolle zur Völkerverständigung. Wie wichtig es sei, dass die Jugend nicht über-, sondern miteinander spreche. Schließ-

Ein Geschenk Stalins an das polnische Volk. Der Kulturpalast gilt als Wahrzeichen Warschaus.

lich ging ich darauf ein, wie wir uns auf das Treffen vorbereitet hätten. Ich berichtete, dass unsere Schützlinge neugierig seien und sich auf das Kennenlernen freuten, dass aber auch Unsicherheit und Ängstlichkeit im Spiel seien.

Nicht damit gerechnet hätten wir allerdings, in dieser sibirischen Kälte anzukommen. Dann spannte ich einen genialen Bogen und beendete meine Ansprache folgendermaßen: „Als wir ankamen, haben wir gefroren und waren Fremde – aber die grenzenlose Herzlichkeit und Wärme eurer Gastfreundschaft haben das Eis im Nu schmelzen lassen. Ich weiß, wir werden Freunde – nein, wir sind es bereits!" Spontan brandete tosender Applaus im großen Saal auf.

In meinem Zimmer im Hotel lächle ich, als ich an diese Situation denke. Ein emotionales Highlight meines Berufslebens. Dieser Jugendaustausch wurde zu einem festen Bestandteil unserer Jahresplanung. Für meine Karriere war die Maßnahme nur ein kleiner und unbedeutender Baustein. Viel wichtiger aber war: Das Projekt hatte Sinn und diente einem guten Zweck. Außerdem entwickelte sich zur Familie der Dolmetscherin eine langjährige freundschaftliche Verbindung und einer meiner jüngeren Mitarbeiter verliebte sich in eine bildhübsche Polin. Die junge Frau zog nach Deutschland, die beiden heirateten und inzwischen haben sie zwei Kinder. Das kleine Projekt der Völkerverständigung ist rundum gelungen.

Mit diesen positiven Gedanken schwinge ich mich am folgenden Morgen aufs Rad und fahre gen Osten. Ich bin darauf eingestellt, gegen heftigen Wind und vielleicht sogar Schneetreiben anstrampeln zu müssen. Doch über Nacht hatte es einen Wetterumschwung gegeben. Es ist mild, nahezu windstill und die Sonne wärmt aus einem strahlend blauen Himmel. Unverhofft kommt oft – was diesmal für mich bedeutet: Wieder mal habe ich Schwein!

50. Weißrussland und Iran – Alkohol (2015 und 2018)

Als ich in der weißrussischen Hauptstadt Minsk abends aus meinem Hotel gehe, um ein Restaurant zu suchen, sehe ich sie: Eine kleine Gruppe von völlig betrunkenen Männern. Abgehakt lallen sie miteinander und lassen eine halbvolle – oder soll man sagen: halbleere – Wodkaflasche kreisen. Am Boden liegen weitere leere Flaschen. Die Betrunkenen torkeln in abgetragenen und verschmutzten Hosen und dicken Jacken herum. Insgesamt machen sie einen verwahrlosten Eindruck. Ich nehme an, dass sie obdachlos sind. Um hier die eiskalten Winternächte im Freien zu überstehen, müssen sie sich mit Alkohol betäuben. Ein gefährliches Spiel. Wie in Australien, als ich meist in den Abendstunden in den wenigen Kleinstädten des Outbacks auf lärmende, betrunkene Aborigines traf, mache ich auch hier einen weiten Bogen um die Gruppe und gehe auf die andere Straßenseite.

Solche Situationen erlebt man nicht nur in Osteuropa. Auch in unseren Großstädten zeigt sich täglich dieses traurige Bild. Immerhin haben die Nichtsesshaften in Deutschland die Möglichkeit, eine Wärmestube oder ein Obdachlosenheim aufzusuchen. Und können sich bei der Sozialverwaltung ihren Tagessatz auszahlen lassen. Aber ihre Gesinnungsgenossen hier? Wie kommen sie an Geld? An Essen und Kleidung? Nur durch Betteln? Und wie kommen sie über den Winter? Ob alle das Frühjahr erleben? Fragen, die mich den ganzen Abend nicht loslassen.

Da werden dunkle Kindheitserinnerungen wach. Er hieß Markus und war Knecht auf dem Bauernhof meines Vaters. Ich war ein kleiner Knirps und der stämmige Markus mit seinen kurzgeschorenen Stoppelhaaren war stets freundlich zu mir. Einmal fragte ich ihn, warum er nicht in seine Heimat zurückgehe. „Die stellen mich sofort an die Wand", antwortete er. Ich konnte damals nicht viel damit anfangen, erkannte aber am Tonfall, dass es sich um etwas sehr Schlimmes handeln musste.

Markus war alkoholkrank. Einmal habe ich mitbekommen, dass meine Eltern davon sprachen, dass er Spiritus trinken würde. Irgendwie war Markus meiner Mutter nicht geheuer. Ich war noch im Kindergarten, als Markus in eine Kleinstadt zog und sich dort Arbeit suchte. Als ich schon etwas älter war, erfuhr ich von meinen Eltern, dass Markus in einer psychiatrischen Einrichtung untergebracht sei. Sie wussten das, weil er ihnen einen Brief geschrieben hatte. An einem Sonntag besuchten sie ihn und nahmen mich mit. Bei diesem Besuch bettelte Markus meine Eltern inständig und unter Tränen an, ihn mitzunehmen.

Daraufhin sprachen diese mit einem Arzt. Wenn sie die Verantwortung für Markus übernommen hätten, hätten sie ihn wohl mitnehmen dürfen. Das war ihnen aber zu heikel, was ich heute durchaus nachvollziehen kann. Schließlich gab es bei uns zuhause durch die Schnapsbrennerei meines Vaters jede Menge Alkohol. Lange noch sah ich den verzweifelt flehenden Gesichtsausdruck von Markus vor mir. Ich hielt meine Eltern für herzlos. Erst später wurde mir klar, wie fürchterlich es ist – sowohl für den Betreffenden als auch für die Menschen, die mit diesem zu tun haben – alkoholkrank zu sein.

Was ist aus Markus geworden? Die Begegnung in der Psychiatrie ist die letzte Erinnerung, die ich an ihn habe. Vielleicht ist es ihm so ergangen wie meinem Jugendfreund Peter. Der sah gut aus, hatte leichtes Spiel bei den Frauen und stieg beruflich schnell die Karriereleiter empor. Es klingt klischeehaft, aber das Leben legte ihm alles in den Schoß. Was er in vollen Zügen genoss. Schnelle Autos, schicke Frauen, teure Urlaube. Er wurde zum Kettenraucher und Whiskeyliebhaber. Trank Kaffee literweise und vermied jede nicht unbedingt nötige Bewegung. Brutal trieb er Raubbau mit Körper und Geist. Das ging nicht lange gut. Als seine Lunge vom Krebs zerfressen war und er nur noch schwer atmen konnte, sah er es ganz realistisch. Er hielt seine Lage weder für ein ungerechtes Schicksal noch für gottgegebene Fügung, sondern gab offen zu, dass es hausgemacht sei. Peter wurde nicht alt.

Haben Länder, in denen Alkohol als Werkzeug des Teufels gilt und deshalb verboten ist, das Problem im Griff? Im Iran etwa kriegt man in keinem Laden oder Supermarkt Alkoholika zu kaufen. Kein Alkohol – also auch keine Alkoholiker? Klingt logisch, aber das Alkoholverbot in den USA bewirkte genau das Gegenteil dessen, was damit bezweckt wurde.

Wiederholt wurden wir im Iran zum Essen und Übernachten in private Wohnungen eingeladen. Stets wurden uns vorzügliche Speisen angeboten, nie Bier oder Wein. Ob sich in diesen Ländern bei vielen Leuten die Sucht verlagert hat auf andere legale rauscherzeugende Substanzen wie Marihuana, Haschisch oder Opiate? Oder besorgt man sich den Schnaps auf dem Schwarzmarkt?

Als wir von Turkmenistan aus in den iranischen Gottesstaat einreisten, hatten wir ein interessantes Erlebnis. Die erste Frage des Grenzoffiziers nach einem „Welcome to Iran" verwunderte uns nicht wenig. Wollte er doch von uns wissen, was in Deutschland normalerweise eine Flasche Whiskey oder eine Flasche Wein kosten würde. Wir sagten ihm, dass man – abhängig von der Qualität – für einen guten Whisky zwischen 20 und 30 und für eine Weinflasche zwischen fünf und zehn Euro zahlen würde. Mit dieser Antwort gab er sich zufrieden. Aber warum, fragten wir uns, wollte er das wissen? Inge und ich konnten uns nur einen Reim darauf machen: Da es im Staat der Mullahs Alkohol nur auf dem Schwarzmarkt zu kaufen gibt, kennen die Interessenten keinen realistischen Preis und wissen nicht, ob der Verkäufer nicht etwa Mondpreise verlangt. Da liegt es nahe, jemanden zu fragen, der sich mit dem Teufelszeug auskennt.

51. Lettland – Der zugekleisterte Darm (2015)

Ich habe auf meiner winterlichen Radtour durch das Baltikum mein Ziel erreicht: Riga. Die Stadt wird mir aufgrund einer akuten Erkrankung in äußerst unangenehmer Erinnerung bleiben. Mitten in der Nacht wache ich in meinem Hotelzimmer auf – und krümme mich vor Schmerzen. Obwohl ich am Abend zuvor nur wenig gegessen habe, leide ich unter einem unerträglichen Völlegefühl. Wiederholt suche ich mit geblähtem Bauch die Toilette auf, aber nichts geht. Den Rest der Nacht wälze ich mich unruhig in meinem Bett hin und her. Mit fortdauernden Bauchschmerzen gehe ich bereits um sechs Uhr morgens in den Frühstücksraum, aber ich bringe fast nichts hinunter. Obwohl ich mich für recht gesund und robust halte, beginne ich doch, mir ernsthaft Sorgen zu machen, welche Krankheit ich mir geholt haben könnte. Mir ist rätselhaft, was mit meinem Körper los ist.

Nachdem ich mir in einem Fahrradgeschäft in der Nähe eine Transportbox besorgt habe, trage ich sie – von vielen Pausen unterbrochen – zum Hotel. Dort verpacke ich dann das Rad. Der Tag vergeht quälend langsam. An essen ist nicht zu denken. Ratlos krame ich in meiner Reiseapotheke, weiß aber nicht, was ich herausnehmen soll. Wenn doch bloß Inge hier wäre, wünsche ich mir verzweifelt. Schließlich schlucke ich zwei Aspirin Tabletten und löse Elektrolytpulver in Wasser auf.

In der Nacht steigern sich die Schmerzen zu höllischen Bauchkrämpfen. Es ist kaum auszuhalten, mein Herz rast und ich zittere am ganzen Leib. Ich bin müde, kann vor Schmerzen aber nicht einschlafen. Ich tigere in meinem Zimmer auf und ab und klammere mich an den Gedanken, am kommenden Tag zurückzufliegen. Angst macht sich breit. Ob man sich an Schmerzen gewöhnen kann? Mir war das damals nicht möglich.

Am anderen Morgen fahre ich mit dem Taxi zum Flughafen. Ich habe noch einige Stunden Wartezeit und gehe verzweifelt zu einer kleinen Notfallambulanz. Der diensthabende Arzt drückt mir den Bauch ab, um festzustellen, ob ich eine Blinddarmentzündung habe. Dann gibt er mir zwei Schmerztabletten. Kurz vor dem Abflug rufe ich übers Handy Inge an und stöhne, wie schlecht es mir gehe. Hemmungslos heule ich dabei Rotz und Wasser. Ich fühle mich unendlich allein und einsam.

Irgendwie überstehe ich den Flug und am Münchner Flughafen holen mich Inge und mein Schwager Werner ab. Im Freisinger Krankenhaus fragt mich die diensthabende Ärztin, welche Medikamente ich regelmäßig nehme. Nicht ob, – das wird anscheinend ohne weiteres vorausgesetzt – sondern welche!

Dass ich keine Pillen brauche, verursacht einen verwunderten Blick. Dann checken mich die Ärzte gründlich durch, nehmen mich stationär auf und nach etlichen Infusionen geht es mir erstaunlich schnell wieder gut. Am nächsten Morgen fühle ich mich gesund, ich kann wieder zur Toilette, Input und Output sind in Ordnung. Bei der Visite informiert mich der Arzt, dass ich einen Darmverschluss gehabt hätte. Dessen Ursache, sagt er, müsse abgeklärt werden. Deshalb wird kurzfristig eine „Teil-Darmspiegelung" angesetzt. Sie ergibt jedoch keinen Befund.

Wieder zuhause, drängt Inge vor unserer nächsten Reise im Sommer zu einer „richtigen" Darmspiegelung. Wogegen ich mich nicht wehre. Das Ergebnis ist negativ: Mein Darm ist völlig in Ordnung. Doch was war im Baltikum die Ursache meiner Erkrankung? Es kommt nur eine ernährungsbedingte Erklärung in Frage: Ich hatte zu wenig getrunken und viel klebriges weißrussisches Brot mit pappiger Erdnussbutter gegessen. Das hatte meinen Darm zugekleistert – eine schlimme und hoffentlich einmalige Erfahrung.

52. Guatemala – Geheimnisvolle Welt der Mayas (2015)

Am Rio Usumacinta, dem Grenzfluss zwischen Mexiko und Guatemala, treffen Inge und ich das kleine Volk der Lacandonen. Sie gelten als letzte Nachkommen der alten Mayas und pflegen teilweise noch deren jahrhundertealte, traditionelle Lebensweise und Religion. Ihre Vorfahren flohen einst vor den Spaniern in unzugängliche Urwälder. Dort lebten sie über Jahrhunderte isoliert. Erst seit Mitte des 20. Jahrhunderts kamen sie zunehmend in Kontakt mit der Zivilisation.

Heute gibt es schätzungsweise noch etwa 700 Lacandonen. Sie sind klein und haben pechschwarze Haare. Leider wird diese auf wenige Sippen geschrumpfte Ethnie wohl in den nächsten Jahrzehnten aussterben. Wie so viele andere im Laufe der letzten Jahrhunderte. Jede Kultur hat wie jedes Lebewesen nur eine begrenzte Zeit. Trotzdem finde ich es sehr schade, dass dadurch wieder ein Stück der kulturellen Vielfalt auf diesem Planeten verloren geht.

Wenige Tage später erreichen wir im nördlichen Guatemala die großartige Pyramidenanlage von Tikal. Die imposanten Stufentempel ziehen uns in ihren Bann. Hier befand sich vor über 1000 Jahren eine mächtige Stadt der Mayas. In und um die Stadt herum lebten mindestens eine Million Menschen. Dann folgte ein beispielloser plötzlicher Niedergang und im 10. Jahrhundert war die Stadt vollständig verlassen.

Niemand kennt die Gründe für den Verfall. Epidemien, Dürrezeiten mit Hungersnöten oder Zerstörungen durch Aufstände – der Spekulation und Fantasie sind keine Grenzen gesetzt. Heute ist die gesamte Anlage als Weltkulturerbe anerkannt. Wie bei anderen Pyramiden der Mayas findet sich auch hier ein Platz, der mit wuchtigen Steinquadern eingefasst ist. Er hat die Form eines „I—I" mit steilen Schrägen in den beiden parallel zueinander liegenden kürzeren Querriegeln. An dem langgezogenen Bereich befinden sich mehrere steinerne Ringe in gut zwei Metern Höhe – Wir stehen uns auf einem Ballspielplatz.

Man weiß nicht viel über dieses mittelamerikanische Ballspiel, das meiste kann man nur vermuten. Sicher ist, dass es für die Mayas eine wichtige kultische und sakrale Bedeutung hatte. Von den Spielregeln weiß man, dass der höchst elastische, aus Kautschuk bestehende Ball nur mit den Hüften, den Knien und den Armen gespielt werden durfte, vermutlich nicht mit den Händen oder Füßen. Auf zahlreichen Darstellungen sieht man Spieler mit Hüftpanzern und Knieschützern. Ziel war es, den Ball durch den Ring zu bugsieren. Dafür, dass die Treffer numerisch gezählt wurden wie bei den heutigen Ballspielen, spricht die Tatsache, dass die Mayas wahrscheinlich das erste Volk auf der Erde waren, die die Null als Zahl kannten.

Weisen die Abbildungen geköpfter Ballspieler darauf hin, dass die Verlierer nach dem Spiel hingerichtet wurden? Oder gar die Gewinner, weil Menschenopfer hoch verehrt wurden und die Mayas an ein Leben im Jenseits glaubten? Oder

Schwerstarbeit. Ein schmächtiger Mann schleppt einen zentnerschweren Baumstamm.

Faszinierend: Die prächtige Pyramidenanlage von Tikal.

waren die Mayas etwa so kultiviert, dass sie Konflikte nicht militärisch, sondern auf dem Ballspielplatz austrugen?

Nach der Besichtigung sprechen wir über den Spieltrieb, der zur menschlichen Natur gehört und sich kultur- und zeitübergreifend in einer unglaublichen Bandbreite zeigt: Olympische Spiele, Gladiatorenkämpfe der Römer, Soldaten, die um die Kleider Jesu würfelten, mittelalterliche Ritterspiele, moderne Pferdewetten, Glücksspiele in Casinos, Lotterien, Fußball, kindliches Versteckspiel – vom Spiel ging und geht eine eigenartige Lust und Faszination aus. Für Friedrich Schiller ist der Mensch „nur da ganz Mensch, wo er spielt." Die Meister beim selbstvergessenen und bedingungslosen Spielen sind zweifellos kleine Kinder. Sie sind dann im Himmelreich, zumindest lässt sich so ein Jesuswort interpretieren.

Der Homo ludens, der spielende Mensch, ist ein umfassendes anthropologisches und pädagogisches Erklärungsmodell. Demnach entdeckt das Kind einerseits im Spiel seine individuellen Eigenschaften und entwickelt so schließlich die in ihm angelegte Persönlichkeit. Andererseits entstehen erst aus ursprünglich spielerischen Verhaltensweisen des Menschen die kulturellen Systeme wie Politik, Wissenschaft, Religion oder Recht, die im Laufe der Zeit ritualisiert werden und sich institutionell verfestigen.

Ich erzähle Inge, dass ich in sehr jungen Jahren eine ausgeprägte Spielernatur hatte. Ich liebte Karten-, Würfel- und vor allem Brettspiele. Als ich die Regeln des Schachs beherrschte und gegen meinen Vater gewann, träumte ich davon, ein berühmter Schachprofi zu werden. Ich besorgte mir Bücher über die klassischen Eröffnungen und Strategien. Dann kam ich auf die aberwitzige Idee, das Zahlenlotto überlisten zu können, indem ich eine relativ gleichmäßige Verteilung der Zahlen „6 aus 49" vornahm.

An diesem Abend labe ich mich an einem Getränk, das es nur in Mittelamerika gibt: Pulque. Eine leicht alkoholische Flüssigkeit, die sich in den Herzen von großen, mindestens zehn Jahre alten Agaven namens Maguey sammelt. Etwas säuerlich, leicht prickelnd und in etwa mit unserem Federweißen vergleichbar, gärt sie manchmal im Magen weiter. Es handelt sich um ein hundertprozentig natürliches und „lebendes Getränk", das sich nicht fließbandartig in Dosen abfüllen lässt.

Bei den Azteken und Mayas gab es einen Pulque-Gott und die auch „Aquamiel" (wörtlich: „Wasserhonig") genannte Flüssigkeit war den hohen Priestern vorbehalten, die sich damit in Trance versetzten. Manche Menschen vertragen Pulque, andere nicht. Ich mag den leicht prickelnden Geschmack und verschaffe mir die nötige Bettschwere, ohne betrunken zu sein. Pulque – milchig weiß und leicht schleimig – hat für Inge keinen Reiz und sie verzichtet auf die Zauberkräfte dieses heiligen Saftes.

53. Honduras – Die Schuld am Tod einer Kuh (2015)

Der bedrückende Vorfall passiert am Tag, nachdem wir in einem provisorischen Flüchtlingslager nächtigen. Ungewollt verursachen Inge und vor allem ich auf unserer Radtour durch Mittelamerika den Tod einer jungen Kuh. Dass wir selber bei der Geschichte völlig unverletzt davonkommen, haben wir nur dem Zufall – oder unseren Schutzengeln – zu verdanken.

An einem späten Nachmittag radeln wir eine wenig befahrene kleine Landstraße entlang. Wie immer ist Inge vorne dran. Da es ziemlich heiß und feucht ist, haben wir ein gemächliches Tempo angeschlagen. Dann bremst Inge ab, dreht sich um und sagt: „Vor uns laufen ein paar Kühe auf der Straße, da ist es wohl besser, vorbeizuschieben." Da ich das nicht für notwendig halte, antworte ich ohne zu zögern: „Ich fahr langsam voraus, du kannst ja hinterher kommen." Und so zuckele ich langsam weiter. Da es auf dieser Strecke neben uns eine Leitplanke gibt, steuere ich fast bis zur Straßenmitte, um der jungen Kuh, die sich an die Planke drückt, genug Platz zu machen und sie nicht zu beunruhigen.

Ich befinde mich schon fast auf gleicher Höhe mit dem Tier und denke, dass ich gleich vorbei bin, als die Kuh für mich völlig überraschend reagiert. Erschrocken sehe ich, dass sie mit jähen Bewegungen unvermittelt vor mir auf die Fahrbahn springt. Sie versucht, schnell zur anderen Straßenseite hinüberzurennen. Es ist offensichtlich, dass ihr der Abstand zu mir nicht ausgereicht hat und die Straßenplanke ihr den Fluchtweg nach rechts versperrte.

Kaum ist das Tier auf der Straße, da quietschen Autobremsen laut und schon kracht es fürchterlich. Offensichtlich hatte gerade ein nachfolgendes Auto mit hoher Geschwindigkeit angesetzt, mich zu überholen. Wahrscheinlich hatte ich mit meinem vollbepackten Rad dem Fahrer die Sicht nach rechts verdeckt, wo die Kuh unruhig hin und her trippelte. Als diese dann urplötzlich auf die Fahrbahn lief, befand sie sich direkt vor der Kühlerhaube. Vielleicht hätte der Autofahrer doch ausweichen können – aber dann hätte er vielleicht mich über den Haufen gefahren! Mit dem Kotflügel prallt das Fahrzeug auf die arme Kuh, die sofort zu Boden stürzt. Vergeblich versucht sie einige Male, wieder aufzustehen. Bei jedem Versuch sackt sie gleich in sich zusammen. „Da ist das Becken zertrümmert", sagt Inge bestürzt.

Der Autofahrer ist derweil vor uns an den Straßenrand gefahren, steigt aus und begutachtet als erstes den Blechschaden an seinem Wagen. Danach läuft er zu dem verletzten Tier, wo sich laut diskutierend einige Leute eingefunden haben. Inge und ich sind abgestiegen, werden von den Menschen aber nicht weiter beachtet. Wir beratschlagen, ob wir zu den Leuten gehen sollen, entscheiden uns dann aber dagegen. Der Sprache nicht mächtig, hätten wir nicht erklären können, wie es zu dem Unfall kam. Wir vermuten, dass die Besitzer das Rind wohl zügig schlachten werden.

„Mea culpa!" – „Es ist meine Schuld", sagt der Lateiner. Ich fühle mich schuldig am Tod der Kuh und habe ein schlechtes Gewissen. Aus der misslichen Sache habe ich allerdings etwas gelernt: Erstens werde ich zukünftig damit rechnen, dass Tiere unberechenbar reagieren können und zweitens werde ich öfter als bislang auf das hören, was meine Frau sagt.

54. El Salvador – Kirchenasyl (2015)

Bei unseren Fahrradtouren wissen wir tagsüber oft noch nicht, wo und wie wir übernachten werden. Was uns aber nicht weiter beunruhigt. So entscheiden wir meist in der jeweiligen Situation, ob wir zwischen Wänden aus Stein oder zwischen Wänden aus einer dünnen Zeltplane schlafen.

Eine faustdicke Überraschung erleben Inge und ich auf unserer Tour durch Mittelamerika. Es ist tagsüber drückend heiß und die Luftfeuchtigkeit so hoch, dass ständig Schweißperlen auf der Haut stehen. Nur der Fahrtwind sorgt durch seine leichte Brise für eine angenehme Abkühlung. Langsam beginnt die Regenzeit und nachmittags durchnässt uns oft ein warmer, tropischer Regenschauer, der nicht lange anhält. Unmittelbar danach dampft die nasse Erde und schafft ein Klima wie in einer Waschküche.

Meistens befahren wir die verkehrsreiche und ziemlich enge Panamericana, nur an wenigen Tagen finden wir eine kleine Straße abseits der Magistrale. Als wir eines Tages auf einer solchen Nebenstraße unterwegs sind, fängt es am frühen Nachmittag heftig an zu regnen. Wir finden einen überdachten Unterstand, der als Bushaltestelle dient und rechnen damit, dass der Regen bald aufhören wird. Trotzdem nutzen wir die Pause für den liebgewonnenen Nachmittagskaffee aus der mit heißem Wasser gefüllten Thermoskanne. Nach einer knappen Stunde werden wir etwas unruhig, weil die Schauer unvermindert andauern. In der Ferne grollt Donner, ab und an zucken Blitze, der Wind peitscht immer wieder die Palmenblätter durch. Noch hoffen wir, dass sich das Wetter spätestens nach wenigen Stunden bessert. Doch als es am späten Nachmittag immer noch wie aus Kübeln gießt, müssen wir weiter.

Wir ziehen unsere Regenponchos über und steigen wieder auf. Tief hängen dunkle Wolken am Himmel, der Regen ist zu einem Dauerregen geworden. Wo und wie sollen wir da übernachten? Ein größerer Ort mit Unterkunft ist im weiten Umkreis nicht zu finden. Im strömenden Regen in der nassen Pampa unser Zelt aufbauen? Nur im Notfall, sind wir uns einig. Angestrengt suchen wir etwas Überdachtes und Trockenes.

Als wir ein Dorf erreichen, sehen wir fünf oder sechs Einheimische auf der überdachten Veranda eines Hauses um einen Tisch herum sitzen. Sie sind in ihr Kartenspiel vertieft und nehmen uns kaum wahr. Neben der kurvigen Straße steht eine kleine Dorfkirche aus Backsteinen. „Bestimmt abgeschlossen", vermute ich. „Ich schau trotzdem mal nach", entgegnet Inge achselzuckend, steigt ab, läuft zur Eingangstüre und drückt die Klinke. Und siehe da, es ist offen. Wieder mal bewahrheitet sich der alte Spruch: Probieren geht über Studieren. Aber können wir einfach so in das Gotteshaus und drinnen unser Nachtlager mit Isomatte, Schlafsack und Moskitonetz ausbreiten? Werden wir damit nicht einen Aufruhr unter den gläubigen Dorfbewohnern provozieren? Wird mit einer solchen Aktion

Waschtag an einem Bachlauf.

Maisernte. Alle helfen mit.

145

die Kirche nicht geradezu entweiht? Weil diese Fragen uns nur zu berechtigt erscheinen, stellen wir die Räder ab und gehen zu den spielenden Dorfbewohnern auf der anderen Straßenseite.

Obwohl uns klar ist, dass es hier keine Unterkunft gibt, frage ich doch nach einem Hotel. Nein, bedeutet man uns bedauernd. Daraufhin neige ich meinen Kopf, lege die Hand darunter, zeige zur Kirche und frage: „Iglesia?", also: Schlafen in der Kirche? „Si, si!" lautet die Antwort eines pausbackigen Alten – wir haben grünes Licht.

Im Kirchenschiff mit einfachen Holzbänken finden unsere Räder Platz und wir bauen uns auf dem sauber gefegten Boden zwei gemütliche Schlafplätze mit Moskitonetzen auf. Der Altarraum ist geschmückt mit bunten Plastikblumen und in einem kleinen Nebengebäude finden wir saubere Toiletten. Da es sogar elektrischen Strom gibt, machen wir uns abends Tee und kochen eine Suppe. In dem friedfertigen Gotteshaus fühlen wir uns sicher und beschützt. Wir schlafen wie im siebten Himmel und am nächsten Morgen gibt's zum Müslifrühstück dampfenden Kaffee. Als wir die Kirche verlassen, scheint die Sonne. Inge zündet eine Wachskerze an und wir legen dankbar einen kleinen Geldschein in die Spendenbox.

55. Costa Rica – Die mysteriösen Kugeln (2015)

Nachdem wir von ihnen gelesen hatten, wollten wir sie unbedingt sehen: Die mysteriösen Steinkugeln in Costa Rica. Sie gehören zu den größten Rätseln der Menschheit und wurden 2014 in die UNESCO-Weltkulturerbe-Liste aufgenommen. Die größte der Kugeln misst mehr als zwei Meter im Durchmesser und wiegt rund 16 Tonnen. Sie sind Hunderte von Jahren alt. Niemand weiß, wer sie wann, wie, warum und wozu hergestellt hat.

Die geheimnisumwitterten Kugeln aus einem granitähnlichen Gestein sind Inge und mir einen beträchtlichen Umweg wert. Als wir dann die ersten entdecken – sie haben einen Durchmesser von mehr als einem Meter – sind wir fasziniert und fangen an, zu spekulieren. Dass einfache Fischer, Jäger oder Bauern die Kunstwerke geschaffen haben, erscheint uns unwahrscheinlich. Hier müssen hochbegabte Handwerker oder Künstler am Werk gewesen sein, die nicht einmal Metallwerkzeuge zur Verfügung hatten. Vielleicht benutzten sie scharfkantige Steine, glühende Holzkohle oder Scheuersand. Zweifellos hatten sie großes Geschick und eine schier unendliche Geduld. Aber zu welchem Zweck? Naheliegend ist der Gedanke, dass religiös-spirituelle Gründe eine Rolle spielten.

Warum in aller Welt die Kugelform, wo doch weder die Azteken noch die Mayas das Rad – was ja nichts anderes ist als ein Kugelquerschnitt – als Hilfsmittel kannten. Gab es eine intuitive Ahnung davon, dass die Erde und andere Gestirne Kugeln sind? Oder war es ein Symbol der Vollkommenheit und Unendlichkeit? Fragen über Fragen, auf die niemand eine befriedigende Antwort kennt.

Gut, dass es noch Geheimnisse gibt. Dass die Wissenschaft nicht jedes Rätsel gelöst hat und Raum bleibt für die Fantasie. Doch halt: Wenn man den Spekulationen Taten folgen lässt, ist das mitunter gar nicht gut. Als kurz nach der Entdeckung der Steinbälle das Gerücht aufkam, dass sich im Inneren Gold befinden würde, wurden mehrere der riesigen Kugeln in Stücke gesprengt. Von einem Schatz fand sich keine Spur. Viele von den rund 300 Steinen befinden sich heute in Museen, etliche aber auch in Parks und auf öffentlichen Plätzen und einige wenige dienen reichen Zeitgenossen in Costa Rica als exquisiter Gartenschmuck.

Wir malen uns aus, welche rituellen Zeremonien hier einst stattgefunden haben könnten. Hat man vielleicht die Steine ehrfürchtig angebetet oder sogar dazu benutzt, Menschen zu Tode zu foltern? Schließlich wenden wir den Blick von der Vergangenheit in die Zukunft. Was bleibt von unserer Zivilisation übrig in Hunderten oder gar Tausenden von Jahren? Gibt es Werke aus der Neuzeit, die überdauern? Und welches Urteil werden kommende Generationen über uns, unsere Zeit und unserem Umgang mit der Schöpfung sprechen? Uns schwant nichts Gutes…

Eine der mysteriösen Kugeln in Costa Rica.

Wie bei uns in früheren Zeiten: Im bettelarmen Honduras werden Ochsen zum Transport und für die Feldarbeit eingesetzt.

56. Nicaragua – Einander verlieren und wieder finden (2015)

Im Frühjahr 2015 radeln Inge und ich durch Mittelamerika. Normalerweise habe ich Inge stets vor mir, aber bei langen Anstiegen fahre ich gerne mit „meinem" Tempo voraus und warte bei der nächsten Abzweigung oder auf der Bergspitze auf sie. So auch hier. Nachdem Inge in den kleinsten Gang schaltet, überhole ich sie und meine dabei: „Wir sehen uns spätestens oben."

Nach einer Weile entdecke ich an der Seite ein großes Geschäft mit vielfältigen Obst- und Gemüsesorten. Hier finden sich nicht nur die allgegenwärtigen Bananen, Mangos und Papayas, sondern auch Kürbisse, Bohnen, Litschis und die bei uns unbekannten Mameys und Guabanas. Da ich weiß, dass auch Inge sich dafür interessiert, will ich hier auf sie warten. Ich laufe zu dem Laden, stelle aber vorher mein Rad unmittelbar am Straßenrand ab. Damit will ich sicherstellen, dass Inge ebenfalls anhält.

Irgendwann wundere ich mich, warum Inge noch nicht da ist. Ich warte noch einmal fünf Minuten und dann werde ich sehr unruhig. Irgendetwas muss passiert sein, sage ich mir, steige nervös auf mein Rad und lasse es bergab rollen. Nach jeder Kurve bin ich mehr irritiert, denn keine Inge ist in Sicht. Schließlich erreiche ich eine Stelle, wo wir noch beisammen waren – nichts. Ich drehe wieder um und überlege beim Bergauffahren fieberhaft, was los sein könnte. Dann gerate ich in Zweifel, ob ich wirklich weit genug zurückgefahren bin, drehe erneut um und fahre noch weiter zurück als beim ersten Mal. Wieder keine Inge!

Nochmals den langen Berg rauf, so schnell es geht. Außer Atem frage ich unterwegs radebrechend und gestikulierend einige Männer, ob sie eine Frau auf einem Rad gesehen hätten. Einer zuckt die Achseln, aber ein anderer nickt: „Si, si!" – Also ist sie hier vorbeigefahren. Kräftig trete ich in die Pedale. Mich befällt panische Angst: Wenn Inge alleine in die nächste Stadt kommt – würde ich sie nicht mehr finden! Das muss ich um alles in der Welt verhindern. Bloß wie? Nur ich habe Geld und Handy dabei. Ob Inge die Nummer kennt?

Ich überlege und überlege. Dann die rettende Idee. Ich sperre mein Rad ab und steige in ein Taxi. Nach einigen Kilometern erreiche ich tatsächlich meine Inge! Mir fällt ein riesengroßer Stein vom Herzen, welch Augenblick des Glücks! Sofort sehe ich in ihren Augen, dass es ihr ebenso geht. Erleichtert fallen wir uns in die Arme und ich spüre, wie unendlich gut das tut.

Was war geschehen? Schwitzend und sich auf die Fahrbahn konzentrierend, war sie in nächster Nähe an meinem Rad vorbeigefahren. Nun ist es für uns beide eine Ende-gut-alles-gut-Geschichte! Das Schönste: Niemand beklagt sich über den andern, keiner macht dem anderen auch nur den kleinsten Vorwurf! Unsere Liebe ruht auf dem festen Fundament des gegenseitigen Vertrauens – wir sind auch und gerade bei unseren Radtouren ein Dreamteam!

Da möchte man nicht die Hand reinlegen!

Mundraub. Wir nehmen uns eine der reifen Papayas.

57. Panama – Oh wie schön ist Panama (2015)

Das letzte Land auf unserer Reise durch Mittelamerika ist Panama. Hier besichtigen wir den gigantischen Panamakanal und hier begegnen wir dem Schotten Jamie. Joggend schiebt er einen Kinderwagen vor sich her, in dem er seine Habseligkeiten untergebracht hat. Seit Kanada ist er auf diese Weise unterwegs, erzählt er mir lachend, als ich eine Weile neben ihm herradle. Wie der Schotte über Tausende von Kilometern reist, ist originell, einzigartig und bewundernswert und wäre sicherlich eine hübsche Geschichte wert.

Mir aber geht hier ständig eine andere Sache durch den Kopf. Ich denke an Janosch's Traumstundenbuch "Oh wie schön ist Panama." Unzählige Male habe ich es meinen beiden Söhnen vorgelesen, als diese im Vorschulalter waren. Zum einen, weil sie es immer wieder hören wollten, zum anderen, weil ich selber das Büchlein wunderschön fand. Es handelt, kurz gesagt, von der Freundschaft zwischen dem kleinen Tiger und dem kleinen Bären, die sich gemeinsam auf die Reise machen in das Land ihrer Träume – Panama. Nach verschiedenen Begegnungen mit anderen Tieren gelangen sie schließlich wieder zu ihrem Häuschen, das ihnen nun ganz fremd erscheint. Sie holen sich Hammer und Säge, Farbeimer und Pinsel und hübschen ihr Domizil auf. Sie glauben fest daran, im Land ihrer Träume angekommen zu sein – und sind glücklich.

Ein schönes Märchen, könnte man nun sagen. Aber für mich war es viel mehr. Ich hatte das Gefühl, dass es treffend und sogar richtig war, unserem ältesten Sohn den etwas ungewöhnlichen Namen „Janosch" gegeben zu haben. Von einem Kinderbuchautor mit diesem Namen hatte ich bei der Geburt unseres Erstgeborenen noch nie etwas gehört. Vor allem aber spürte ich, dass sich die Jungs mit den Figuren identifizierten. Janosch mit dem etwas forschen Bär, der jüngere Sohn Wolf mit dem kleinen Tiger.

In dem Kindermärchen sind Bär und Tiger ganz dicke Freunde, die zusammen halten wie Pech und Schwefel. Bezeichnend dafür fällt einige Male der Satz: „Wenn man einen Freund hat, braucht man sich vor nichts und niemanden auf der Welt zu fürchten." Diese Stelle betonte ich stets besonders stark. Weil ich wusste, dass die Buben oft miteinander stritten. Sie sind nur zwei Jahre auseinander, beide sind ehrgeizig und selbstbewusst. Es gab heftige Rivalitäten und Rangkämpfe. Um ein gemeinsames Ziel zu erreichen, hielten sie zusammen, aber mitunter krachte es zwischen ihnen, dass die Fetzen flogen. Dass sie heute als Erwachsene einander nicht nur akzeptieren, sondern sogar respektieren und aufeinander zugehen, damit ist mir ein Herzenswunsch in Erfüllung gegangen. Ein Gottesgeschenk, das sich nicht erzwingen lässt.

Die Kinder waren übrigens nie unzufrieden mit dem Ausgang der Geschichte. Nie sagte einer der beiden altklug: Das stimmt doch alles nicht, Bär und Tiger sind gar nicht in Panama, sondern bloß wieder in ihrer alten Bruchbude ange-

Unglaublich: Joggend schiebt der Schotte Jamie über Tausende von Kilometern seinen Kinderwagen vor sich her.

kommen. Ich bin mir sicher, dass sie intuitiv den weiteren Sinn der Story erfasst haben: Dass nämlich das eigene Zuhause aus der Distanz an Wert und Bedeutung gewinnt. Genau diese Erfahrung machen wir immer wieder bei unseren Reisen – Je näher die Heimreise rückt, desto mehr freuen wir uns darauf, unsere Lieben wiederzusehen. Oder um es mit den Worten meines Radfreundes Dietmar zu sagen: „Ich freue mich wie ein Schneekönig auf jede neue Radtour, aber noch mehr sehne ich mich nach einer Weile danach, wieder nach Hause zu kommen."

58. Türkei – Die Delikatesse (2015)

Solo Radtour 2015 durch Kurdistan in der Osttürkei. Die Menschen sind in der Regel sehr freundlich und ich werde oft bei Gasthäusern oder Tankstellen spontan zum Gratistee eingeladen. Nur vor den Hunden muss ich mich in Acht nehmen. Während manche der Vierbeiner völlig harmlos sind und zutraulich mit dem Schwanz wedeln, gibt es ziemlich große Hirten- und Hütehunde, die mit fletschenden Zähnen angerannt kommen. Wenn der Abstand groß ist, trete ich wie ein „Durchgedrehter" wild in die Pedale, weil die Hunde das hohe Tempo nicht lange durchhalten können. Sind die Tiere aber zu nah, halte ich an und steige vom Rad. Meist hebe ich dann einige Steine vom Straßenrand auf und mache werfende Bewegungen. Davon lassen sich die meisten beeindrucken. Als ultima ratio kommt mein Pfefferspray zum Einsatz. Als ich einmal bergan fahre, schießt unvermittelt ein Rudel böse knurrender Bestien auf mich zu. Ich bin einem Lastwagenfahrer dankbar, der die Situation schnell erfasst und mich schützt, indem er mich mit seinem Fahrzeug abschirmt.

Es ist später Nachmittag, als ich links von der Straße einen größeren Platz ohne streunende Hunde, aber mit Blockhütten, Sitzgelegenheiten, Spielgeräten und Grillstellen sehe. Sicher nicht der schlechteste Platz zum Übernachten, überlege ich und lenke mein Fahrrad durch ein hölzernes Eingangstor. Ich stelle mein Zweirad ab und gehe langsam durch das den Einheimischen als Freizeitanlage dienende Gelände. Nachdem ich entdeckt habe, dass es Toiletten und Waschbecken mit fließendem Wasser gibt, frage ich mich nach jemandem durch, der hier etwas zu sagen hat. Wie erwartet hat der ältere Mann nichts dagegen, dass ich mein winziges Zelt hier aufschlage und übernachte.

Neben einer hölzernen Sitzgruppe finde ich ein grünes Fleckchen, das groß genug ist für mein Ein-Mann-Zelt. Da ich geübt bin, geht das Aufstellen zügig vonstatten. Kurz darauf sind Isomatte und Schlafsack ausgebreitet, Pfefferspray und Stirnlampe griffbereit platziert und das Rad ist abgeschlossen. Ich gehe mich waschen und dann ist Zeit, ans Abendessen zu denken. Aus einer meiner Radtaschen ziehe ich ein Fladenbrot, ein Stück Schafskäse und einen Beutel Oliven.

Gerade, als ich zugreifen will, sehe ich, dass mir ein Mann nebenan zuwinkt. Er deutet auf eine Dose Bier, was offensichtlich als Einladung für mich gedacht ist. Der Türke mit dem Schnauzbart ist etwa vierzig Jahre alt und sitzt mit seiner erheblich jüngeren Frau und seinem vielleicht zwölfjährigen Sohn an der benachbarten Sitzgruppe. Vielleicht besteht das Motiv für die Einladung darin, dass ich so mutterseelenallein an meinem Tisch sitze und deshalb sein Mitleid errege. Vielleicht ist er auch nur neugierig und will die Gelegenheit nutzen, einen Fremden kennenzulernen.

Aber das ist mir egal. Für mich gibt es in dieser Situation kein Zögern. Ich lasse meine Sachen auf dem Tisch zurück, stehe auf und gehe zu der Familie hinüber.

Eine Landschaft wie aus dem Bilderbuch: Riesige Steinpilze in Kappadokien.

Auf dem Nemrut Dağı im Taurusgebirge der Türkei steht auf 2150 Metern Höhe diese Götterfigur in Form eines Adlerkopfes.

Dort angekommen, gebe ich zuerst dem Familienoberhaupt, dann seiner Frau und schließlich dem Sohn die Hand und stelle mich vor als Erik aus Almanya. Auf Reisen benutze ich meinen zweiten Vornamen Erich, weil sich die Bewohner fast aller Länder damit erheblich leichter tun.

Der Türke stellt die Bierdose vor mir auf den Tisch und deutet auf einen leeren Platz. Jetzt einfach das Bier zu grabschen und wieder zurückzugehen, wäre grob unhöflich gewesen. Also lasse ich mich nieder und versuche – mit Hilfe des ein wenig Schulenglisch sprechenden Jungen – die Fragen des Vaters nach meiner Heimat und meinem Ziel so gut es geht zu beantworten. Jetzt sehe ich auch, dass er eine große Portion Fleisch und verschiedenes Gemüse vor sich ausgebreitet hat. Er stellt einen mitgebrachten Grill auf, legt fleißig Holzkohle in die Schale und entfacht gekonnt eine Glut.

Zwischen die rotglühenden Kohlestücke kommen dann ganze Zwiebeln, Paprikas und Tomaten. Und auf dem Rost landet das Fleisch. Obwohl ich hungrig bin, würde ich mich eigentlich am liebsten verdrücken, weil ich mich gewöhnlich vegetarisch ernähre. Aber ich will die gastfreundliche Familie nicht vor den Kopf stoßen. Und so nimmt alles seinen unvermeidbaren, aber doch vorhersehbaren Lauf.

Der Sohn stellt für mich, für seine Eltern und zuletzt für sich selber jeweils einen Pappteller auf den Tisch und als kurz darauf Fleisch und das Gemüse gar sind, darf – oder muss?! – ich wählen, welche Stücke ich möchte. Neben dem vegetarischen Grillgut nehme ich mir zwei kleine Fleischstücke. Da mein Gastgeber vermutet, dass ich zu schüchtern oder zu bescheiden bin, um richtig zuzugreifen, legt er mir tüchtig nach. Darunter sind auch zwei wie Taubeneier aussehende Teile.

Als ich fragend darauf deute, lacht er aus vollem Hals, blökt wie ein Schaf und deutet zwischen seine Beine. Ja, klar, es sind Hammelshoden, eine kulinarische Spezialität in der Türkei und es bedeutet eine hohe Ehre, einen Gast damit zu bewirten. Es bleibt mir nichts anderes übrig, als die Eier auseinander zu schneiden und mit zur Schau gestelltem höchstem Genuss zu essen. Das wäre sicherlich schon für viele „normale" Fleischesser eine enorme Überwindung, für mich ist es die ultimative Herausforderung.

Wie es geschmeckt hat? Weich und labbrig, ohne Biss, viel zu wenig gewürzt, finde ich. Mit Todesverachtung kaue ich und schlucke die Masse runter. Und lächle selig dabei. Doch als der Türke Anstalten macht, mir weitere Eier zu geben, traue ich mich, abzulehnen. Nach dem gemeinsamen Abendessen bedanke ich mich herzlich und zeige einige meiner mitgebrachten Familienfotos, womit der harmonische deutsch-türkische Abend ausklingt.

59. Georgien – Mein japanischer Freund (2015)

Er heißt Kim. Nein, so heißt er nicht, aber so stellt er sich vor. Weil er weiß, dass sein japanischer Name für alle Nicht-Japaner schwer aussprechbar und überhaupt nicht zu merken ist. Ich treffe den 19-jährigen Kim auf einem ziemlich billigen Rad im Osten der Türkei nahe der georgischen Grenze. Auf meiner Reise in den Kaukasus bin ich alleine unterwegs und sofort fragt er mich auf Englisch, ob er mich begleiten dürfe. Er könnte zwar mein Sohn oder gar mein Enkel sein und ich habe leichte Bedenken, ob sein jugendlicher Elan und sein Fahrtempo mich nicht überfordern werden. Aber warum nicht einen Versuch wagen? Selten genug trifft man auf einer Tour andere Fernradler als potentielle Reiseabschnittsgefährten.

Kurz darauf erzählt er mir, dass er in der Osttürkei von jugendlichen Motorradfahrern übel attackiert worden sei. Ob und inwieweit dies wirklich gefährlich gewesen sein mag, kann ich nicht beurteilen. Jedenfalls ist er ordentlich eingeschüchtert und heilfroh, dass er jemanden gefunden hat, dem er sich anschließen kann. Gemeinsam besichtigen wir die alten, ausgedehnten Ruinenfelder der antiken Stadt Ani.

Über die weitläufigen Steinquader stolpernd, kann ich mir kaum vorstellen, dass sich hier an der nördlichen Seidenstraße vor rund 1000 Jahren die Hauptstadt eines armenischen Königreiches befand. In der Folgezeit überschlugen sich in der mehr als 100.000 Einwohner zählenden Metropole, bekannt als Stadt der 1001 Kirchen, die Ereignisse. Zuerst fiel sie an Byzanz, dann eroberten die islamischen Seldschuken die mit meterdicken und haushohen Mauern geschützte östliche Perle der Christenheit und massakrierten einen Großteil der Bevölkerung.

Auch die folgenden Jahrhunderte brachten keine Ruhe. Das christliche Königreich Georgien und die Mongolen lieferten sich hier wiederholt blutige Gefechte, bevor im Jahre 1319 das Schicksal der Stadt von einem Erdbeben besiegelt wurde. Davon erholte sie sich nie wieder und im Laufe der Zeit verließen immer mehr Menschen diesen ehemals glanzvollen Ort. Mit dem Ende des ersten Weltkriegs fiel Ani unter die Kontrolle des neugegründeten Staats Armenien. Rechtzeitig, bevor die Ruinenstadt nach dem türkisch-armenischen Krieg von 1920 wieder zur Türkei kam, brachten Archäologen rund 6000 bewegliche Objekte ins Museum nach Eriwan.

Nach der gemeinsamen Besichtigung des Weltkulturerbes quälen wir uns auf einen hohen Pass und überqueren die Grenze nach Georgien. Kim hat ein sonniges Gemüt und radelt unbefangen durchs Land. Sein Tempo passt, er lacht oft und gern und verbreitet eine unbekümmerte und gelöste Stimmung. Genau wie ich hat er ein kleines Zelt dabei, steigt aber gelegentlich auch in einer einfachen und billigen Unterkunft ab. Er reist „Low-Budget" und spart auch sehr beim Lebensmitteleinkauf, weshalb ich ihm öfter einmal etwas spendiere. Er revanchiert

Deutsch-japanisches Duo. Gemeinsam meistern wir den Pass.

Wozu ein alter Eimer noch gut ist: In einem georgischen Dorf dient er als Schutz für den Stromzähler.

sich, indem er abends auf seinem kleinen Gaskocher einfache Gerichte für uns beide zubereitet. Das Kochen, erzählt er, habe er in London in einem kleinen Restaurant gelernt. Begeistert lauscht er, wenn ich ihm die eine oder andere Geschichte aus meinem Radlerleben erzähle.

Eines Abends türmen sich am Horizont tiefschwarze Wolken auf. Wir geraten in ein heftiges Gewitter, werden pitschnass und erreichen kurz vor Einbruch der Dunkelheit eine Tankstelle mit angeschlossenem Landmaschinenpark. Neben Schleppern und Pflügen stehen einige nagelneue Ladekipper als Kastenwagen. Nachdem wir von dem Eigentümer die Erlaubnis eingeholt haben, lassen wir uns auf der überdachten Ladefläche eines Kippers nieder und breiten unsere Isomatten und Schlafsäcke aus. Nach einem schnellen Abendessen erwartet uns eine bitterkalte Nacht in dem massiven und stockdunklen Metallgehäuse. Trotz Daunenschlafsack wache ich immer wieder auf und bibbere. Kims Ausrüstung ist qualitativ eher schlecht. Als wir uns bei Sonnenaufgang einen guten Morgen wünschen, zittert er am ganzen Leib, denn er hat in der Nacht so gut wie nichts geschlafen.

Die Episode mit Kim dauert etwa eine Woche. Wir liegen auf einer Wellenlänge wie Vater und Sohn. In Georgien trennen sich unsere Wege. Damit endet eine ungeplante interkulturelle und generationenverbindende Begegnung, die kurz, aber für beide Seiten eine Bereicherung war.

Unvergesslich bleibt mir ein kleines Lehrstück in Sachen japanischer Logik und Lebenspraxis. Als ich ihm sage, dass ich mich weitgehend vegetarisch ernähren würde, antwortet er mir, dass er es sehr gut fände, dass immer mehr Menschen sich auf diese Weise verkostigten. Weshalb, fügt er auch gleich dazu: Je mehr Leute auf Fleisch verzichteten, meint er, desto geringer sei die Nachfrage und desto mehr sänke der Fleisch- und Wurstpreis! Einem leidenschaftlichen Fleischesser wie ihm könne doch nichts Besseres passieren!

60. Armenien – Der Ararat und Radio Eriwan (2015)

Stadtrundgang in der armenischen Hauptstadt Jerewan. Es ist August, der blaue Himmel ist glasklar und ich nutze den Pausentag, um einige Sehenswürdigkeiten abzuklappern. Im Zentrum beeindruckt die etwa hundert Meter hohe Kaskade. Der gewaltige Komplex aus parallelen breiten Treppen aus hellem Kalkstein streckt sich weit an einem Berghang empor. Als ich oben angelangt bin, blicke ich hinunter auf die kaukasische Metropole.

Armenien ist das älteste christliche Land der Erde. Die Armenische Apostolische Kirche, auch Gregorianische Kirche genannt, beansprucht, auf apostolische Gründung zurückzugehen. Die beiden Apostel Judas Thaddäus und Bartholomäus sollen in der zweiten Hälfte des ersten Jahrhunderts in Armenien gepredigt und christliche Gemeinden gegründet haben, bevor sie als Märtyrer gestorben seien.

Der Schutzpatron des armenischen Volkes ist Gregor der Erleuchter. Er erhob Anfang des 4. Jahrhunderts das Christentum zur Staatsreligion. Um Gregor ranken sich wundersame Legenden. Die bekannteste besagt, dass man Gregor ausgehungerten Löwen zum Fraß vorwarf. Als diese das menschliche Futter verschmähten, deuteten das seine Anhänger als eindeutiges Zeichen Gottes.

Ich gehe weiter und wenig später sehe ich in der Ferne den über 5000 Meter hohen Berg Ararat mit seinem ewig schneebedeckten Gipfel aufragen. Hier ist nach biblischer Überlieferung die Arche Noah gestrandet. Eine ziemlich große Felsformation haben Werbestrategen – und vielleicht auch urchristliche Eiferer? – als das versteinerte Bibelschiff identifiziert. Vor Ort habe ich mich davon überzeugt, dass man eine gehörige Portion Fantasie braucht, um die Felsblöcke biblisch zu deuten.

Der Ararat liegt heute in der benachbarten Türkei – für Armenien eine nationale Katastrophe. Denn der sagenumwobene Berg ist das Nationalsymbol der Armenier und auf den armenischen Geldscheinen und im Staatswappen abgebildet. Im Osmanischen Reich siedelten am Ararat zahlreiche Armenier und ein Blick in die Geschichte zeigt, dass in der nach dem Ersten Weltkrieg gegründeten Ersten Armenischen Republik der Berg inmitten des armenischen Staatsgebietes lag.

Seit langem ist das türkisch-armenische Verhältnis aufgrund des Völkermordes an den Armeniern vor gut einhundert Jahren vergiftet. Plakate in Jerewan machen das überdeutlich. Die Grenze zwischen beiden Staaten ist geschlossen. Aus diesem Grund musste ich von der Türkei aus erst einmal nach Georgien radeln, um auf diesem Weg nach Armenien zu kommen. Übrigens ist die armenische Grenze zum östlichen Nachbarn Aserbeidschan aufgrund des Bergkarabach-Konfliktes ebenfalls unpassierbar.

Dann fallen mir die Radio-Eriwan-Witze ein. Ältere Menschen wissen sofort, was ich meine: Den fiktiven, also frei erfundenen Radiosender, der in der Zeit, als

So wird in Armenien der Völkermord von 1915 seitens der Türkei wachgehalten.

Armenien als Sowjetrepublik ein Teil des Sowjetimperiums war, fiktive Zuhörer-fragen beantwortete. Die Witze beruhen auf der erfundenen Beantwortung von ebenfalls erfundenen Zuhörerfragen nach einem bestimmten Schema. Interes-santerweise kursierten diese Witze sowohl in der Bundesrepublik als auch in der ehemaligen DDR. Der Grund: Die Witze bildeten eine feste Rubrik in der russi-schen Zeitschrift „Sputnik", die sowohl in den sozialistischen Staaten als auch im westlichen Ausland erschien. Als sie immer systemkritischer wurden, hat man den Sputnik 1988 in der DDR verboten.

Die Witze sind folgendermaßen aufgebaut: Auf eine Zuhörerfrage mit der Einleitung „Frage an Radio Eriwan" kommt stets die konterkarierende Antwort: „Im Prinzip ja" oder „Im Prinzip nein", gefolgt von einer Ergänzung, die meist mit „aber" beginnt. Im Internet findet man eine Unzahl von Radio-Eriwan-Witzen. Hier meine beiden Lieblingswitze:

– Frage an Radio Eriwan: „Stimmt es, dass in Amerika fast alle Leute ein Auto haben?" – „Im Prinzip ja, aber dafür haben in Russland fast alle Leute einen Parkplatz!"

– Frage an Radio Eriwan: „Stimmt es, dass der Papst in die Kommunistische Partei eintreten könnte?" – „Im Prinzip ja, aber vorher müsste er aus der Kirche austreten."

61. Aserbaidschan – Das Bußgeld (2015)

An einem Samstagvormittag besuche ich den ehemals deutschen Ort Helenendorf. Der Ort wurde 1819 von deutschstämmigen Siedlern unter Zar Alexander I. gegründet und entwickelte sich zu einer bedeutenden Kolonie der Kaukasiendeutschen. Die Einwohner organisierten sich in Vereinen und nach Gründung der Sowjetunion gab es eine deutschsprachige, kommunistische Zeitung: „Lenins Weg." Genützt hat das den Deutschen hier herzlich wenig, denn zwischen 1938 und 1941 gerieten sie unter Generalverdacht und wurden deportiert.

Heute sind viele Häuser im Dorfzentrum restauriert und hübsch auf alt gemacht. Verzierte Holzbalkone, verschnörkelte Giebelfenster, kleine Erker. Großzügige Spenden und Zuschüsse aus Deutschland haben das ermöglicht. Leider ist die aus rotem Sandstein gebaute lutherische Pfarrkirche St. Johannis geschlossen. Im kleinen Einkaufsladen höre ich unter den Kunden keinen deutschen Laut.

Ich kaufe mir ein Croissant und esse es auf der halbschattigen Parkbank neben dem Gotteshaus. Danach schwinge ich mich gut gelaunt in den Sattel und fahre zu der bestens ausgebauten Straße zurück, die zur aserbaidschanischen Hauptstadt Baku führt. Feiner Asphalt, breiter Seitenstreifen, wenig Verkehr, keine Schlaglöcher und kein Gegenwind – Genussradeln ist heute angesagt. Es ist flach und ich komme zügig voran.

Später halte ich an der Bucht einer einsamen Bushaltestelle an. Die Sonne steht hoch am wolkenlosen Himmel, ich steige ab und nehme einen tiefen Schluck aus meiner Trinkflasche. In diesem Moment stoppt ein Polizeiauto unmittelbar hinter meinem Rad. Der mittelgroße und breitschultrige, um die 40 Jahre alte uniformierte Fahrer steigt aus, schreitet herrisch auf mich zu und deutet mit seinem Zeigefinger auf mein abgestelltes Zweirad.

Mit strenger Stimme und offiziellem Ton macht er mir Vorhaltungen. Nicht auf Aserbeidschanisch, sondern auf Russisch. Obwohl es lange her ist, dass die ruhmreiche Sowjetunion aufgelöst wurde, verstehen und sprechen sehr viele Einwohner der ehemaligen Sowjetrepubliken die russische Sprache. Offensichtlich geht er davon aus, dass auch ich sie verstehe. Zuerst weiß ich nicht, was er will oder was ihn stört. Erst durch sein wiederholtes Zeigen auf mein Rad und auf die Stelle, an der es steht, wird mir klar, dass hier des Pudels Kern liegt: Ich habe mein Fahrrad an einer Bus-Haltebucht abgestellt. Offenbar eine Zone des absoluten Halte- und Parkverbotes.

Aus seinem respektheischenden Redeschwall, der mich wohl einschüchtern soll, höre ich das Wort „Straf" heraus. Dieses Wort entspricht dem deutschen Begriff für Strafe oder Bußgeld. Und ein zweites Wort ist deutschen Ohren ebenfalls geläufig: „Protokoll." Tatsächlich holt der zweite Polizist auf dem Beifahrersitz einen Block und Kugelschreiber, um den Verkehrsverstoß zu dokumentieren.

Aber ich sehe gar nicht ein, für diese lächerliche Verkehrssünde eine Strafe zu bezahlen, sondern nehme mir vor, mich nicht ins Bockshorn jagen zu lassen und standhaft zu protestieren. Ich rufe mir meinen mehr als dürftigen russischen Sprachschatz, den ich mir auf meiner dreimonatigen Sibirientour zugelegt habe, ins Gedächtnis, laufe zu meinem Rad, deute drauf und sage energisch: „Velociped, njet Maschina!" Auf Deutsch: „Fahrrad, kein Auto!" Um meinen Worten Nachdruck zu verleihen, füge ich hinzu: „Ja – Nemetz!", also: „Ich – Deutscher!"

Leicht verunsichert verlangt der Ordnungshüter meinen Passport. Natürlich gebe ich ihm meinen Reisepass und weise auf mein aserbaidschanisches Visum hin. Dann schiebe ich das Fahrrad zehn Meter von der Bushaltestelle weg und stelle es an den Straßenrand. „Karascho?" – zu Deutsch: „Gut so?" frage ich den Ordnungshüter. Die beiden Polizeibeamten beratschlagen und sind sich offenbar unschlüssig, was sie machen sollen. Diese Situation nutze ich, indem ich zu demjenigen, der das Wort führt, hingehe, ihm die Hand reiche und „Spassiba", also „Danke", sage. Als der Polizist etwas verdutzt reagiert, wiederhole ich: „Spassiba bolschoi!" – „Herzlichen Dank!"

Damit ist die Kuh vom Eis. Der Beamte gibt mir meinen Pass zurück, geht zur Fahrertür rüber, steigt ein, lässt den Motor an und fährt los. Ich hebe die Hand zum Abschied. Alles hat sich in Wohlgefallen aufgelöst. Widerspruch und Widerstand haben sich gelohnt, ich genieße – ich gebe es zu: mit ein bisschen Stolz – meinen kleinen Triumph.

Zur Wahrheit gehört natürlich, dass ich klein beigegeben hätte, wenn die Polizisten ernst gemacht hätten. Bevor ich mir Handschellen hätte anlegen lassen und ins Polizeiauto eingestiegen wäre, hätte ich natürlich meinen Geldbeutel gezückt. Aber warum soll man sich gleich die Butter vom Brot nehmen lassen? In meiner Jugend hieß es: Wer sich nicht wehrt, lebt verkehrt! Und auch Goethe wusste: „Was bringt zu Ehren? – Sich wehren!"

62. Vietnam – Die Pekingente (2016)

Typisches Gericht in einem chinesischen Restaurant mit zehn Buchstaben? Richtig: Pekingente. Inge liebt gebratene Entenbrust und nun liegen schon einige Touren im Reich der Mitte hinter uns. Aus verschiedenen Gründen hat es bisher mit der original chinesischen Pekingente nie geklappt. Aber ganz abgeschrieben hat sie damit ihren Wunsch nicht und hofft darauf, dass sich das geflügelte Wort: ‚Aufgeschoben ist nicht aufgehoben' bewahrheitet.

Doch wir erreichen die Grenze nach Vietnam, ohne dass ihr Herzenswunsch in Erfüllung gegangen wäre. Aber die Hoffnung stirbt bekanntlich zuletzt: Wer weiß, vielleicht klappt es ja im Nachbarland? Gleich am ersten Tag in Vietnam laben wir uns zum Frühstück an Nudelsuppe mit einem hartgekochten Ei drin – als Essbesteck gibt es nur Stäbchen. Um die Mittagszeit gelangen wir in einen kleinen Ort, in dem eine Garküche einladende Sitzgelegenheiten im Freien aufgebaut hat. Unter einem großen Sonnenschirm lassen wir uns nieder. Auf dem überdachten Nachbartisch ist ein großer Glasballon unübersehbar. Neugierig gehen wir hinüber und erkennen eine in gelblich-brauner Flüssigkeit eingelegte Schlange mit weit aufgerissenem Maul. Es ist uns schleierhaft, wie man das Tier durch die enge Öffnung in das Gefäß bringen konnte. Ob die Schlangenflüssigkeit als Medizin verwendet wird?

Nachdem wir den kuriosen Tischschmuck fotografiert haben, setzen wir uns wieder. Schnell kommt eine junge Vietnamesin, die wir auf Chinesisch mit „Ni hao" begrüßen. Sie lächelt dankbar und unergründlich, vielleicht auch nur schüchtern, und reicht uns die Speisekarte, die nur aus vietnamesischen – oder chinesischen? – Schriftzeichen besteht.

Mit dieser Situation sind wir inzwischen vertraut und haben eine Strategie entwickelt. Zuerst drehen wir uns um und schauen, was die übrigen Gäste auf ihren Tellern haben. Es sitzen einige Leute hinter und neben uns, viele von ihnen verspeisen Hühnchen oder Fisch. Für mich passt das, denn ich deute auf einen mittelgroßen, in feuerroten Chilis eingebetteten schuppigen Fisch sowie auf geschmortes Gemüse mit Pilzen und jungen Bambussprossen.

Während Inge noch grübelt, ob sie auch Ente haben, bestelle ich die vietnamesische Spezialität „Bia Hoi." Übersetzt heißt das so viel wie „frisches Bier." Gebraut wird es in lokalen Brauereien. Da es nur etwa drei Prozent Alkohol hat, genießen wir bei den sommerlichen Temperaturen das leichtbierartige Getränk manchmal auch um die Mittagszeit. Um unsere Bestellung abzuschließen, krame ich aus meiner Tasche unser winziges „Ohnewörterbuch", ein festes, kleines Büchlein mit Abbildungen für alle Lebenslagen auf der Reise. Unter der Rubrik „Speisen und Getränke" finden sich zwei Seiten mit Tieren, vom Schwein über das Rind bis zum Hund und der Schlange. Inge zeigt mit fragendem Blick auf die Ente. Die Bedienung kapiert, was wir wollen und nickt mehrmals freudig.

Diese knusprig gegrillte Ente entdecken wir direkt nach dem Frühstück.

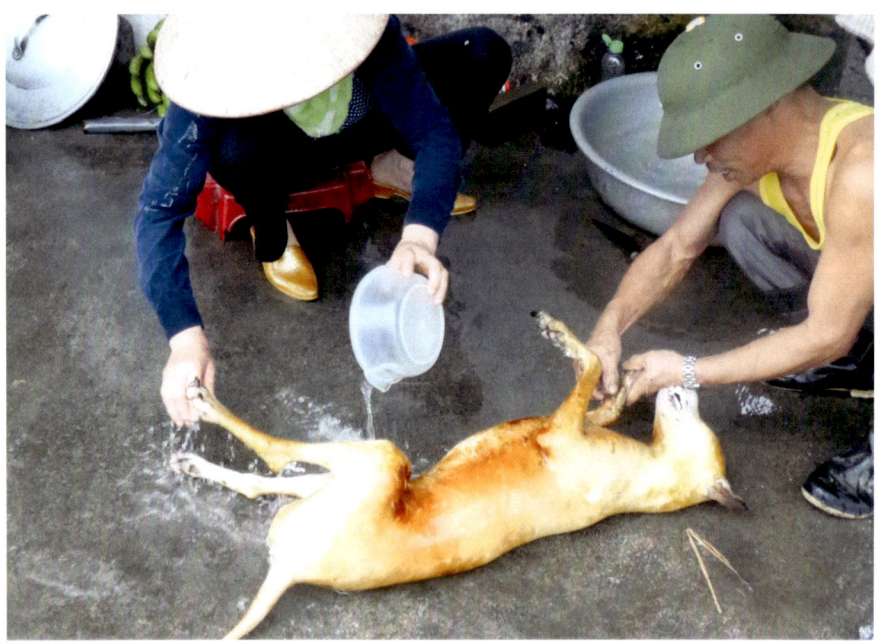

Andere Länder, andere Sitten. Hundeschlachtung vor einem vietnamesischen Lokal.

Die Essstäbchen stehen schon auf dem Tisch. Nach einer Viertelstunde bringt sie uns die Bestellung. Mein Fischgericht sieht exakt so aus wie das vom Nebentisch, aber auf Inge wartet eine Riesenüberraschung: Anstelle der erwarteten knusprigen Entenbrust stellt ihr die Kellnerin eine mittelgroße, dampfende Terrine vor die Nase. Die Schüssel ist fast randvoll mit einer dunklen, fast schwarzen Brühe – oder ist es eine Soße? – gefüllt. „Und wo bleibt meine Ente?" fragt sich Inge irritiert.

Als nichts weiter geliefert wird, ist klar: Die bestellte Ente muss in der Schüssel sein. Mutig greift sich Inge die Essstäbchen und stochert in dem Sud. Tatsächlich kann sie einige „Feststoffe" an die Oberfläche befördern und auf einem separaten Teller ablegen. Neben etlichen festen, dunkelbraunen Brocken, die sich als Tofu herausstellen, kommen auch diverse delikate Fleischteile zum Vorschein: Unter anderem ein Entenfuß mitsamt Schwimmhäuten sowie ein Entenkopf inklusive Hals.

Ich breche in schallendes Gelächter aus. Für chinesische oder vietnamesische Geschmacksknospen sind das Leckerbissen – aber für Inge bedeuten sie eine herbe Enttäuschung. Sie stochert ziemlich lustlos in ihrer Schüssel herum und isst schließlich viel Reis und einige der Teile, mehr aus Hunger als aus Appetit. Das meiste lässt sie stehen und ich teile mein Gemüse und den Fisch mit ihr. Seit diesem kulinarischen Highlight sind wir wieder etwas schlauer. Wir wissen, dass erstens eine deutsche Ente keine asiatische und zweitens, dass eine Provinzente eben keine Pekingente ist!

Auch nach diesem Reinfall wirft Inge die Flinte nicht ins Korn. Denn schon wenige Tage später findet die skurrile Geschichte ihre Fortsetzung. Wieder sitzen wir abends in einem kleinen vietnamesischen Lokal und wieder lassen wir uns das „Bia Hoi" schmecken, als Inge einen neuen Anlauf unternimmt. Unverdrossen bestellt sie eine – so hofft sie – knusprige Ente. Weil die Speisekarte keine Abbildungen enthält, weil wir unser schlaues Büchlein nicht dabei haben, weil wir die einzigen Gäste sind und die Bedienung des Englischen nicht mächtig ist, muss Inge mit einer geeigneten Geste nachhelfen: Sie breitet die Arme aus und macht rudernde Bewegungen.

Die Bedienung nickt und lächelt. Es dauert gar nicht lange, und sie kommt tatsächlich mit zwei kleinen, braun gegrillten Vögeln zurück. Viel zu klein für Enten. Nicht einmal so groß wie Tauben, stelle ich amüsiert fest. Inge tippt auf Amseln. Wenn sie gewusst hätte, was ihre Bestellung bedeutete, hätte sie sicherlich auf die gefiederten Tierchen verzichtet. Aber hinterher ist man eben immer schlauer. Das Gericht zurückzugeben und neu zu bestellen, kommt für sie nicht in Frage. Viel ist an der Delikatesse wirklich nicht dran, aber Inge nagt unverzagt die Knöchelchen ab. „Schließlich mussten die Vögelchen meinetwegen sterben", meint sie bedauernd.

63. USA I – Abenteuer auf dem Dalton-Highway (2016)

Er kam ohne Vorankündigung und riss mich am frühen Morgen höchst unsanft aus meinen Träumen, in denen ich von irgendwelchen wilden Tieren verfolgt wurde. Der wild fauchende Schneesturm erwischte Dietmar und mich in einem verlassenen Bauarbeitercamp. Aus alten Paletten und Brettern hatten wir uns am späten Vorabend noch schnell einen behelfsmäßigen Unterschlupf gebaut und unsere Schlafsäcke reingelegt. Nach einem dick mit Erdnussbutter geschmierten Brotkanten war ich todmüde sofort in den Schlaf gefallen.

Rund fünf Wochen zuvor waren wir in Alaskas Hauptstadt Anchorage gestartet. Und genau acht Tage ist es her, dass wir ihn erreicht haben: Den berühmt-berüchtigten, legendären Dalton-Highway, der als eine der gefährlichsten Straßen der Welt gilt. Er führt von Fairbanks im Zentrum des US-Bundesstaats zur Küste des Nordpolarmeers. Endpunkt der 800-km-Strecke ist Deadhorse, eine schmutzige Arbeitersiedlung an den Ölfeldern der Küste, die den Namen „Stadt" nicht verdient. Auch die Bezeichnung „Dalton-Highway" für diese Art von Straße ist ein einziger Etikettenschwindel, besteht er doch größtenteils aus elend langen und steilen Schlamm-, Stein- und Schotterpisten. Eigentlich logisch, dass weder Mietwagen noch Campingmobile ihn benutzen dürfen.

Nachdem wir den Polarkreis überquert haben, bleibt es nahezu 24 Stunden lang hell. Meist aber ist das Wetter extrem unbeständig. Öfter wechseln sich im Laufe des Tages nasskalte Graupel- und Hagelschauer mit sonnigen Stunden ab, die allerdings keine Erleichterung bringen, weil sich dann Schwärme von Moskitos auf uns stürzen. Immer wieder überholen uns schwere Trucks und nebeln uns mit dichten Staubwolken ein. Die weitgehend auf Permafrostböden liegende Strecke ist nicht asphaltiert und wird ständig repariert. Dafür wird die Fahrbahn mit großen Tanklastern erst mal über Dutzende von Kilometern gewässert, bevor eine schwere Walzmaschine alles platt drückt. Als der Tankwagen uns überholt, nimmt er keine Rücksicht. Mit einem Schlag sind wir patschnass. Fluchend schimpfen wir auf den sadistischen Fahrer. Dann beißen wir die Zähne zusammen und schieben unsere vollbepackten Räder viele Stunden zuerst durch lehmigen Schlamm und dann durch schlammigen Lehm.

Diesen Unbilden zum Trotz zeigt sich die Natur von ihrer fantastischsten Seite: Ausgedehnte Birkenwäldchen, tiefe Schluchten mit reißenden Bächen, schneebedeckte und schroffe Berge, Feuchtgebiete der Taiga mit unzähligen verkohlten und verkrüppelten Sumpftannen weichen allmählich der öden, unwirtlichen und baumlosen Landschaft der Tundra, wo Väterchen Frost einen Zusatz im Namen hat: Permafrost. Unterwegs überqueren wir den Yukon-River sowie zahlreiche Bäche wie den Bonanza- oder den Desaster-Creek. Namen, die an den Goldrausch im 19. Jahrhundert erinnern.

Die Alaska-Tour führt weit über den Polarkreis hinaus.

Urwüchsig und kraftstrotzend. Hoch im Norden Alaskas leben diese Moschusoch-sen.

Aus nächster Nähe beobachten wir schaufelbewehrte Elche, schneeweiße Bergziegen, scheue Karibus und zottelige Moschusochsen. Einmal sogar einen scheuen Polarfuchs. Nur Schwarzbären und Grizzlys lassen sich nicht blicken. Einerseits schade, andererseits erleichternd. Denn mit Meister Petz ist nicht zu spaßen. Jeden Abend deponieren wir unsere Vorräte einige Hundert Meter entfernt vom Zelt, weil wir wissen, dass Bären einen ausgeprägten Geruchssinn haben! Ein Tête-à-Tête mit einem solchen Raubtier kann böse enden! Und wer will schon als „Meal on Wheel" (wörtlich: „Essen auf Rädern") enden?!

Jedenfalls: Wer ursprüngliche und über viele Quadratkilometer unberührte Natur liebt und ein Ohr für den Ruf der Wildnis hat, ist hier goldrichtig. Denn wer die Straße verlässt, begegnet auf Wochen oder Monaten keiner Menschenseele. Nur eine Sache stört den reinen Naturblick: Die meist in Sichtweite verlaufende Trans-Alaska-Pipeline, durch die das im Nordpolarmeer geförderte Öl in den Süden gepumpt wird.

Wir sind gezwungen, Lebensmittel und Wasser für eine knappe Woche mitzuschleppen, weil es auf diesem seltsamen Highway nur einen einzigen Versorgungspunkt mit dem abschreckenden Namen Coldfoot gibt. Dort nehmen wir uns für den Preis eines Zimmers in einem gehobenen deutschen Mittelklassehotel einen winzigen Raum im Pfadfinderstil und buchen das Abendbuffet. Als ich mir zum vierten Mal den großen Teller bis zum Rand fülle, fängt Dietmar an, sich über mein Magenvolumen zu wundern.

Tags darauf kommt es zu einer Begegnung der besonderen Art. Wir treffen den jungen Belgier Weking van Reeth, der von einer vierköpfigen Crew in zwei geräumigen und hochbeinigen Fahrzeugen begleitet wird. Der Jungspund läuft täglich unter dem Motto: „Ein Mann, ein Kontinent" einen Marathon. Auf diese Weise will er in 18 Monaten ganz Nord- und Südamerika durchlaufen. Noch ist er ganz am Anfang. Ein schönes Projekt, denke ich mir. Trotzdem wäre das nicht mein Ding. Immerhin hat der Belgier seine täglichen warmen Mahlzeiten und ein gemachtes Bett. Der sportliche Aspekt steht bei ihm zweifellos im Mittelpunkt, nicht das Abenteuer.

Nun hat uns der fürchterliche nächtliche Schneesturm im wahrsten Sinne des Wortes eiskalt erwischt. Der böige Wind hat eine dünne Schicht Schneeflocken auf meinen Daunenschlafsack geweht. Bei Minusgraden kriechen wir jetzt schlotternd hinaus und schütteln den Schnee ab. Als wir die Fahrräder checken, bemerken wir die über Nacht eingefrorenen Schaltungen und Bremsen. Was aber erst mal keine Rolle spielt, weil an ein Weiterfahren sowieso nicht zu denken ist.

Mit weiteren Brettern und Latten vergrößern wir den Unterstand und dichten ihn ab. Dann suche ich Spreißel und zünde in einer geschützten Ecke meinen kleinen Kocher an, den ich mit organischem Material, sprich Holz, in Gang setzen kann. Kurz darauf wärme ich mich von innen mit dem heißen Instantkaffee. Unfreiwillig müssen wir an diesem Tag eine Pause einlegen, weil immer neue Schnee- und Graupelschauer niederprasseln.

Früh kriechen wir in den Schlafsack, früh zieht es uns raus. Um halb fünf Uhr morgens sitzen wir im Sattel. Wir wissen, dass der Endpunkt des Highways, die Arbeitersiedlung Deadhorse, mit 135 Kilometern zum Greifen nah ist. Wir wissen aber auch, dass es auf dieser Etappe eine lange Strecke mit groben Schottersteinen gibt. Trotzdem wollen wir versuchen, heute am Ziel anzukommen.

Es ist später Vormittag, als ich mir verwundert die Augen reibe. In der Ferne schwebt ein ovales und dunkles Etwas über dem Boden. Ufo, Fata Morgana oder Wolke? Nachdem ich das Phänomen fotografiert habe, geht's weiter. Etwa zehn Kilometer später hat sich das Gebilde am Horizont der Tundra mit dem Boden vereinigt und entpuppt sich als kleiner Hügel. Entgegenkommende junge und athletisch gebaute Radler, die die Strecke in umgekehrter Richtung bewältigen wollen, winken uns zu und gratulieren: „Congratulation!"

Erschöpft und verdreckt, aber auch erleichtert, glücklich und stolz erreichen wir am späten Abend doch noch unser Endziel. Die Ortschaft mit einer Handvoll Einwohnern besteht fast ausschließlich aus Industrieanlagen, einem Camp, das die Arbeiter des Ölfeldes am Eismeer von Prudhoe Bay versorgt und einem primitiven, aber teuren Hotel. Wir brauchen nicht lange, um zu erkennen: Bei dieser grandiosen Abenteuerreise war tatsächlich der Weg das Ziel – Deadhorse darf man wörtlich nehmen, der Ort ist nichts anderes als ein toter Gaul!

64. Kanada – „Kanner da" in Kanada? (2016)

Bei einer kurzen Pause treffen wir zufällig den 72-jährigen Alois, der eine Flinte unterm Arm trägt. Energisch tritt er voller Spannkraft aus dem Wald und kommt schnurstracks her zu uns. Tiefe Furchen durchziehen Wangen und Stirn des graubärtigen Mannes, sein weißer und krauser Haarschopf umrahmt sein Gesicht mit den wachen und fast stechenden Augen. Er trägt eine weitgeschnittene Armeehose und unter seiner offenen Jacke sieht man ein kariertes Hemd. Als er erfährt, woher wir kommen, wechselt er sofort ins Deutsche mit österreichischem Akzent.

Nachdem wir ihm unsere Reisepläne erläutert haben, erzählt der gebürtige Südtiroler, dass er vor 48 Jahren nach Kanada ausgewandert sei. Wie jedes Jahr im Herbst gehe er nun auf Elchjagd. Ein solches Tier wiege gut und gerne zwischen 600 und 700 Kilogramm und würde ihm und seiner ganzen Verwandtschaft über den langen Winter reichen. Zur Abwechslung gebe es reichlich Lachs, den man im Herbst massenhaft im nahen Fluss finde. Kanada, sagt er mit leuchtenden Augen und einem glückseligen Lächeln in den Mundwinkeln, „war, ist und bleibt mein Traumland."

Durch dieses Traumland radeln wir nun von Alaska aus schon seit mehr als 2000 Kilometern. Vorbei an schneebedeckten Bergen, eisigen, aber schmelzenden Gletschern, durch riesige Wälder und tiefe Schluchten, entlang an glasklaren Seen und reißenden Flüssen in einer schier endlosen und unberührten Weite: Natur pur! So muss man sich Alaska und den kanadischen Westen mit den Ausläufern der Rocky Mountains vorstellen – eine fantastische und grandiose Landschaft, in der nur wenige Menschen leben. Von daher fragen wir uns auf gut fränkisch: „Kanner-da" in Kanada?

Dass wir hier doch nicht mutterseelenallein unterwegs sind, merken wir tags darauf, als uns digitale Leuchttafel vor der Begegnung mit Bisons warnen. Unser erster Kontakt verläuft harmlos: Von weitem sehen wir einen dunklen Fleck, der sich bedächtig bewegt. Je näher wir kommen, desto mehr wird uns die immense Größe des Tieres, es ist ein Bulle, bewusst. Auffallend sind vor allem die mächtige Brust und der hörnerbewehrte Kopf. Das Verhalten ist – im Gegensatz zum Aussehen – weniger spektakulär: Der Bison grast ruhig – nicht viel anders als ein ordinäres Rindvieh – direkt neben der Straße.

Von Bisons steht in unserem Reiseführer nur, dass man sie vereinzelt in Zuchtfarmen findet. Doch auf einer großen Tafel auf dem Alaska-Highway lesen wir, dass einige der vor rund 100 Jahren in Kanada ausgerotteten Tiere vor wenigen Jahrzehnten in dieser Gegend ausgewildert wurden und dass sich seitdem die Herde auf einige Hundert Exemplare vergrößert hat. Jährlich, wird berichtet, kommen etwa fünfzehn Bisons bei Zusammenstößen mit Autos oder LKWs ums Leben.

Winter in Kanada – dieser alte Schlager wird zur bitterkalten Wahrheit.

Ufo, Fata Morgana oder Wolke? Das Gebilde am Horizont der Tundra entpuppt sich beim Näherkommen als kleiner Hügel.

Am Nachmittag desselben Tages erleben wir eine völlig andere Dimension. Zuerst treffen wir auf eine Herde von vielleicht zwei Dutzend Tieren, Muttertiere und Nachwuchs inbegriffen. Sie grasen scheinbar völlig friedlich links neben dem Highway. Zögernd versuchen wir, mit möglichst großem Abstand an der Gruppe vorbeizuradeln. Wie immer fährt Inge voraus. Plötzlich hebt einer der Bullen aus unerfindlichem Grund den Kopf und rennt in kurzer Entfernung vor ihr über die Straße. Die anderen Tiere stoben jetzt ebenfalls auf und folgen dem Leittier. Wir stoppen, und die ganze Herde donnert wenige Meter vor uns über die Fahrbahn. Wir sind erschrocken: Was hat die Bisons veranlasst, Reißaus zu nehmen? Das pinkfarbene Shirt von Inge? Meine Warnweste in signalgelber Farbe? Die roten Taschen am Fahrrad? Oder reagieren diese Viecher einfach unberechenbar auf Radler?

Noch rätseln wir über diese Frage, als wir uns einer noch größeren Gruppe nähern. Die ganze Herde umfasst weit über 100 Tiere und hat sich auf und beidseits der Straße verteilt. Etliche Autos sind stehengeblieben. Mit Schrittgeschwindigkeit kommt uns ein Lkw entgegen. Nun fliehen einige offensichtlich verängstigte Tiere auf die andere Straßenseite, doch das Gros der Herde trappelt unschlüssig hin und her. Nachdem sich alle Fahrzeuge ganz langsam durch das Gewirr der Tiere getastet haben, hat sich die Situation nicht grundlegend geändert und wir blicken auf die vielen Bisons. „Was sollen wir bloß machen?", fragt Inge mit zittriger Stimme. „Wir schieben unsere Räder langsam durch die Herde", sage ich und füge hinzu: „Wir müssen uns selbstbewusst verhalten und brauchen uns nicht zu fürchten! Sprich mit den Tieren, als ob sie dich verstehen könnten!" Selbst rede ich ebenfalls beruhigend auf die Vierbeiner ein: „Ist ja gut, keine Angst, wir tun euch nichts, ist ja gut!"

Dass ich keine Spur von Ängstlichkeit empfinde, hängt sicher damit zusammen, dass ich auf einem Bauernhof mit Viehzucht, auch mit Kühen und Bullen, aufgewachsen bin. Mit den Tieren ruhig zu reden, das hat mir in frühen Jahren meine Mutter beigebracht – indem sie es selbst praktizierte. Alles geht gut bei unserer Aktion. Als wir wieder im Sattel sitzen, sage ich zu Inge: „Mulmiges Gefühl gehabt, oder?!" „Mehr als mulmig", gibt sie zu. „Das war fast schon ein Alptraum – ich bin heilfroh, dass nichts passiert ist!" Ich lache: „War doch ein tolles Erlebnis: Mit dem Fahrrad mitten durch eine große Bisonherde!"

Das Zusammentreffen mit den Huftieren bleibt nicht unsere einzige Begegnung mit der Tierwelt. Inge und ich sind gut 2000 Kilometer von Alaska aus durch Kanada geradelt, ohne ein einziges Mal Meister Petz gesehen zu haben. Einerseits sind wir darüber nicht unglücklich, denn jeder Bär ist potenziell gefährlich und kann sich unberechenbar verhalten. Vor allem nachts, wenn man im Zelt im warmen Schlafsack liegt, wünscht man sich das Pelztier ganz weit weg. Andererseits aber wurmt es einen, wenn man wochenlang unterwegs ist, wenn man motorisierte Camper von ihren Bärenbeobachtungen erzählen hört, und man selbst bislang leer ausgegangen ist.

Immer wieder sprechen wir darüber, wie wir uns bei einer Begegnung verhalten sollten. Bei einem direkten nächtlichen Aufeinandertreffen wäre der sofortige Griff zur Bärenpfeife die erste Wahl. Falls das nichts fruchten würde, müssten wir im Nahkampf das Pfefferspray zücken. Bei Tageslicht gäbe es weitere Möglichkeiten: Kontrolliert den Rückzug antreten und beschwichtigend auf das Tier einreden, und wenn Meister Petz sich trotzdem nähert, immer wieder ein Kleidungsstück ausziehen und zwischen Mensch und Bestie ablegen. Irgendwann wird die Vorstellung grotesk: Zwei nackte Menschen stehen einem hoch aufgerichteten Bären gegenüber...

Als wir schon nicht mehr damit rechnen, passiert es doch noch. Die vorausfahrende Inge sichtet schon aus weiter Entfernung einen dunklen Fleck am linken Straßenrand, der sich langsam bewegt. Als wir näherkommen, ist uns klar: Das ist er, unser erster Bär! Der ausgewachsene Schwarzbär labt sich direkt neben der Straße an Kräutern und Gräsern. Aus sicherer Entfernung zücke ich meine Kamera und schieße geschätzte 50 Fotos. Dann radeln wir im Schneckentempo vorüber, den zuletzt wenige Meter entfernten Bären immer im Auge, die Bärenpfeifen umgehängt und die Bärensprays griffbereit.

Einige Tage später sehen wir den nächsten Bären. Wieder ein Braunbär, wieder am Straßenrand. Gerade will ich am Fotoapparat auf den Auslöser drücken, als sich Inge dem Tier nähert. Genau in diesem Moment schreckt der Bär auf und springt in Windeseile in den angrenzenden Wald. War es wieder das pinkfarbene Shirt von Inge, das ihn in die Flucht geschlagen hat? Ich lache und sage gut gelaunt zu Inge: „Du brauchst weder Bärenpfeife noch -spray, bei deinem Outfit ergreift jeder Bär sofort die Flucht!"

Es ist Mitte Oktober, als wir nach einem plötzlichen Wintereinbruch mit eisigen Temperaturen in den kanadischen Rocky Mountains fast einschneien. Zu guter Letzt gelangen wir im Fraser Canyon zum „Hell's Gate" – dem Tor zur Hölle. Doch die Saison ist vorbei, und deshalb ist auch das Höllentor mit der Seilbahn über den Canyon geschlossen. Immerhin ist der Hells Gate Tunnel noch offen und wir strampeln unerschrocken hindurch, ohne im Fegefeuer zu landen.

65. Philippinen I – Luxus für die Toten und luftgetrocknete Särge (2017)

In Manila, der Hauptstadt der Philippinen, quälen wir uns über viele Stunden durch hektisches Verkehrsgewühl in überfüllten und engen Straßen. Höchste Konzentration ist gefordert, weil Vorfahrts- und andere Verkehrsregeln für die meisten Nebensache sind. Bevor wir die Megastadt verlassen, steuern wir eine Sehenswürdigkeit an: den chinesischen Friedhof. Viel können wir uns nicht darunter vorstellen, aber auf der Karte hat er beträchtliche Ausmaße. Die Ruhestätte ist von einer hohen Mauer umgeben. Der Eintritt ist frei, aber etliche Touristenführer warten auf Kundschaft. Da wir mobil sind und uns nicht stundenlang aufhalten wollen, lehnen wir ihre Angebote dankend ab.

Was Inge und ich dann vorfinden, ist kein Friedhof mit Gräbern und Blumen, mit Grabsteinen und Inschriften, sondern ein großes, von Straßen durchzogenes Viertel, in dem zahlreiche prächtige Häuser und Villen mit Säuleneingängen stehen. Alleine, es fehlen der Verkehr, die Geschäfte, die Menschen. Mit einem Wort: das Leben. Man könnte meinen, die Bewohner wären allesamt auf Reisen unterwegs und hätten ihre großartigen Häuser und Wohnungen abgesperrt.

In einem gepflegten Vorgarten mit hübschem Tischchen und Bänken lassen wir uns nieder und packen unsere Brotzeit aus. Einige Zeit später kommt ein uniformierter Wachmann vorbei, der nichts dagegen hat, dass wir hier picknicken. Zwangsläufig dreht sich unser Gespräch darum, was man von einer solch ungewöhnlichen Einrichtung halten soll.

Sicherlich soll damit das Andenken der Ahnen geehrt werden. Und jede Kultur hat ihre ganz eigene Art, mit den Verstorbenen umzugehen. Aber macht diese Art des Totenkultes wirklich Sinn? Wird damit der Unterschied zwischen Arm und Reich nicht über den Tod hinaus auf Jahrzehnte zementiert? Und ist es nicht geradezu pervers, wenn die Lebenden auf Pappkartons im Müll schlafen müssen, während die Toten in luxuriösen Villen verwesen?

Allerdings: Die Pyramiden, das Taj Mahal, die unzähligen und teilweise grandiosen Nekropolen – gebaut als Grabmäler für Könige, Herrscher und Despoten – werden heute als herausragende Zeugnisse der Menschheitskultur bewundert. Abertausende von „einfachen" Menschen haben dafür unsägliches Leid erduldet und sind dafür gestorben. Ist uns das bewusst, wenn wir als Touristen diese Wunderwerke besichtigen und bestaunen? Man kann die Sache – wie eben andere Themen auch – von verschiedenen Seiten beleuchten.

Einen ganz anders gearteten, aber ebenso ungewöhnlichen Umgang mit Verstorbenen erleben wir etwa zwei Wochen später in den Bergen im Norden der Philippinen. In der Region um die Stadt Sagada lebt ein indigenes Volk, die Igorot. Offiziell sind sie christianisiert, aber teilweise praktizieren sie noch ihre alten animistischen Sitten und Bräuche. Bei ihnen gibt es Heiler und Wahrsager, Naturgeister und Tieropfer. Und bis vor wenigen Jahrzehnten zählte eine spezielle, traditionelle Art der Totenbestattung zu ihren Riten.

Bei dieser Zeremonie wurde der Leichnam zunächst auf einen „Totenstuhl" gesetzt, später dann in ein Tuch gewickelt und in hockender Position, wie vor der Geburt im Mutterleib, in einen Holzsarg gelegt. Dieser wurde dann entweder in luftiger Höhe an eine Felswand gehängt oder in einer Felsenhöhle neben und über anderen Särgen abgelegt. Der Grund für diese Art der Bestattung lag darin, dass die Igorot glaubten, dass die Seele der Toten unter der Erde ersticken würde.

Etliche Reiseführer und Medienberichte sprechen von einem „gruseligen" Erlebnis. Was soll an dieser Tradition gruselig sein, frage ich mich beim Anblick der hängenden und gestapelten Särge. Ich vermute, dieses Empfinden liegt daran, dass man hier die Holzkisten noch lange sieht und dass sie nicht – wie bei uns – ziemlich schnell auf Nimmerwiedersehen in der Erde oder im Glutofen verschwinden.

Der Tod ist auch bei uns unvermeidbar, aber sobald er da ist, wird meist alles Weitere an einen professionellen Bestatter übergeben und nach der Beisetzung will man gar nicht mehr – oder höchstens dann und wann – an den großen Gleichmacher erinnert werden. Bei dem Bergvolk dagegen gehören die Verstorbenen noch lange Zeit „dazu." Mir ist diese bewusste Form des anhaltenden Abschiednehmens sehr sympathisch. Geradezu unglaublich ist, dass Touristen im Schutz der Nacht versucht haben, Knochen als Souvenir zu stehlen. Deshalb besteht in Sagada bei Dunkelheit ein Ausgehverbot. Schilder weisen darauf hin, dass man die Särge weder öffnen noch ihnen etwas entnehmen darf. Solche Diebstähle sind dumm, respektlos und infam!

66. Philippinen II – Weltwunder ohne Prunk und Protz (2017)

Die Inseln der Philippinen entstanden durch Vulkanismus. Für Radler bedeutet das nichts anderes als: Berge und nochmals Berge, mit heftigen und langen Steigungen und Abfahrten. Im Schneckengang krieche ich die meisten Berge hinauf, aber Inge und Anne, die uns auf dieser Reise begleitet, müssen oft stundenlang schieben. In dieser Bergwelt gelangen wir schließlich zu einem sehr ungewöhnlichen Wunderwerk.

Tatsächlich, es ist ein Weltwunder ohne Prunk und Protz! Eines, das nicht gebaut wurde, weil ein gottähnlicher Herrscher oder König oder General es befahl! Es handelt sich um die jahrtausendealten Reisterrassen. An steilen Berghängen erkennt man oft Dutzende, bisweilen sogar mehr als 100 Ebenen. Einige dieser Terrassen wurden vor über 2000 Jahren angelegt. Bei ihnen handelt es sich um agrotechnische Kulturbauwerke mit einem ausgeklügelten Bewässerungssystem, die von bäuerlichen Dorfgemeinschaften in mühevoller Knochenarbeit mit primitivstem Gerät erschaffen wurden.

Es sind die einzigen größeren Bauwerke auf den Philippinen, die noch aus der vorkolonialen Zeit übrig geblieben sind. Die Terrassenwände sind permanent durch Erosion, durch Schnecken, Ratten und dem Riesenerdwurm bedroht. Ständig müssen sie repariert und erneuert werden. Der Anblick dieses imposanten Weltkulturerbes der Menschheit versetzt uns in ungläubiges Staunen.

Dank härtester Arbeit von unzähligen Generationen einfacher Bauern haben sie die vielen Jahrhunderte überdauert. Den Menschen ging es dabei nicht um Glanz und Gloria – es war der existenzielle Kampf ums Überleben. Heute verfallen diese Zeugen der Vergangenheit leider immer mehr, weil viele junge Menschen abwandern und anderweitig ihr Brot verdienen – was man ihnen nicht verübeln kann.

Wie sind diese Wunderwerke entstanden, frage ich mich bei ihrem Anblick. Kein Architekt und Wissenschaftler hat sie am Reißbrett entworfen und sicherlich hat kein einzelner Mensch dieses ausgeklügelte landwirtschaftliche System und das Prinzip der perfekten Bewässerung „erfunden." Sie wurden nicht „geplant" angelegt, sondern sind in einem permanenten Prozess über viele Generationen gewachsen.

An dieser Stelle fallen mir kleine Parallelen zu unseren Reisen auf: Obwohl wir uns mental, physisch und technisch auf unsere Touren vorbereiten, planen auch wir nicht im Voraus alle Einzelheiten und wissen morgens meist nicht, wo und wie wir am Abend übernachten. Immer lassen wir der Überraschung eine große Chance und heißen sie meistens willkommen.

Die teilweise über 2000 Jahre alten Reisterrassen gelten als Weltwunder und sind als Weltkulturerbe anerkannt.

Ungewohnter Anblick: Die an Felswänden hängenden Särge von Sagada.

Die philippinischen Kulturwerke berühren mich auch emotional. Sie erinnern mich an meine Herkunft und an meine Vorfahren, die alle – abgesehen von wenigen Ausnahmen – Bauern und Handwerker waren. Ich habe von Kindesbeinen an erlebt, was harte körperliche Arbeit bedeutet – jenseits von allen romantischen und klischeehaften Vorstellungen bäuerlichen Lebens. Ich empfinde meinen Ahnen gegenüber Dankbarkeit und Ehrfurcht, Demut und Respekt. Bei meiner Geburt freuten sich meine Eltern auf den männlichen Nachwuchs, der als Hofnachfolger die bäuerliche Tradition weiterführen sollte.

Doch im Jugendalter habe ich – zum Leidwesen meiner Eltern – rebelliert und in einer Zeit des Bruches mit vielen gesellschaftlichen Konventionen einen völlig anderen Weg eingeschlagen. Zuerst haben meine Eltern das zähneknirschend zur Kenntnis genommen, später haben sie es akzeptiert und noch später sogar gebilligt. Rückblickend war es der richtige Weg für mich und ich bin froh, dass ich nicht mehr wie meine Vorfahren – und wie die philippinischen Bauern – mein tägliches Brot im Schweiße meines Angesichts hart erarbeiten muss.

67. Pakistan – Krankenhauserfahrungen im Kaschmir (2017)

Von der pakistanischen Hauptstadt Islamabad aus fahre ich mit meinem Rad-freund Dietmar auf dem Karakorum-Highway durch das Kaschmirgebiet Rich-tung China. Die Region im Himalaya ist seit Jahrzehnten ein Konflktherd zwischen Pakistan und Indien, was immer wieder zu kriegerischen Auseinan-dersetzungen führt. Die Ursache liegt vor allem darin begründet, dass im Nor-den mehrheitlich Muslime und im Süden mehrheitlich Hindus leben. Heute ist Kaschmir de facto zwischen den verfeindeten Nachbarn zweigeteilt. Genau ge-nommen, sogar dreigeteilt, weil Pakistan dem verbündeten China einen schma-len Streifen abtrat. China revanchierte sich mit dem Bau des Karakorum-High-ways durch den pakistanischen Teil Kaschmirs.

Kaum ein Hotel nimmt uns auf, möglicherweise ist es verboten, Ausländer zu beherbergen. Einmal nächtigen wir auf einem großen Lkw-Parkplatz. Als ich schon in meinem Schlafsack liege, höre ich aus dem kleinen Zelt von Dietmar lau-tes Klopfen. Später streichen etliche Hunde herum, die ich mit einigen gezielten Spritzern aus meinem Pfefferspray vertreibe.

Am nächsten Morgen frage ich Dietmar, was es mit dem Klopfen auf sich hatte. Wie sich herausstellt, hatte er mit Hilfe von Gummihammer und Taschen-messer versucht, eine Fischdose zu öffnen. „Hättest du mich gefragt, ich hätte dir doch meinen Dosenöffner gegeben", entgegne ich ihm. Und dann konnte er wegen der aufdringlichen Hunde so gut wie nichts schlafen – eine wirklich erhol-same Nacht für meinen Freund!

Kurz nach diesem Erlebnis kriegen wir permanenten Begleitschutz: Ein Po-lizeiwagen fährt ungebeten tagelang direkt hinter uns her. Zum Schutz – wie die Beamten unermüdlich behaupten – oder zur freundlich verpackten Kontrolle? Immerhin gab es vor einigen Jahren einen Anschlag der Taliban auf das Basis-lager von Bergsteigern am Fuße des in der Nähe liegenden Nanga Parbat. Dabei starben zehn Männer.

Nachdem uns wieder einmal ein Hotel abweist, bittet man uns eindringlich – oder ist es ein Befehl? – die Radtaschen abzumachen. Die Räder landen eng wie Heringe in einer Konservenbüchse auf einem überdachten Polizei-Pickup. Dazwischen die vielen Radtaschen und irgendwie quetschen wir uns auch noch rein. In stockdunkler Nacht wollen sie uns zu einem sicheren Hotel bringen. Be-reits nach wenigen Kilometern müssen Räder und Taschen umgeladen werden, weil wir einen neuen Bezirk erreichen und die nächste Polizeistation zuständig ist. Die ganze Prozedur geht uns gehörig auf die Nerven.

Um Mitternacht stehen wir vor einem eisernen Tor, bewacht von zwei Uni-formierten mit Gewehr im Anschlag. Die sichere Herberge ist umgeben von ei-

Unglaublich: Eine Toilette im staatlichen Krankenhaus in Gilgit in Pakistan.

Wunderschön und unbekannt: Das Hunzatal im Karakorum in Pakistan.

ner hohen Mauer, bewehrt mit einer großen Rolle Stacheldraht. Am nächsten Morgen dürfen wir das Hotel erst verlassen, als die Polizei wieder eintrifft. Wie Zecken hängen sie sich an uns und wir erleben dasselbe Spiel wie am Vortag. Ob sich – wie die Polizisten behaupten – in der Gegend Leute der Taliban herumtreiben, werden wir nie erfahren.

Dietmar geht es gesundheitlich ausgesprochen miserabel. Einmal fällt er stocksteif vom Rad, weil sich sein gesamtes Bein bis in den Oberschenkel völlig verkrampft hat. Immer wieder beuteln ihn schmerzhafteste Krämpfe. Nach etwa 500 Kilometern kommen wir in der pakistanischen Kleinstadt Gilgit an. Nun liegt er apathisch auf dem heruntergekommenen Hotelbett. Von Zeit zu Zeit steht er auf und geht rasch zur Toilette, weil ihn heftiger Durchfall plagt. Kopfschmerzen martern ihn und die anhaltende Appetitlosigkeit macht ihn kraftlos. Er ist völlig erschöpft.

Dietmar glaubt, das ungewohnte Essen nicht zu vertragen. Er ist deprimiert und hat jeden Mut verloren. Resigniert ist er damit einverstanden, in ein örtliches Krankenhaus zu gehen – und das will bei ihm etwas heißen! Zu der barackenartigen Klinik mit abgeblätterter Fassade und verschmierten Fensterscheiben führt ein holpriger Gehweg mit tiefen Löchern voller Müll. Durch eine am schmutzigen Boden schleifende Tür kommen wir in einen dunklen Gang. Es stinkt penetrant nach einer Mischung aus Medikamenten, Zigarettenrauch, Erbrochenem und Fäkalien.

Wir erreichen ein Behandlungszimmer und nach etlichen erfolglosen Versuchen finde ich einen Arzt, der gebrochen englisch spricht. Der schaut Dietmar in den geöffneten Mund und ich verstehe das Wort „Dehydrierung", also „Austrocknung." Teilnahmslos füllt der Mann im weißen Kittel ein Rezept aus und zeigt mir, wo sich auf dem Gelände der Klinik die Apotheke befindet. Dort hole ich gegen Bezahlung einige Infusionsflaschen ab.

Hinter einem vergilbten Vorhang liegt Dietmar auf einer ungepolsterten Holzpritsche und ist mit einem Tropf verbunden. Ständig kommen neue Patienten in das staatliche Krankenhaus, oft sind es ausgemergelte und verzweifelte Gestalten. Als ich in der Klinik zur Toilette gehe, kann ich kaum glauben, was meine Augen sehen: Der klebrige Boden, die marode Kloschüssel mit ekligen Bremsspuren und das gesprungene Waschbecken, dessen Ausguss von alten Zigarettenkippen verstopft ist, wurden offensichtlich seit Wochen nicht mehr geputzt: Alles ist völlig versifft und starrt vor Dreck!

Kaum zurück bei Dietmar, lässt plötzlich ein starker Schüttelfrost seinen Körper regelrecht erbeben. Mein Freund zittert wie Espenlaub. Er gerät in Panik und fleht immer wieder inbrünstig: „Manfred, ich will hier nicht sterben!" Dass sich jetzt auch in mir Angst breit macht, lasse ich mir nicht anmerken. Beruhigend rede ich auf Dietmar ein und rufe laut nach einem Arzt, um dann in Windeseile durch das dunkle Klinikgelände zu hetzen und das verschriebene Medikament zu holen. Vielleicht kam der Schüttelfrost von einer nicht sterilen Nadel, erfahre ich später zuhause. Es ist schon nach Mitternacht, als sich der Zustand meines Freundes einigermaßen stabilisiert.

Noch in der Nacht fahren wir im Rettungswagen in eine private Klinik. Dass dort ein anderes Niveau als im kostenlosen staatlichen Hospital herrscht, erkennt man auf den ersten Blick. Es gibt Röntgengeräte, Ultraschall und auf Monitoren werden Herzschlag und Puls überwacht. Der Arzt spricht fließend Englisch und verabreicht Dietmar ein Medikament, bevor er eine weitere Infusion einleitet.

Neben Dietmar übernachte ich in der Privatklinik und am nächsten Morgen glaube ich fast an ein Wunder, denn mein Freund fühlt sich pudelwohl und behauptet, Bäume ausreißen zu können. Leider hält die wundersame Verwandlung nicht lange an. Noch im Laufe des Tages setzt erneuter Durchfall ein und nun ist klar: Für Dietmar geht es nicht weiter, er muss zurück. Eigentlich, das ist mir klar, kann und darf ich ihn nicht alleine zurückfahren lassen. Aber meine Frau erwartet mich schon in einer Woche im etwa 700 Kilometer entfernt liegenden Kashgar in China. Ich bin in einer Zwickmühle.

Gilgit hat einen kleinen Flughafen, aber die nächsten Tage ist alles ausgebucht. Deshalb muss Dietmar am folgenden Morgen mit einem Bus auf der holprigen Straße zurück nach Islamabad, was fürchterlich lange 14 Stunden dauert. Obwohl mein Kamerad mir versichert, dass er es auch alleine schafft, und ich mich die letzten Tage intensiv um ihn gekümmert habe, habe ich das Gefühl, ihn im Stich zu lassen. Schweren Herzens verabschiede ich mich im Busbahnhof von meinem Freund. Später erfahre ich, dass die Busfahrt eine einzige Qual für ihn war, denn wegen seines Durchfalls hat er fast nichts getrunken.

Die Weiterfahrt durch das wunderschöne Hunza-Tal hin zum weltweit höchsten Grenzübergang nach China auf fast 5000 Metern Höhe ist für mich sehr getrübt. Ständig muss ich an Dietmar denken und wie es ihm wohl geht. Die Sorge und die Angst um ihn bescheren mir Gewissensbisse und schlaflose Nächte. Als ich dann einige Tage später erfahre, dass er die schwere Last der bösen Tage heil überstanden hat, fällt mir ein riesiger Stein vom Herzen und ich danke dem gütigen Himmel.

68. Island – Vom Hinfallen und Aufstehen (2017)

Island, das heißt für mich: hinfallen und wieder aufstehen. Niederlage und Neustart. In Island haben Inge und ich beides intensiv erlebt. Dabei waren wir vorgewarnt. Ein Islandkenner warnte uns, dass derjenige, der eine längere Fahrradtour quer durch diese Insel plane, sich auch gleich selbst geißeln könne. „Auch die größte Anstrengung ist kein Stress, wenn man sie freiwillig und gerne macht", entgegnete ich. Als wir auf der Karte die zu erklimmenden Höhen mit 600 und knapp 700 Metern sehen, denken wir: „Gut, es wird mühsam, ist aber sicher machbar." Hatten wir doch erst kürzlich in Zentralasien Pässe auf fast 4000 Metern Höhe überwunden.

Auf der Insel im Atlantik werden wir von tief hängenden, dunkelgrauen Wolken empfangen. Die Deutschen, die wir auf dem ersten Campingplatz treffen, können mit unserer Frage nach der Windrichtung nichts anfangen – für Leute, die mit einem Bus unterwegs sind, spielt das keine Rolle. Nach einigen Tagen mit heftigem Gegenwind gelangen wir bei einem Unwetter zum isländischen Hochland.

Auf gerade mal – läppisch anmutenden – 500 Metern Höhe wollen wir gegen den orkanartig tosenden Sturm unsere vollbepackten Räder einen steilen, mit Steingeröll bedeckten Berg hochschieben. Je weiter wir nach oben kommen, umso lauter brüllt der Wind und eiskalter Regen peitscht uns ins Gesicht. Wir beißen stöhnend die Zähne zusammen, und versuchen immer verzweifelter, Radumdrehung um Radumdrehung weiterzukommen. Nach wenigen Metern ziehen wir beide Bremshebel, um zu verhindern, wieder zurückzurollen. Wir holen tief Luft, um neue Kraft zu schöpfen, und dann geht es ein kleines Stück weiter. Ich komme mir vor wie bei einer Szene aus einem Bergsteigerdrama mit Louis Trenker. Oder wie Sisyphus. Eine einzige Qual.

Irgendwann sehe ich, wie Inge einige Meter hinter mir in einen unkontrollierten Heulkrampf fällt. Allein, ich selbst rutsche ständig auf dem Geröll aus, komme kaum vorwärts und verfluche meine Halbschuhe mit dem schlechten Profil. Ich kann Inge in dieser Situation weder Trost noch Mut zusprechen. Nicht einmal hingehen und festhalten kann ich sie. Immer noch höre ich ihr Schluchzen. Damit sie mich überhaupt verstehen kann, muss ich gegen den heulenden Wind anschreien: Ob wir den Rückweg antreten sollen? Ich bin mir sicher, dass sie nur Wortfetzen versteht. Sie schwankt eine Weile hin und her, bevor sie zögernd zustimmt und wir umdrehen. Obwohl erst eine gute Stunde am Berg, sind wir von der Strapaze völlig erschöpft und kraftlos, zerschunden und ausgelaugt. Wir sehen ein, dass es zwecklos ist, sich gegen die Naturgewalten aufzubäumen. „Kann nicht mehr" heißt meistens „will nicht mehr", aber hier ist das anders. Ich drehe um und rolle langsam zurück, Inge muss sogar bergab schieben. Wir sind grandios gescheitert, unser persönliches Waterloo.

Irgendwo im Nirgendwo: Einsame Bushaltestelle im menschenleeren, kargen und lebensfeindlichen isländischen Hochland.

Wenn Gletscher kalben – entstehen solche Eisberge.

Unten angelangt, setzen wir uns windgeschützt unter eine kleine Brücke und beratschlagen. Wir sind deprimiert und niedergeschlagen. Es fällt uns verdammt schwer, unsere Grenzen und die Niederlage zu akzeptieren und einen Plan B zu schmieden. Und doch ist ein solches Versagen und Scheitern, ein Misserfolg und völliger Fehlschlag eine elementare Lebenserfahrung! Die unnütze Frage geistert mir durch den Kopf: Hätten wir es geschafft, wären wir halb so alt gewesen? Ist dies ein untrügliches Zeichen des Alters und des Alterns, dass unsere Körperkräfte uns im Stich gelassen haben? Ein kleiner Trost für uns ist, dass auch zwei verbissene jüngere Sportlertypen aus Hamburg vor dem orkanartigen Sturm die Segel streichen und frustriert aufgeben.

Schließlich fahren wir zurück zur Ringstraße, um die Insel zu umrunden. Als wir dann nach mühsamen eineinhalb Wochen im Norden Islands ankommen, stehen wir erneut vor der Entscheidung: Weiter auf der Ringstraße oder nochmals einen Versuch starten, die Insel – diesmal von Nord nach Süd – zu durchqueren? Wie immer in solchen Situationen überlasse ich Inge die Entscheidung. In Erwägung, auf der vielbefahrenen Ringstraße von böigen Seitenwinden gebeutelt zu werden und angesichts des vorhergesagten stabilen Nordwindes will sie – trotz des kürzlich erlittenen Desasters – einen weiteren Anlauf zur „Hochland-Tour" wagen. Die Atlantik-Insel macht es uns nicht leicht. Abrupt wechselt das Wetter und nach ein paar Sonnenstrahlen prasseln Regenschauer mit Eiskristallen und Hagel nieder. Stundenlang kämpfen wir zusätzlich mit wellblechartigen tiefen Querrillen auf dem steinigen Weg. Die stürmischen Winde zwingen Inge, kilometerweit zu schieben. Wir haben große Probleme, in der menschenleeren und schier unendlichen Stein- und Lavawüste einen einigermaßen windgeschützten Zeltplatz zu finden.

Die Zeit spielt so gut wie keine Rolle: Weil es erst spätabends dämmert, bestimmt nicht der Blick auf die Uhr, sondern der Grad der Erschöpfung, wann wir Feierabend machen. Nach der zweiten Übernachtung in dieser Wildnis frühstücken wir – fast schon expeditionsartig – frühmorgens um halb fünf Uhr und machen uns zeitig auf den Weg. Im Laufe des Nachmittags erreichen wir wieder unseren „Schicksalsberg", diesmal von der anderen Seite – Hurra, wir haben es geschafft! Ein Triumph des Willens, könnte man sagen, wenn dieser Ausdruck nicht historisch aus der Nazizeit vorbelastet wäre.

Für manche Dinge im Leben braucht man eben nicht nur einen, sondern zwei, drei oder vier Anläufe! Bloß nicht aufgeben! Inge hat ihre ambivalenten Gefühle so ausgedrückt: Immer, wenn sie begann, sich an der grandiosen Landschaft zu erfreuen und Island doch noch in ihr Herz zu schließen, kamen einige böse und hinterhältige Trolle und warfen uns ein paar kräftige Knüppel zwischen die Beine beziehungsweise zwischen die Speichen.

Mich erinnert unser Abenteuer an ein Wort des Dichters Friedrich Rückert: „Schlägt dir die Hoffnung fehl, nie fehle dir das Hoffen! Ein Tor ist zugetan, doch tausend sind noch offen!" Wo ein – gemeinsamer – Wille, da ist auch ein Weg! Dass wir doch noch als Duo erfolgreich waren, erfüllt mich mit Stolz und ist für mich mehr wert als jede Sehenswürdigkeit! Miteinander Zweifel, Anstrengung, Gefahren, Erfolg und Misserfolg zu teilen, das schmiedet zusammen.

69. Komoren – Bleiben oder Gehen? (2017)

Müll, Unrat, Abfall – Auf den Komoren ist der Zivilisationsdreck allgegenwärtig. Die Strände der Insel sind übersät mit dem traurigen Rest dessen, was über kurz oder lang übrig bleibt: Gerümpel und Plastikabfälle aller Art, Essensreste, Flaschen, Dosen, Altkleider, kaputte Möbel, aufgerissene Matratzen, Metallteile, Fahrräder und Schrottautos. Auf den riesigen Müllbergen, um die ich einen weiten Bogen mache, suchen die Ziegen und Hunde nach Fressbarem, Vögel picken an stinkenden Kadavern, in den Haufen huschen unzählige Ratten herum. In seltsamem Kontrast dazu stehen an der Straße riesige blühende Bougainvilleas in wunderschön leuchtenden Farben.

Bevor ich alleine die Hauptinsel der Komoren umrunden will, setze ich mich in einem ungepflegten Park in der Hauptstadt Moroni auf eine leidlich saubere Bank und esse mein mit Käse belegtes Baguette. An der Art der Speisen merkt man, dass die Inselgruppe einst französisches Kolonialgebiet war. Wenn ich allein reise, fehlen mir einerseits oftmals das Gespräch und der Gedankenaustausch, andererseits habe ich bemerkt, dass man in diesem Fall „intensiver" unterwegs ist. Zwangsläufig lässt man sich stärker auf die Gegebenheiten vor Ort ein und hat mehr Kontakt zu Einheimischen. Als Alleinreisender wird man öfter angesprochen als ein mit sich beschäftigtes Paar oder gar eine Kleingruppe.

Diese Erfahrung mache ich auch auf den Komoren. Ich bin schon fast fertig mit meiner Brotzeit, als mich ein Mann auf Englisch anspricht. Als er hört, dass ich aus Deutschland komme, zeigt er sich überrascht und erfreut. Gleich fragt er mich, ob er sich zu mir setzen dürfe. Pierre, so heißt der etwa 60-jährige Herr, trägt eine Cordhose und ein kurzärmeliges weißes Hemd. Er erzählt, dass er als Arzt im hiesigen Hospital arbeite. Studiert habe er in seiner Jugend in Marseille in Frankreich. Vor 30 Jahren, berichtet er, wäre er wieder zurückgekommen, weil seine Eltern hier leben. Er wohne mit seiner Familie in einem kleinen Häuschen nahe der Hauptstadt. Während seine Tochter im staatlichen Justizministerium arbeite, habe sein 25-jähriger Sohn an der Universität in Nairobi gerade sein Examen als Software-Ingenieur mit Auszeichnung abgeschlossen.

„Ich bin sehr stolz auf meinen Sohn", sagt der Arzt, „aber ich mache mir auch große Sorgen. Er hat in Nairobi eine junge Deutsche kennengelernt und sich in sie verliebt. Sie müssen wissen, er meint es ernst und will uns demnächst seine Verlobte vorstellen. Er hat sogar schon davon gesprochen, als Experte für digitale Technologien nach Deutschland gehen zu wollen." Wie zu sich selbst spricht er weiter: „Aber kann das gutgehen? Wie alle meine Vorfahren bin ich Moslem und die ganze Sippe würde kaum akzeptieren, wenn mein Sohn eine Christin heiraten würde. Vielleicht macht er sich auch Illusionen über das Leben in Europa. Schließlich war er noch nie dort. Eigentlich wird er hier auf unserer rückständigen Insel doch viel mehr gebraucht als im hochentwickelten Industriestaat

Sehnsucht? Wehmut? Warten auf ein zurückkehrendes Boot? Unentwegt und unbewegt blickt der Mann aufs Meer.

Deutschland, nicht wahr? Erhält er in Ihrem Land überhaupt eine legale Aufenthalts- und Arbeitserlaubnis?"

Der Arzt will von mir wissen, ob sein Sohn in Deutschland eine Chance auf einen guten Job und ein gutes Leben hätte. Was soll ich ihm antworten? Ihm Mut machen oder ihm den Mut nehmen? Ich erzähle ihm daraufhin von meinem ältesten Sohn und von meiner mexikanischen Schwiegertochter Ana-Maria. Davon, dass sie sehr fleißig sei und einen ordentlichen Job in einer deutschen Firma habe. Aber auch von ihrer großen Sehnsucht nach ihrer Familie in Mexiko. Mit den Möglichkeiten des Internets könne man heute zwar ständigen Kontakt halten. Allerdings sei das nur ein unzureichender Ersatz für die reale emotionale Bindung und Geborgenheit in einem Familienverband. Es sei auf alle Fälle eine schwerwiegende Entscheidung, die man sich gründlich überlegen sollte.

Aufmerksam und nachdenklich hört mir der Arzt zu, ab und zu stellt er eine Zwischenfrage. Als ich mich von ihm verabschiede, merke ich, dass ihm das, was ich gesagt habe, durch den Kopf geht. Schließlich bedankt er sich und sagt: „Mein Sohn soll den richtigen Weg gehen – seinen Weg! Aber wenn er tatsächlich nach Deutschland geht, ist das für meine Frau ein Alptraum. Ich habe Angst, dass die Sehnsucht nach ihrem Sohn ihre Seele verdunkelt."

70. Mauritius – Die Blaue Mauritius (2017)

O.k., ich gebe es zu: Ich bin ein ziemlicher Museumsmuffel! Es kommt nicht häufig vor, dass ich auf meinen Reisen eines aufsuche. Aber mitunter mache ich eine Ausnahme. Das war beispielsweise auf der Trauminsel Mauritius der Fall, als ich in der Hauptstadt Port Louis ankomme und in das „Blue Penny Museum" gehe.

In dem großen Museum dreht sich alles nur um eine kleine Briefmarke: Die Blaue Mauritius. Aber was heißt „nur"? Für viele eingefleischte Philatelisten ist es nicht eine, sondern die Briefmarke schlechthin. Im Zentrum des Museums befindet sich ein durch Panzerglas und Alarmanlage geschütztes Original. Auf mich wirkt die populäre Marke eher unscheinbar: Sie zeigt Kopf und Hals der britischen Königin Victoria im Profil. In den übrigen Räumen werden der historische Kontext, in dem das Postwertzeichen entstanden ist sowie das Postwesen auf der Insel ausführlich dargestellt.

Als ich mir die Abbildung einer historischen Postkutsche näher betrachte, höre ich gedämpfte deutsche Sprachfetzen. Kurz darauf komme ich mit einem Rentnerpaar aus Essen ins Gespräch. Erwin ist leidenschaftlicher Briefmarkensammler und in Begleitung seiner etwas gelangweilt dreinschauenden Frau Helga hier. Er erzählt mir, dass er sich auf Überseemarken aus den englischen Kolonien spezialisiert habe. Der Besuch des hiesigen Museums sei für ihn ein absolutes Highlight der Reise.

„Die meisten Leute", sagt er mir in fast schon verschwörerischem Ton, „wissen nicht, dass es eine beinahe ebenso wertvolle Rote Mauritius gibt. Als eine solche vor wenigen Jahren in London versteigert wurde, bin ich extra deswegen hingeflogen. Mehr als eine Million Euro wurde geboten. Ein unvergessliches Erlebnis." Helga rollt mit den Augen, sagt aber nichts. Für mich bleibt die Blaue Mauritius ein Mysterium. Ich kann nicht nachvollziehen, warum gerade diese Marke unter Philatelisten zum regelrechten Faszinosum geworden ist.

Nach dem Museumsbesuch gehen wir gemeinsam zu einem Straßencafé nebenan. Erwin berichtet, dass er jahrzehntelang als Psychologe in einer Therapieeinrichtung für Drogensüchtige gearbeitet habe. Briefmarken sammle er schon seit seiner Jugend. „In meiner Kindheit", erzählt er mir, „war es nur ein Hobby. Irgendwann wurde aus dem Hobby eine Leidenschaft und irgendwann aus der Leidenschaft eine Sucht. Um mich im Meer der weltweiten Marken nicht zu verlieren, habe ich mich recht bald auf ein zwar großes, aber doch begrenztes Gebiet spezialisiert. Hier kann ich mich sozusagen austoben und meine Sammlung peu à peu erweitern. Ohne Angst haben zu müssen, sämtliche Sammelstücke zu bekommen – das wäre das Schlimmste, weil es dann für mich nichts mehr zu sammeln gäbe."

Er fährt fort: „Als Therapeut weiß ich, dass Sucht viel mit Suchen zu tun hat. Und ich weiß, dass es völlig verschiedene Formen von Süchten gibt. Gefährliche und schädliche, aber auch harmlose oder sogar nützliche. Sind nicht die größten Erfindungen der Menschheitsgeschichte Leuten zu verdanken, die sich wie Süchtige jahrelang in eine Idee ‚verbissen‘ hatten? Und immer ist es so, dass man als ‚Außenstehender‘, also quasi als Betrachter, nicht nachvollziehen, falsch, nicht nachempfinden kann, was jemanden so antreibt. Stellen Sie sich folgendes vor: Sie sitzen gemütlich im Ohrensessel ihres warmen Wohnzimmers und sehen sich einen Film darüber an, wie Scott und seine Mannschaft im Sturm und der Eiseskälte des Südpols jämmerlich erfrieren. Das kann man nicht wirklich nachempfinden und nachfühlen. Das echte ‚Mit-Leiden‘ hat enge Grenzen, schon aus Gründen des Selbstschutzes“, doziert er.

Als er nach meiner Freizeitbeschäftigung fragt, schildere ich ihm meine Radtouren. Und dass ich bei meinen zusammenhängenden Routen auf der ganzen Welt für mein Leben gerne neue Länder sammle. Nachdem er wissen will, wie viele Länder ich so schon bereist habe, verrate ich ihm, dass es fast einhundert sind. Erwin kommentiert: „Manfred, wir sind aus einem Holz geschnitzt. Meine Briefmarken und deren Entstehung bedeuten für mich dasselbe wie für dich deine Touren und Erlebnisse in den durchradelten Ländern. Wir dürfen aber nicht erwarten, dass andere das verstehen können!“

71. Seychellen – Die Flughunde (2017)

Anfangs hört es sich an wie ein leises Flattern und Zwitschern. Schnell schwillt es an zu einem lautstarken und vielstimmigen Schnattern. Irgendwelche Vögel, denke ich. Es beginnt zu dämmern, als ich – in einem Park auf der Hauptinsel der Seychellen sitzend – einen gegrillten Fisch essen will. Ich packe ihn gerade aus der Papiertüte aus, als ich jäh aufschrecke. Mit einem dicken Platsch fällt irgendwas direkt neben mir auf die Bank – ein Vogelschiss. Schwein gehabt, denke ich mir. Soll sogar Glück bringen, sagen manche Leute.

Schnell packe ich meine Sachen zusammen und laufe aus dem Kronenbereich des großen Mangobaumes. Als ich dann nach oben schaue, traue ich kaum meinen Augen: Dutzende von braunen Flughunden mit pelzig behaarten Körpern hängen kopfüber in den Zweigen und Ästen. Ihr Kopf mit den spitz zulaufenden Schnauzen und den kleinen Ohren gleicht tatsächlich einem Hundekopf. Vielleicht noch mehr einem Fuchskopf, nennt man die Tiere hier doch „fliegende Füchse." Sie zetern und streiten miteinander und dann geht es ganz schnell: Alle spannen ihre ausladenden Flügel, der große Schwarm erhebt sich geräuschvoll und der ganze Spuk ist vorbei. Ich bin begeistert: Zum ersten Mal in meinem Leben sehe ich Flughunde.

Von zuhause kenne ich Fledermäuse, die ihr Domizil in der großen leeren Scheune meines Vaters haben. Die Flughunde sind als Säugetiere eng mit den Fledermäusen verwandt, aber es gibt doch wesentliche Unterschiede. So fehlt Flughunden – im Gegensatz zu Fledermäusen – die Fähigkeit, sich durch das Aussenden von Ultraschalltönen und durch Echolotung zu orientieren. Sie suchen mit Einbruch der Dunkelheit ihr Futter mit der Nase und ihren großen, runden Glubschaugen. Als Vegetarier fressen die Tiere Obst, das süß duftet. Eigentlich haben sie es eher auf den Saft abgesehen, denn sie stopfen sich große Stücke ins Maul und pressen sie mit der Zunge am Gaumen aus. Die Flüssigkeit schlucken sie, den Rest spucken sie aus. Das ist gut für die Natur, weil auf diese Weise die Samen der Früchte in der Umgebung ausgesät werden.

In der Morgendämmerung kehren die Tiere wieder zu ihrem Schlafbaum zurück, lese ich in meinem Reiseführer. Ich beschließe, mir am folgenden Morgen bei Sonnenaufgang das Schauspiel nicht entgehen zu lassen und stelle in meinem Hotelzimmer meinen Wecker auf zehn Minuten nach fünf Uhr in der Früh. Obwohl es Oktober ist, kühlt es auch in der Nacht nur wenig ab. Am Horizont erkennt man schon die aufziehende Dämmerung, als ich in Shorts und mit T-Shirt bekleidet leise am schlafenden Nachtportier vorbei auf die Straße schleiche.

Obwohl ich kaum etwas sehen kann, finde ich schnell den gestrigen Platz im Park. Erwartungsvoll und angestrengt lausche ich. Ich höre nur ganz leichtes Flügelschlagen und Schnattern, mehr nicht. Ich bin enttäuscht. Haben sich die

Spektakuläres Pflanzenwunder: Gigantische Victoria-Seerosen im Botanischen Garten von Port Louis.

Kopfüber hängt dieser Flughund in einem großen Mangobaum.

Flughunde vielleicht einen anderen Baum ausgesucht, frage ich mich. Als es ganz still wird, kehre ich ins Hotel zurück.

Nach einer guten halben Stunde und einer starken Tasse Kaffee ist es taghell und ich gehe nochmals in den Park. Deutlich sehe ich nun die große Kolonie in der Baumkrone hängen, offensichtlich sind doch alle zurückgekehrt. Entweder war ich zu spät dran – oder zu früh! Mir fällt dabei ein, was in der Bibel steht: Alles hat seine Zeit. Gerade die Natur hat eben ihre eigenen Gesetze und lässt sich nicht so einfach in ihre Karten gucken. Gottseidank!

72. Laos – Übermut tut selten gut (2018)

Ich bin offen für Neues und Unbekanntes. Das gilt insbesondere für kulinarische Genüsse. Da kann – oder besser gesagt will – ich meist nicht widerstehen. Auch vor gegrillten Heuschrecken oder gebratenen Seidenwürmern schrecke ich nicht zurück. Ist das leichtsinnig oder unvernünftig? Jedenfalls kann man mit einer allzu großen Experimentierfreude auch mal auf die Nase fallen.

Mit Inge bin ich in Laos im weitläufigen Bereich des Mekong unterwegs. Bevorzugt essen wir in kleinen Lokalen, die bei Einheimischen beliebt sind. Zum Frühstück gibt es oft Klebreis, den man mit den Fingern in kleine Bällchen formt und dann in eine würzige Fischsauce taucht. Das ist anfangs etwas gewöhnungsbedürftig, ansonsten aber schmecken uns die Speisen vorzüglich. Nur von den schön knusprig gebratenen Bambusratten mit langen Schwänzen, die auf einem Grillrost über einer dicken Schicht Holzglut liegen, lassen wir die Finger...

Beim abendlichen Essen in einem kleinen Restaurant entdecken wir in einer Ecke einen hageren Mann, der mit zerlumpten Kleidern auf dem Boden sitzt. Sein runzeliges und faltiges Gesicht wirkt wettergegerbt. Hustend und sich ständig räuspernd ist er eifrig mit einer Handarbeit beschäftigt. Mir fällt auf, dass die Haut seiner Hände über und über mit großen und dunklen Altersflecken übersät ist.

Neugierig gehen wir hin und erkennen, wie er Betelblätter mit einer Paste vermischt und Portionen daraus herstellt. Unterwegs waren uns schon die zahlreichen roten Flecken überall auf der Straße aufgefallen und viele Männer, in deren Mündern nur noch schwarze Zahnstummel steckten. Obwohl meine Frau mich warnt, werde ich in dem Lokal mutig, oder, um genauer zu sein, übermütig. Ich deute auf die Masse und frage gestikulierend, ob ich etwas davon probieren dürfe. Wann, denke ich, bietet sich mir eine solche Gelegenheit wieder einmal?

Freundlich – oder ist es hinterlistig? – reicht mir der zahnlose Mann lächelnd ein kleines Stück. Auch andere Gäste sind inzwischen auf uns aufmerksam geworden und beobachten neugierig und gespannt die Szene. Ich nehme das angebotene Teil und stecke es in den Mund. Vielleicht liegt es daran, dass die Portion doch zu groß ist, vielleicht auch daran, dass ich keine Erfahrung im Betelnusskauen habe: Die Masse in meinem Mund schmeckt jedenfalls ekelhaft, sie quillt sofort auf und beide Backen sind zum Bersten voll.

Am liebsten hätte ich auf der Stelle alles ausgespuckt, aber in dem Restaurant ist das ja schlecht möglich. Unter dem amüsierten und schadenfreudigen Gelächter der einheimischen Gäste haste ich überstürzt ins Freie und entledige mich des Teufelszeugs. Das Rauschmittel war nur ganz kurze Zeit – sicherlich weniger als eine Minute – in meinem Mund, aber mir wird auf der Stelle schummrig und ich spüre, wie mein Herz wild zu pochen beginnt. Ich will nicht ausschließen, dass ich versehentlich etwas verschluckt habe.

Die Jackfrucht gilt als größte Obstsorte der Welt.

In unserer Kultur undenkbar: Ratten auf einem Grill.

Mir wird übel und ich fühle mich zusehends schlechter. Lallend sage ich zu Inge, dass ich sofort ins Hotel zurückgehen will. Kurz überlege ich, in ein Taxi zu steigen, verwerfe den Gedanken aber schnell, als ich an die schlingernden Bewegungen in den Kurven denke. Kleinlaut und dankbar klammere ich mich an Inges Arm fest. So stolpere ich auf einem schlecht beleuchteten Gehsteig voller großer Löcher schwerfällig und schwankend unserer Unterkunft zu. Ich beginne zu zittern, fühle mich hundeelend und mir ist todschlecht. Eine vergessen geglaubte Erinnerung taucht auf: Die Schiffschaukel eines Volksfestes während meiner Studentenzeit. Als ich mich damals hineinsetzte und in den Abendhimmel emporgehoben wurde, hatte ich genau dasselbe Gefühl: schwindelig und speiübel. Ich schwöre mir, auf derartige Experimente zukünftig zu verzichten.

Inge blickt mich besorgt an, denn ich bin bleich und auf meiner Stirne perlen kalte Schweißtropfen. Obwohl ich es nicht laut sage, beruhigt es mich doch, eine kompetente Krankenschwester an meiner Seite zu haben. Ich fühle mich in ihrer Obhut geborgen und bin heilfroh und erleichtert, als wir in unserem Hotel angekommen sind und die Übelkeit langsam nachlässt. Seitdem weiß ich wieder einmal: Es gibt Erfahrungen, die riskant sind und die man besser nicht macht. Übermut tut selten gut!

73. Kambodscha – Der Angriff der Killerameisen (2018)

Von Laos aus sind wir nach Kambodscha eingereist. Die Grenze liegt noch keine zehn Kilometer hinter uns, und wir radeln gemütlich auf einer Landstraße südwärts. Inge hebt den Arm zum Zeichen des Anhaltens. „Schau mal", sagt sie mit Blick auf einen etwas verwildert wirkenden Obstgarten. Als ich genauer hinblicke, sehe ich, was sie meint: Auf der nicht gemähten Wiese stehen einige Bäume und daran hängen birnenähnliche, rötliche Früchte. Wir sind beide leidenschaftliche Obstesser. Ab und zu wird dieses bei uns unbekannte Obst mit dem blumigen Namen Cashewäpfel in Kambodscha auf Marktständen angeboten und wir kennen es. Das Fruchtfleisch ist ziemlich ledrig-zäh und klebrig, aber der Saft schmeckt lecker und süß. Am besten, haben wir herausbekommen, saugt man am Fruchtfleisch und spuckt dann die trockene Masse aus. Bei uns kennt man nur den nierenförmigen Teil der Frucht als Cashewnuss. Offensichtlich wird der Obstgarten vor uns nicht mehr bewirtschaftet.

Ich bin begeistert und stelle sofort mein Rad ab. Solche Gelegenheiten lassen wir selten links liegen. Sind doch bekanntlich die frischen Früchte aus Nachbars Garten die besten. An den Bäumen hängen nicht mehr allzu viele der speziellen Äpfel, die meisten sind durch Überreife schon heruntergefallen. Ich suche mir einen Baum aus, der sich ziemlich weit unten verzweigt und steige auf den Hauptästen entlang nach oben. Schon als kleiner Junge bin ich gerne in den Baumkronen herumgeklettert. Auch jetzt habe ich damit keine Probleme und solange ich mich an einem Ast festhalten kann, fühle ich mich sicher.

Schnell bin ich bei den ersten Früchten angelangt, pflücke sie und werfe sie gezielt nach unten, wo Inge sie auffängt. Plötzlich spüre ich einen schmerzhaften Stich an meinem Oberschenkel. Mein Blick saust nach unten und meine Hand gleich hinterher: Auf meinen Beinen tummeln sich geschätzt sechs bis acht große, rote und langbeinige Ameisen und suchen – ohne lange zu zögern! – nach einer geeigneten Einstich- oder Beißstelle.

Da ich mich mit einer Hand am Baum festhalten muss, kann ich nur mit der freien Hand zuschlagen und so die ersten Angreifer liquidieren. In Windeseile bin ich unten. Flugs laufe ich aus dem hohen Gras und entledige mich der letzten Plagegeister. Einige Stiche habe ich doch abgekriegt, sie jucken wie der Teufel. Inge und ich stellen danach fest, dass sich in den stibitzten Früchten weitere Ameisen eingenistet haben. Mit anderen Worten: Die ganze Aktion war für die Katz. Kleine Sünden bestraft Gott eben sofort...

.

Überwuchert. Jahrhundertealte Baumriesen erobern die antiken Tempelanlagen.

Schnappschuss: Die Affenmutter trägt ihren Nachwuchs im Huckepack über die Straße.

74. Thailand – Der bissige Hund (2018)

Wenn man als Radler einen Hund sieht, ist immer Vorsicht geboten, denn: Man kann nie hundertprozentig wissen, wann er wie reagieren wird. Und warum schon gar nicht. Diese Unsicherheit steigert sich, wenn der Hund nicht alleine ist, sondern sich in einem Rudel befindet. Sobald der Vierbeiner seinen Schwanz hebt und wedelt, ist normalerweise alles gut. Aber was ist, wenn er das nicht macht? Erwacht bei ihm der Jagdinstinkt beim Anblick des rotierenden Radlerfußes?

Aggressive und verwilderte Hunde habe ich unter anderem in der Türkei und in Sibirien erlebt, aber am gefährlichsten war zweifellos eine Situation im Norden Thailands. Es ist später Nachmittag, als ich mit Inge eine Kleinstadt erreiche. Ich fahre vorneweg, weil ich mittels Navigation eine Unterkunft ansteuere. Wir radeln gerade auf eine Brücke zu, als vier oder fünf Hunde aus einem Anwesen wütend bellend auf uns zu rennen.

Als ich abbremse, spüre ich plötzlich einen heftigen Ruck: Irgendwas oder irgendwer rüttelt so stark am Fahrrad, dass ich fast ins Straucheln komme. Obwohl ich mich nicht schlagartig umdrehen kann, ist mir sofort klar, dass das mit einem der Hunde zu tun hat. Ohne lange zu überlegen, greife ich blitzartig unter die Lenkerstange, wo mein Pfefferspray angebracht ist. Aber die Hunde haben sich schon einige Meter entfernt und der größte unter ihnen, offensichtlich der Anführer, fletscht die Zähne und knurrt mich mit funkelnden Augen drohend an. Gottseidank sind wir vorbei. Inge bestätigt mir aufgeregt, dass genau der sich in den etwas losen Gurt an einer meiner Hinterradtaschen verbissen hatte.

Wir fahren vorsichtig weiter, müssen dann aber auf der Suche nach unserer Unterkunft nochmals zurück. Ich drehe um und nehme das Spray sicherheitshalber gleich in die Hand. Schon fast an dem Hof mit der Hundemeute vorbei, passiert wieder das Unglaubliche. Ich höre Inge gerade noch lauthals „Vorsicht!" kreischen, als mich der große Hund erneut attackiert und sich nochmals in der Tasche verbeißt. Ich reiße das Spray hoch, aber die Angreifer sind bereits auf Abstand gegangen. Hinter mir schiebt Inge ihr Rad an der unruhigen Meute vorbei.

Warum der vermaledeite Köter sich ausgerechnet zweimal meine linke hintere Tasche als Zielobjekt ausgesucht hat, bleibt ein Rätsel, denn in der Packtasche befanden sich nur Kleidungsstücke. Sie enthielt nichts Essbares, das durch den Geruch die Attacke hätte auslösen können. Uns ist bewusst, wie brandgefährlich die Situation war: Wäre ich gebissen worden, hätte ich ein Problem gehabt – ein riesengroßes. Wenn ein Hund sich nämlich so verhält, muss man davon ausgehen, dass er Tollwut hat. Und die wird durch einen Biss übertragen und verläuft für den Menschen tödlich. Wir sind zwar geimpft, aber das schützt leider nicht wirklich. Man hat durch die Impfung nur wenige Tage mehr Zeit, ein größeres Krankenhaus aufzusuchen. In diesem Fall wäre das über 400 Kilometer entfernt gewesen...

Im Zeichen von Ganesha, dem wunderschönen Elefantengott.

Grausam. In einer kleinen Arena werden Hahnenkämpfe veranstaltet.

75. Myanmar – Die Kraftprobe (2018)

Anfang März befinden wir uns kurz vor Yangon, dem ehemaligen Rangun. Es ist heiß, nein, brütend heiß. Wir stehen deshalb schon gegen sechs Uhr auf, machen Frühstück und sitzen dann möglichst bald im Sattel. Kurz vor Mittag halten wir an einem überdachten Bushäuschen, um eine längere Pause einzulegen. Die Temperaturen erreichen jetzt tagsüber mehr als 35 Grad im Schatten – den wir auf unseren Rädern leider nicht haben.

Die Bushaltestelle ist rundum mit Bänken ausgestattet und auf einem kugelförmigen Tontopf liegt lose eine Untertasse mit einem Trinkbecher. Wir wissen, dass sich in dem Topf Trinkwasser befindet. Was wir nicht wissen, ist, woher das Wasser stammt und ob es unserem Magen-Darm-Trakt zuträglich ist oder nicht. Den Becher jedenfalls benutzt jeder, na ja, wenn man uns einbezieht, fast jeder...

Kaum haben wir uns niedergelassen und einige Bananen ausgepackt, kommt frohgelaunt ein sympathischer junger Mann daher. Er schleppt zwei große, in mehrere Etagen unterteilte Vogelkäfige mit sich. Sie hängen an den beiden Enden einer dünnen Bambusstange, die er über der Schulter trägt. Einige der Vögel sind ziemlich groß und haben ein grünes Gefieder, offensichtlich eine Art von Wellensittichen.

Der freundliche Vogelhändler trägt ein blaues T-Shirt und eine kurze, karierte Hose. Sein Haar ist modisch blond gefärbt und oben zu einem Knoten zusammengebunden. Nachdem er seine Käfige auf dem Boden abgestellt hat, gießt er sich aus dem Tontopf einen Becher voll. Auch seinen Vögeln gönnt er einige Tropfen. Dann fragt er uns in einigermaßen verständlichem Englisch, woher wir kommen und wohin wir gehen. Er will auch wissen, wie alt wir sind. Einer von seinen Vögeln, antwortet er auf unsere Frage, koste umgerechnet etwa vier Euro.

Nach einer Weile zündet er sich eine Zigarette an. Ich zeige auf das Schockbild auf der Packung und sage zu ihm, dass das Rauchen sehr gesundheitsschädlich sei. Für den jungen Vogelhändler ist das kein Problem und er bejaht in selbstverständlichem Ton meine nachfolgende Frage, ob er auch Betelnüsse kaue. In zehn Jahren, sage ich zu ihm, werde seine Lunge in einem üblen Zustand sein und ich demonstriere ihm hustend und keuchend, was ich damit meine. Auf mich selbst zeigend, erkläre ich, trotz meines fortgeschrittenen Alters gesund und vital zu sein.

Er hält aber dagegen und betont, dass er ebenfalls fit und stark sei, jetzt und auch später. Dabei deutet er auf seinen Oberarm. Und fragt dann mit einer eindeutigen Geste, ob ich es gegen ihn im Armdrücken aufnehmen würde. Warum nicht, denke ich mir. Ich weiß, dass ich viel Kraft in den Armen habe und dass es in meinen jungen Jahren kaum jemand gab, der es mit mir hatte aufnehmen können.

Zufällig begegnen wir diesem jungen Vogelhändler.

Wie auf der Kippe steht dieser heilige goldene Felsen. Nur ein einziges Haar Buddhas, glauben die Pilger, hält ihn im Gleichgewicht.

Und so kommt es zum Showdown. Wir gehen zwei, drei Schritte zu der breiten Bank und knien uns gegenüber, Auge in Auge. Den jeweils rechten Arm setzen wir mit dem Ellenbogen auf der Bankfläche auf, so, dass unsere Arme einen ziemlich spitzen Winkel bilden. Als die Handgelenke aneinander anliegen, drückt jeder mit aller Kraft und versucht, den Gegner nach unten zu bringen.

Natürlich spüre ich die enorme Stärke des jungen Mannes, aber ich gebe nicht nach. Inge erzählt mir später, dass sich der Vogelhändler voll reingehängt habe, dass sein Gesicht hochrot gewesen sei und dass sein Bizeps zum Rausspringen angeschwollen gewesen wäre. Gefühlte zwei bis drei Minuten hält sich Druck und Gegendruck die Waage, aber dann merke ich, dass die Kraft meines Kontrahenten nachlässt. Ich habe Oberwasser gewonnen, erhöhe den Druck und lasse mir die Butter nicht mehr vom Brot nehmen. Tatsächlich lässt sein Widerstand nun schnell nach und ich ringe ihn nieder.

Nach dem Match stehen wir auf und ich reiche meinem unterlegenen Sportsfreund die Hand. Er schaut mich recht ungläubig und leicht deprimiert an und schüttelt dabei unmerklich mit dem Kopf. Ich höre dann noch, wie er etwas von „nineteen years" und „sixty-two years" murmelt, bevor er sich seinen Vögeln zuwendet. Zugegeben, der Junge war kein Schwarzenegger-Typ, eher etwas schmächtig. Trotzdem will ich nicht verhehlen, dass mir der kleine Triumph Freude und Genugtuung verschafft hat, habe ich mir damit doch selbst bewiesen: Du gehörst noch lange nicht zum alten Eisen!

76. Belgien – Die Prozession (2018)

Den Campingplatz im belgischen Brügge erreichen wir zufällig am Tag vor Himmelfahrt. Nachdem wir unser Zelt aufgeschlagen und uns geduscht haben, informieren wir uns über die Stadt mit dem schönen mittelalterlichen Flair. Wir sind völlig überrascht, als wir erfahren, dass am folgenden Tag eine Großveranstaltung geplant ist: Die Heilig-Blut-Prozession. Seit mindestens 1303 ist dieses religiöse Schauspiel nachweisbar. Der Grund für die alljährliche Großveranstaltung liegt in einer Legende. Der Kreuzritter Dietrich von Elsass soll nach dem Zweiten Kreuzzug im Jahr 1150 eine Reliquie mit einigen Tropfen vom Blut Jesu aus Jerusalem mitgebracht haben. Sie wird in der hiesigen Basilika aufbewahrt.

Am Feiertag sind wir völlig überwältigt von dem mehr als zweistündigen farbenprächtigen Umzug mit circa 2000 Laiendarstellern in historischen Gewändern, die von zahlreichen Pferden, Schafen, Ziegen und Kamelen begleitet werden. Die ganze biblische Heilsgeschichte vom Sündenfall bis zur Erlösung wird in dramatischen 27 Szenen mit Prunkwagen dargestellt.

Danach unterhalten wir uns über das Spektakel. Prozessionen gibt es bekanntlich nicht nur im Christentum. Auch im Hinduismus oder Buddhismus und im Islam sind sie wichtige religiöse Rituale. Mit der Reliquien- und Märtyrerverehrung gibt es eine weitere Parallele. Auf unseren Reisen sind wir etliche Male auf die Hinterlassenschaften Buddhas gestoßen. Sehr häufig waren es Fußabdrücke, in Sri Lanka ein Eckzahn und in der Shwedagon-Pagode in Yangon sollen acht seiner Kopfhaare eingemauert sein.

Am interessantesten war für uns die Legende, die mit dem goldenen Felsen im Osten Myanmars verbunden ist. Der tonnenschwere Stein dort hat die grobe Form eines Menschenschädels und liegt auf einer über 1100 Meter hohen Kuppe, die sich aus einem ansonsten flachen Terrain erhebt. Der Fels ist zwar auch ein Touristenziel, aber bei unserem Besuch sehen wir fast ausschließlich zahllose buddhistische Pilger, die zu diesem heiligen Ort wallfahren. Der etwa zwei Meter hohe Felsblock hat eine vollständige Beschichtung aus Blattgold, weil zahlreiche männliche Gläubige Goldblättchen mitbringen und aufkleben. Frauen dürfen – aus welchen Gründen auch immer – das Heiligtum nicht berühren. Der Legende nach würde der auf einer Kippe stehende tonnenschwere Felsbrocken Hunderte von Metern zu Tal stürzen, wenn nicht ein einziges Haar, das unter ihm liegt, ihn im Gleichgewicht halten würde. Es ist – wie könnte es anders sein – ein Haar Buddhas!

In allen Weltreligionen werden Reliquien heilsame Wirkungen oder Wunderheilungen zugeschrieben. Viele Gläubige pilgern zu diesen irdischen Überresten, die kultisch-religiös verehrt oder sogar angebetet werden. So erhoffen sich Pilger Heilung oder zumindest Linderung von allen denkbaren Leiden. Ob es hilft? Bekanntlich versetzt der Glaube Berge. Dem entspricht, was Erich Kästner einmal sagte: „Wunder erleben nur diejenigen, die an Wunder glauben." Vielleicht handeln etliche der Wallfahrer nach dem Motto: Nutzt es nichts, so schadet es doch nichts! Ich bin nicht ganz frei von diesem Denken: So greife ich gerne mal zu homöopathischen Globuli und in unserer Reiseapotheke darf ein kleines Fläschchen nicht fehlen: Die Notfall-Tropfen aus der Bachblütentherapie.

Was die Prozession in Brügge betrifft, so war diese zweifellos ein grandioses Erlebnis, aber geht ihre Bedeutung wirklich über die schauspielerische Leistung der Akteure hinaus? Bedeutet es den Zuschauern – und damit auch uns – mehr als eine schöne folkloristische Darbietung? Spontan lautet unsere Antwort: Nein. Aber so einfach ist es auch wieder nicht: Irgendwie sind wir doch ergriffen. Bei mir kommt das vielleicht daher, dass mich die Szenen stellenweise an meine Kindheit erinnern. In dem Buch mit biblischen Geschichten, das in der Grundschule den Religionsunterricht prägte, gab es ganz ähnliche Darstellungen wie bei dem Umzug.

Auf unseren Reisen begegnen wir immer wieder den vielfältigen Gesichtern religiöser Praxis: Kirchen, Tempeln, Pyramiden, Friedhöfen, heiligen Steinen, Altären, Fahnen, Gebetsmühlen, Glocken, Räucherstäbchen, Kerzen, Bilder, Reliquien und so weiter. In allen Kulturen findet sich etwas davon. Da liegt der Gedanke nahe, dass der Glaube an etwas Übernatürliches ein urmenschliches Bedürfnis ist.

Als wir am nächsten Tag weiterfahren, zündet Inge in einer Kirche eine kleine Kerze an und wir halten inne zu einem kurzen Dankgebet und bitten um himmlischen Schutz. Zufällig sind wir genau an diesem besonderen Tag hier angekommen – oder gibt es wirklich keine Zufälle, wie einer unserer Freunde behauptet? Der Mensch denkt und Gott lenkt? Frohgemut steigen wir in den Sattel und fahren in Richtung Dünkirchen zur Kanalküste.

77. Irland – Die Afrikanerin bei den Zisterziensern (2018)

In einer irischen Kleinstadt sehen wir am Eingang zu einem Klosterkomplex ein Schild, das auf einen Kunsthandwerker-Shop hinweist. Da sich Inge in dem Laden umsehen will, fahren wir in den Klosterhof. An der Ladentür lesen wir „CLOSED." Weil daneben eine Bank mit Tisch steht, setzen wir uns und ich öffne unsere Kaffeebar. Ein heißer Kaffee, Tee oder eine heiße Schokolade am Nachmittag ist uns zum liebgewordenen Ritual geworden.

Wir haben kaum unsere Tassen gefüllt, als eine farbenfroh gekleidete Afrikanerin auf uns zukommt. Natürlich will sie erfahren, woher wir kommen und was unser Ziel sei. Dann fragt sie uns, ob wir schon wüssten, wo wir übernachten würden. In dem Städtchen, fügt sie erklärend dazu, gebe es kein Hotel, aber vielleicht könnten wir in dem Gästehaus des Klosters nächtigen. Wir sind nicht abgeneigt und sie holt ihr Handy, um damit ihren „Brother" anzurufen.

Es dauert keine fünf Minuten, bis ein beleibter Mönch in heller Kutte erscheint. „Bruder" war wohl nicht wörtlich gemeint, denn der Pater hat eine weiße Hautfarbe. Der Mönch namens Stephen zeigt uns tatsächlich das Gästehaus im Hotelstil. Lediglich die Toiletten und Duschen müssen sich die Bewohner eines Stockwerkes teilen. Einige Zimmer sind belegt, etliche noch frei. Auf die Frage nach den Kosten verweist Stephen auf die Spendenbox im Erdgeschoss.

Erfreut nehmen wir das großzügige Angebot an und tragen unsere Siebensachen in den uns zugewiesenen Raum. Zur Vesperzeit und am folgenden Tag zum Frühstück dürfen wir sogar die Klosterküche der Zisterzienser im Untergeschoss nutzen. In aller Regel wissen wir ja am Morgen nicht, wo und wie unsere Übernachtung abends aussieht. Und oft genug ergibt sich Überraschendes. Das Leben ist wieder mal eine Wundertüte! Das Unerwartete macht uns meist keine Angst, sondern weckt unsere Neugierde und Vorfreude.

Im Laufe des Abends stellen wir erstaunt fest, dass neben unserem Zimmer die Afrikanerin ihr Quartier hat. Die dralle Frau mit den schwarzen lockigen Haaren heißt Marie und ist zwischen 50 und 60. Sie erzählt uns, dass sie aus Uganda komme, geschieden sei und schon lange hier in Irland lebe. Sie ist überaus freundlich und hilfsbereit und interessiert sich sehr für uns und unsere Familienverhältnisse.

In der Nacht – es ist schon nach Mitternacht – muss ich über den Gang auf die Toilette. Als ich zurückgehen und gerade die Toilettentür hinter mir schließen will, halte ich erstaunt inne. Gegenüber geht nämlich die Zimmertür auf und Marie steht im nahezu durchsichtigen Negligé vor mir. Leise und in fast verschwörerischem Ton erklärt sie mir, dass sie einfach nicht schlafen könne, weil sie zu aufgekratzt sei. Deshalb habe sie eine Flasche Rotwein geöffnet. Ob ich nicht davon kosten wolle, fragt sie mich und zieht mich an der Hand. Alleine, meint sie noch, schmecke doch der beste Tropfen nicht. Ich bin erst mal völlig verdattert und fange zu stottern an. Wenn ich keinen Wein möchte, wispert Marie, könnte ich auch ihren hervorragenden irischen Whiskey probieren.

Unter ihrem Nachthemd zeichnen sich deutlich die üppigen Formen ihres Busens ab. Ihr süßlich duftendes Parfüm wabert zu mir herüber. Der Groschen ist bei mir gefallen: Marie will mich ganz offensichtlich verführen. Doch ich habe absolut keinen Bock auf einen Seitensprung und denke nicht daran, mich in ihr Zimmer lotsen zu lassen. Mein höfliches und freundliches „No, thank you very much" ignoriert sie weitgehend. Nochmals versucht sie, mir einen Drink schmackhaft zu machen. Vielleicht denkt sie, dass ich mich nur zieren will oder einfach zu schüchtern bin.

Wie komme ich bloß aus dieser Nummer raus, ohne allzu grob zu sein und Marie vor den Kopf zu stoßen, überlege ich fieberhaft. Und dann fällt es mir ein. „I don´t drink Alkohol at all", behaupte ich und füge erklärend hinzu, dass der Arzt es mir strengstens verboten habe. Hastig bitte ich sie um Entschuldigung und ergänze, dass ich vom Radfahren fürchterlich müde sei und mir die Augen zufallen würden. Mit einem leisen „Good night, sleep well" verschwinde ich flugs in unserem Zimmer, wo ich erleichtert aufatme. Es ist doch unglaublich, was sich alles hinter dicken und altehrwürdigen Klostermauern abspielt, oder? In meinem Gute-Nacht-Gebet danke ich Gott dafür, dass dieser Kelch an mir vorüber gegangen ist.

78. Großbritannien – Das Janusgesicht (2018)

Auf der nordirischen Halbinsel Boa Island suchen wir den alten Friedhof von Caldragh auf. Ein schmaler Fußweg führt zu halb versunkenen und nur oberflächlich freigelegten alten Grabsteinen im unkrautübersäten Gottesacker. Schließlich finden wir sie: Zwei etwa 50 und 70 Zentimeter hohe verwitterte Steinfiguren. Die größere von beiden ist gut erhalten und zeigt ein bärtiges Gesicht – besser gesagt, zwei Gesichter. Eines davon befindet sich auf der Vorderseite, das andere auf der Rückseite. Dadurch schauen sie in die entgegengesetzte Richtung. Es handelt sich also um eine janusköpfige Figur. Was hat die hier zu suchen, fragen wir uns. Gab es, wie im Internet nachzulesen, an dieser Stelle bis weit in die christliche Ära ein Heiligtum der Druiden und handelt es sich daher um einen keltischen Fruchtbarkeitsgott?

Janus war der römische Gott des Anfangs und des Endes. Und konsequenterweise auch der aller Ein- und Ausgänge, der Türen und der Tore. Er symbolisiert die Dualität und Zwiespältigkeit, wie sie in den Gegensätzen von Schöpfung und Zerstörung, Leben und Tod, Licht und Dunkelheit oder Vergangenheit und Zukunft zum Ausdruck kommen. Immerhin ist ein Monat nach ihm benannt: Januar.

Die Insel war zwar nie offiziell Teil des römischen Imperiums, aber es gibt doch Spuren und Zeugnisse der Römer, die das benachbarte Britannien unterworfen hatten. Von daher ist es nicht ausgeschlossen, dass die Figuren etwas mit dem römischen Gott zu tun haben. Oder könnte die mich faszinierende Steinfigur ein „Bindeglied" zwischen keltischen, römischen und vielleicht sogar christlichen Vorstellungen sein? Möglicherweise wird das Geheimnis nie gelüftet und regt so weiterhin die Fantasie an.

Auf dem Rückweg denke ich darüber nach, was an unseren Reisen zwiespältig oder gegensätzlich sein könnte. Einige Dinge fallen mir spontan ein: Unsere Touren sind im Großen und Ganzen geplant und in ihrem konkreten Ablauf doch ungeplant, immer wieder wechseln Aufbruch und Ankunft, Zelt und Hotelzimmer, Tour und Tortur. Der Zwiespalt wohnt aber auch in uns selber. Die Einsamkeit wechselt mit der Geselligkeit, die Frustration mit der Befriedigung, die Traurigkeit mit der Fröhlichkeit, die Niedergeschlagenheit mit der Euphorie, die Langeweile mit der Spannung. Unsere innere Welt gleicht in ihrem ungeheuren Reichtum an Facetten, Geheimnissen und Widersprüchlichkeiten der großen äußeren Welt. Auf Entdeckungsreise kann man in allen Welten gehen, doch letztlich, bin ich tief überzeugt, ruht das Glück in uns selbst.

Über die Bedeutung lässt sich nur spekulieren: Keltischer Fruchtbarkeitsgott, Huldigung des römischen Gottes Janus oder Zeugnis der ersten Christen?

Mystisch. Wie ein verwunschener Zauberwald wirkt die Buchenallee der Dark Hedges in Nordirland.

79. Turkmenistan – Gesundheitspolitik (2018)

Die Hauptstadt von Turkmenistan ist ein Phänomen. Ashgabat hat breite Boulevards, menschenleere und gepflegte Parks, imposante Monumente an jeder Kreuzung und säuberlich gekehrte Bürgersteige ohne Papierschnipsel, Plastiktüten oder Zigarettenkippen – Inge und ich reiben uns die Augen und fragen uns, ob wir träumen. Die Stadt wirkt surreal. Ins Leben gerufen hat diese Kunstwelt Saparmurat Niyazov, genannt Turkmenbashi, der 2006 verstorbene langjährige Alleinherrscher Turkmenistans.

Seine überdimensionalen Statuen sind allgegenwärtig. Straßen, Schulen, der Flughafen und eine ganze Stadt sind nach ihm benannt. Damit nicht genug: Sogar ein Meteorit und der Monat Januar tragen seinen einzigartigen Namen. Der bizarre Personenkult wird immer noch sorgfältig gepflegt.

Turkmenbashi hat eine Reihe von kuriosen Vorschriften und Gesetzen erlassen. So wurden beispielsweise Kinos, Opern, Zirkusse und öffentliche Bibliotheken verboten. Besitzer von schwarzen Autos bekamen Probleme, weil durch sie angeblich das sensible Wüstenklima gestört wird. Tatsächlich wird das Straßenbild auch heute von weißen Autos geprägt, wir schätzen deren Anteil auf über 90 Prozent. Der All-Mächtige hat zudem ein Buch geschrieben, das von Liebe, Moral und Eintracht handelt – lobenswert, aber muss man es deswegen gleich zur Pflichtlektüre für alle Turkmenen erklären?

Zu den Steckenpferden des Despoten gehörte auch – man glaubt es kaum – die resolute Förderung der Gesundheit seiner Untertanen. Nachdem er selber mit dem Rauchen aufgehört hatte, nahm er den nationalen Kampf gegen die Sucht auf, indem er Anti-Raucher-Kampagnen anordnete und das Qualmen in der Öffentlichkeit verbot. Der überzeugende Erfolg: Weniger als zehn Prozent der Turkmenen greifen heute noch regelmäßig zum Glimmstängel!

Das Tüpfelchen aufs i in seiner Gesundheitspolitik ist ohne Zweifel der rund 40 Kilometer lange Gesundheitspfad. Südlich von Ashgabat schlängelt sich der asphaltierte und teilweise sehr steile Weg mit unzähligen Betonstufen über die Bergkuppen wie die chinesische Mauer. Der Pfad ist nachts von Tausenden von Lampen so hell erleuchtet, dass man ihn sogar vom Flugzeug aus sieht.

Sein Erbauer befahl seinen Beamten, mindestens einmal jährlich den ganzen Weg zu gehen – leider meldeten sich viele „Weicheier" anschließend krank. Der Präsident bedauerte zutiefst, den Weg nicht selbst gehen zu können, weil sein Herz zu schwach sei. Nur eine faule Ausrede? Tatsächlich starb er im Alter von 66 Jahren an einem Herzinfarkt.

Das turkmenische Fernsehen jedenfalls preist häufig die gesundheitsfördernde Wirkung regelmäßiger Spaziergänge – oder soll man sagen: Märsche? – auf diesem besonderen Weg. Diesen Jungbrunnen dürfen Inge und ich natürlich nicht auslassen. Deshalb radeln wir nach dem Hotelfrühstück in den Süden Ash-

Bizarr und unübersehbar schlängelt sich der Gesundheitspfad über die Berge.

gabats, wo wir von der bestens ausgebauten und nahezu leeren Autobahn aus schnell das Herzstück der turkmenischen Gesundheitspolitik finden.

Wir erklimmen Stufe um Stufe den Weg nach oben. Die Höhe der Stufen und die Breite der Absätze variieren, aber sicher gehört auch das zum großen Gesundheitsplan. Obwohl es Sonntag ist und die Menschen heute nicht arbeiten müssen, treffen wir weit und breit keine Menschenseele. Nein, stimmt nicht: Eine Kompanie uniformierter Soldaten, mit Farbeimern bewaffnet, poliert die Geländer des Weges auf.

Aber warum gibt es keine „User"? Haben die Leute einfach keine Lust auf das staatlich verordnete Gesundheitsprogramm? Drücken sie sich vor dem Fitnesstraining unter freiem Himmel? Natürlich nicht – die richtige Antwort lautet vielmehr: Da niemand das werden kann, was er schon ist – nämlich gesund – ist der Gang hierher schlicht und einfach überflüssig!

Na ja – auch Spötter müssen sterben. Bei einer Brotzeitpause an einem kleinen Pavillon diskutieren wir die Aspekte und Hintergründe dieser Art der Volksertüchtigung. Und dabei fällt mir eine erstaunliche, wenn auch etwas weit hergeholte Parallele ein, denn: Adolf Hitler war nachgewiesenermaßen Anti-Raucher, Anti-Alkoholiker und ernährte sich strikt vegetarisch. Der Mensch ist, was er isst? Schön wär's!

80. Iran I – Inge trägt Tschador (2018)

Inge hat sich im Vorfeld unserer Iranreise intensiv mit den dortigen Kleidervorschriften befasst. Die iranischen Gesetze schreiben vor, dass Frauen, auch ausländische, ein Kopftuch tragen müssen. Um im Lande der Mullahs stets sittsam gekleidet zu sein, packt sie mehrere Pluderhosen, langärmelige weite Hemden sowie Schals und Kopftücher ein. Für mich ist alles viel einfacher: Ob ich eine Mütze aufsetze oder nicht, ob ich lang- oder kurzärmelige Shirts trage, spielt keine Rolle. Nur, wenn ich vom Rad steige, ziehe ich lange Hosen über – weil es iranischen Frauen verboten ist, Männer, die nicht mit ihnen verwandt sind, in kurzen Hosen anzuschauen. Aus diesem Grund dürfen sie auch nicht als Zuschauerinnen ins Fußballstadion.

An einem warmen und sonnigen Tag Mitte Oktober besichtigen wir in der heiligen Stadt Mashhad im Osten des Irans den berühmten und heiligen Schrein des Imam Reza. Der Imam wird von den Schiiten als großer Märtyrer verehrt. Der Komplex besteht aus elf riesigen Höfen, die durch prächtige Kuppeln, Arkaden, Portale, Moscheen, Museen und große Gebetssäle miteinander verbunden sind, allesamt geschmückt mit tiefschwarzen islamischen Ornamenten. Die großflächigen Wände und Decken etlicher Moscheen sind mit Abertausenden von kleinen und kleinsten Spiegeln bedeckt, die von prunkvollen Kristallleuchtern angestrahlt werden. Überall knien und beten die Pilger. Mehr als 20 Millionen von ihnen kommen jährlich hierher.

Inge trägt einen langen Schal, der Kopf und Brustpartie bedeckt. Bei der Eingangskontrolle werden wir abgefangen und man ruft einen englischsprachigen Führer herbei. Bevor dieser mit uns durch das Heiligtum geht und die einzelnen Räume und Höfe erläutert, muss Inge zu einer speziellen Kleiderausgabe für Frauen. Dort erhält sie einen sogenannten Gebetstschador – ein großes, dünnes Tuch, das als Umhang um Kopf und Körper gewunden wird. Der normale Tschador ist schwarz, aber der Gebetstschador besteht aus einem hellen Stoff mit dezentem Muster. Inge hängt sich das große Tuch über den bereits mit einem Schal bedeckten Kopf.

Meinen Fotoapparat muss ich abgeben, aber Inge darf mit ihrem Handy fotografieren. Dies gestaltet sich schwierig bis unmöglich, weil dann das glatte Tuch immer wieder herunterrutscht. Je länger die Führung dauert, desto genervter ist Inge. Einmal gönnt ihr unser Führer eine kleine Atempause und nimmt mich mit in einen besonderen Raum, in dem ausschließlich Männer zu sehen sind. Von weitem darf ich einen Blick auf den mit einem goldenen Gitter eingefassten Originalschrein, das Allerheiligste, werfen. Zahlreiche Pilger berühren und küssen die Gitterstäbe voller Inbrunst. Sie sind tief in ihr Gebet versunken. Etliche raufen sich sogar die Haare und brechen unter lautem Schluchzen in Tränen aus: Sie

Inge darf nur mit einem Gebetstschador das Imam-Reza-Hei-
ligtum betreten.

Eingang zum prachtvollen Schrein der Fatima Masuma in der
heiligen Stadt Ghom.

trauern um ihren vor 1000 Jahren verstorbenen Märtyrer! Leise und respektvoll drehe ich mich um und verlasse tief bewegt den mystischen Raum.

Wieder zurück bei Inge, die noch immer mit ihrem lästigen Umhang kämpft, schlagen wir den Weg in den nächsten Gebetshof ein. Da kommt eine tief verschleierte junge Iranerin rasch auf Inge zu. Sie hat deren Schwierigkeiten mit dem ungewohnten Kleidungsstück bemerkt. Schnell holt sie eine kleine Metallspange hervor und löst das Problem. Fast unmerklich die Achsel zuckend und mit den Augen rollend, fügt sie leise hinzu: „The tschador is nonsense" – „Der Tschador ist unsinnig."

81. Iran II – Das Bild vom letzten Schah (2018)

Im Iran radeln wir von Ost nach West, auf einer der Hauptrouten der legendären Seidenstraße. Die Straße ist gut asphaltiert und mit einem breiten Seitenstreifen ausgebaut. Man braucht viel Fantasie, um sich den historischen Handelsweg mit langen Kamelkarawanen vorzustellen. Zeugnisse dieser Zeit sind vor allem die mehr oder weniger zerfallenen Ruinen der Karawansereien, die in Sichtweite neben der Straße stehen.

Es ist Mittagszeit, als wir eine iranische Kleinstadt erreichen und uns in einem Park niederlassen. Vom hohen Minarett einer Moschee hören wir die monotone Lautsprecherstimme eines Muezzins, der zum Gebet ruft. Als wir unsere Brotzeit auspacken, kommt ein etwa 50-jähriger Mann und lädt uns beharrlich zu sich nach Hause ein. Mehrmals lehnen wir höflich und freundlich ab, denn wir haben gelesen, dass man Einladungen nicht immer wörtlich nehmen sollte. Eine ungeschriebene Regel besagt, dass erst eine nach zweimaliger Ablehnung erneut vorgetragene Einladung wirklich ernst gemeint ist.

Doch der Mann mit Jackett und Krawatte lässt nicht locker. Wir geben schließlich nach und folgen dem hartnäckigen Iraner zu seinem nahe gelegenen Wohnhaus. Dort angekommen, öffnet er ein elektrisches Rolltor und wir stellen unsere Fahrräder im Innenhof ab. Als wir unsere Schuhe ausziehen und das Haus betreten, sehen wir eine Luxuseinrichtung: Wertvolle Teppiche bedecken den Boden, kostbare Vasen stehen in den Wandregalen und kunstvolle Bilder hängen an den Wänden. Auch dass hier ein massiver gedrechselter Esstisch mit acht gepolsterten Stühlen steht, ist für iranische Verhältnisse völlig unüblich.

Said, so heißt der Hausherr, stellt uns seine Frau Narges vor. Beide beteuern nochmals freudestrahlend, welche Ehre es wäre, dass wir ihre Gäste seien. Die Frau des Hauses verschwindet dann in der Küche. Wie in diesem Land vorgeschrieben, hat Inge ihr obligatorisches Kopftuch auf, das aber nicht richtig hält und immer wieder nach hinten rutscht. Said bemerkt dies und sagt, dass sie ihr Tuch ruhig ablegen könne.

Dann fällt unser Blick auf ein großes Foto im Goldrahmen, das an einem Ehrenplatz auf einem Regal steht. Es zeigt Schah Reza Pahlavi. Inge erzählt daraufhin, dass sie vor 40 Jahren – also noch während der Regierungszeit des Schahs – in Persien gewesen sei. Und dass sie dann in der Umbruchzeit der islamischen Revolution zusammen mit ihrem Kleinkind überstürzt das Land habe verlassen müssen. Said hört aufmerksam zu und will dann von uns wissen, was wir vom letzten Schah halten würden. Inge antwortet, dass sie es positiv fand, dass er den Frauen Grundrechte und Freiheiten geben wollte. Wahrscheinlich, sagt sie abwägend, habe er auch Fehler gemacht und die Macht und den Einfluss der islamischen Geistlichkeit unterschätzt.

214

Architektonisches Meisterwerk und Wahrzeichen Isfahans: Die berühmte 33-Bogen-Brücke.

Sengende Hitze. In der Wüste klettert das Thermometer am Fahr-radtacho auf über 50 Grad.

Unser Gastgeber betont, dass dies in der Tat der größte Fehler des Monarchen gewesen sei. Ansonsten, das könne er mit Gewissheit sagen, sei der Schah ein Mann von Ehre gewesen. Insbesondere habe er seine deutschstämmige zweite Frau sehr geliebt und es sei ein großes Unglück gewesen, dass sie keine Kinder bekommen konnte und der Schah deshalb gezwungen gewesen sei, eine andere Frau zu heiraten.

„Mein Vater", sagt Said mit einem merkwürdig traurigen Ton in der Stimme, „ist bei der Familie des Schahs ein- und ausgegangen. Als erster Staatssekretär im Finanzministerium hatte er eine sehr hohe und wichtige Position inne. Schon der Vater des letzten Schahs, also Reza Khan", fährt er fort, „wollte das Land nach dem Vorbild von Atatürk modernisieren. Auch er scheiterte an den Mullahs."

Als ich nachfrage, welche politischen Ziele der letzte Schah verwirklichen wollte, kommt Said so richtig in Fahrt. „Mit seinem Reformprogramm", sprudelt es nur so aus ihm heraus, „wollte er den Iran zu einem der fortschrittlichsten Länder der Welt machen. Er wollte die Bauern vom Joch der Leibeigenschaft befreien, die volle Gleichberechtigung der Frauen herbeiführen und das Analphabetentum beenden. Haben Sie gewusst", fragt er mich, „dass unter seiner Herrschaft junge Männer ihre Wehrpflicht als Hilfslehrer auf dem Land, als Sanitäter oder als Landwirtschaftshelfer ableisten konnten?"

Inzwischen hat seine Frau den traditionellen iranischen Suppeneintopf namens Dizi mit Kichererbsen, Kartoffeln, Tomaten und gedünstetem Lammfleisch aufgetischt. Wie immer gibt es auch Safranreis und frisches Brot dazu. Olivenpaste, Jogurtsoße und sauer eingelegtes Gemüse vervollständigen das köstliche Mahl. Said erzählt während des Essens weiter. „Der Schah", sagt er, „hat sein Reformprogramm ‚Weiße Revolution' genannt, weil es ein gesellschaftlicher Umbruch ohne Gewalt werden sollte. Doch er unterschätzte insbesondere Ayatollah Khomeini, der den Untergang der islamischen Ordnung an die Wand malte und die Massen aufwiegelte."

Nachdenklich blickt unser Gastgeber auf das Schah-Foto und fügt hinzu: „Natürlich hat er etliche schwere Fehler gemacht. So hat er beispielsweise der Prunk- und Verschwendungssucht an seinem Hof keinen Einhalt geboten oder vor laufenden TV-Kameras Sekt, also Alkohol, getrunken. Das war unverzeihlich und damit hat er sich angreifbar gemacht. Dann verlor er noch die Kontrolle über seine Geheimpolizei, die zunehmend ein Eigenleben führte." Mit resignativem Unterton meint er abschließend: „Niemand kann das Rad der Geschichte zurückdrehen."

Wir steigen nicht tiefer in eine Diskussion über den politisch umstrittenen Herrscher ein, sondern sprechen anschließend über familiäre Dinge. Unsere Gastgeber bitten uns mehrmals inständig, bei ihnen über Nacht zu bleiben. Doch es ist früher Nachmittag und wir wollen unbedingt weiter. So kommt es zu einem herzlichen Abschied, wobei man uns Geschenke in die Hand drückt. Narges überreicht uns ein großes Glas voller Safran und Said hat seine Gabe sorgfältig in Folie eingewickelt: Ein schön gerahmtes Foto des letzten Schahs.

82. Mexiko II – Die den Wal streichelt (2019)

Für Inge war es schon bei der Reiseplanung ein absolutes Muss: Die Walbeobachtung auf der mexikanischen Halbinsel Baja California. Als wir dann auf dem rund 1300 Kilometer langen Streifen an der Pazifikküste unterwegs sind, fiebert meine Frau täglich mehr dem Highlight entgegen. Dabei ist bereits die Halbinsel spektakulär wie selten eine Landschaft. In einer dünn besiedelten, beinahe menschenleeren Region prägen haushohe Kakteenwälder in einer wüstenartigen, unwirtlichen, zerklüfteten und bizarren Umgebung die Landschaft. Da es nur vereinzelt Ortschaften gibt, schleppen wir oft mehr als zehn Liter Wasser und eine große Tasche voller Lebensmittel mit.

Eine gute Woche ist vergangen, seit wir mit der Fähre vom Festland auf die Baja, wie die Halbinsel kurzerhand genannt wird, übergesetzt sind. Früh am Morgen krieche ich aus dem Zelt, das wir inmitten großer Kakteengewächse unweit der Straße aufgestellt haben. Es ist uns bewusst, dass der dornenreiche Ort nur ein suboptimaler Zeltplatz ist. Wir hatten ihn am Vorabend nur akzeptiert, weil wir nichts Besseres fanden. Um einen oder mehrere Plattfüße zu vermeiden, hatten wir schon auf der wenig befahrenen Straße die Gepäcktaschen abgenommen und dann nacheinander die Räder und die Taschen einzeln an den Zeltplatz getragen.

Kaum aus dem Zelt, kontrolliere ich die Reifen und stelle erleichtert fest, dass alles in Ordnung ist. In froher Erwartung gieße ich heißes Wasser aus der Thermoskanne auf das Instantpulver in meiner Tasse und genieße den ersten Morgenkaffee. Dann wird der Kocher angeworfen und ich wecke Inge. Schnell steigt die Sonne über den Horizont und im Nu wird es heiß. Im Schatten eines großen Kaktus bäckt Inge zum Frühstück vorgebackene Tortillas über der heißen Glut. Zuerst belege ich die mexikanische Spezialität mit Käse, danach mit Erdnussbutter und Marmelade. Nach der fünften, dick belegten Tortilla könnte ich Bäume ausreißen.

Danach fahren wir auf der Nationalstraße 1 zur Kleinstadt Guerrero Negro. Ich komme ins Grübeln, weshalb man dem Ort den geheimnisvollen Namen „Schwarzer Krieger" gegeben hat. Später lese ich, dass hier in der Laguna Ojo de Liebre („Auge des Hasen") 1858 ein US-amerikanisches Walfangschiff namens „Black Warrior", was übersetzt ebenfalls „Schwarzer Krieger" heißt, strandete. In dieser Hinsicht haben sich die Zeiten positiv verändert. Ging es vor 150 Jahren noch darum, möglichst viele Grauwale zu harpunieren, werden heute nur noch mit Kameras und Handys scharfe Bilder von ihnen geschossen. Pünktlich im zeitigen Frühjahr kommen viele Grauwalmütter hierher, um zu kalben und in der Kinderstube der geschützten Lagune den Nachwuchs auf die weite Welt der Ozeane vorzubereiten.

Gelungener Schnappschuss bei der Walbeobachtung.

Auf der Baja California sitzen jeden Morgen Aasgeier mit ausgebreiteten Flügeln auf hohen Kakteen, um sich von der Kühle der Nacht aufzuwärmen.

Hier, wo bereits 1972 das erste Walschutzgebiet der Welt geschaffen wurde, wollen wir den Riesen der Meere ganz nahe kommen – Whale watching. Angeblich ist dies einer der besten Orte auf der Welt, um Wale aus nächster Nähe zu beobachten. Mein Interesse an dem Spektakel hält sich zwar in Grenzen und ich bin etwas skeptisch, aber weil sich Inge unbändig auf die tierische Begegnung freut, will ich mich anschließen. Nachdem wir in Guerrero Negro eine Herberge gefunden haben, schlendern wir durch das kleine Stadtzentrum. Wir entdecken zwei oder drei Whale-Watching-Anbieter. In einem winzigen Büro buchen wir für den morgigen Tag den preisgünstigen Event für etwa 40 Euro pro Nase.

Zeitig und etwas aufgeregt machen wir uns am nächsten Morgen auf den Weg zum Treffpunkt. Zusammen mit uns fahren etwa ein Dutzend Leute in zwei Minibussen zur nahegelegenen Laguna Ojo de Liebre. Gespannt steigen wir in eines der eher kleinen Boote, um ziemlich weit hinauszufahren. Dort schaltet unser Kapitän den Motor ab und wir harren schaukelnd der Dinge. Es dauert vielleicht eine Viertelstunde, bis wir ersten Besuch bekommen. Wir haben den Eindruck, als ob die über zehn Meter langen Kolosse erst mal vorsichtig das Boot umkreisen, bevor sie sich weiter nähern. Aber plötzlich spüren wir ein Rucken unter uns und eines der gigantischen Tiere taucht an einer Bootsseite bis zur Wasseroberfläche auf. Wir sehen die Wale langsam durch das Wasser gleiten und sie wirken auf mich wie Exemplare einer längst ausgestorbenen Art. So geht das über eine Stunde lang und wir beobachten die zahlreichen Meeressäuger aus nächster Nähe.

Immer wieder blasen sie hohe Wasserfontänen in die Luft. Alle Bootsinsassen drücken wie wild auf die Auslöser ihrer Kameras und Handys und mir gelingt ein toller Schnappschuss von einer Schwanzflosse, die weit aus dem Meer ragt. Ich bin noch mit meiner Kamera beschäftigt, als ich Inges verhaltenen Jubelschrei höre: „Ich hab´ ihn gestreichelt!" Schnell schaue ich nach unten und kann gerade noch sehen, wie ein riesiger, mit zahlreichen Muscheln bedeckter Walrücken im Wasser verschwindet. Inge ist völlig aus dem Häuschen.

Wir sind froh, dass die Tiere so friedfertig sind. Könnten sie doch mit Leichtigkeit unser kleines Boot zum Kentern bringen. Später sehen wir, wie etwas entfernt neben einem anderen Boot einer der Wale senkrecht haushoch aus dem Wasser steigt und mit einem lauten Platschen wieder im Meer landet. Dieses Verhalten, mit dem sich die Tiere einen Überblick verschaffen, nennt man „Spy-Hopping", also „Spähhüpfen." Man kennt es nur von Grauwalen.

Als wir eine Stunde später wieder an Land gehen, wissen wir, dass sich die Unternehmung gelohnt hat. Beeindruckt sind wir auch von der friedlichen und professionellen Arbeit der „Walspezialisten." Aus unserer Sicht hat diese Vorgehensweise bei der Walbeobachtung das Prädikat „sanfter Tourismus" verdient. Wieder im Hotel, witzeln wir, dass die Walmütter diese Veranstaltungen vielleicht gerne nutzen, um den Nachwuchs mit der seltsamen Spezies namens Mensch vertraut zu machen: Sie betreiben auf ihre Art und Weise People Watching!

83. Mexiko und USA – Die berühmt-berüchtigte Grenze (2019)

Etliche der faszinierenden Nationalparks im Südwesten der USA liegen hinter uns. Nun steht der Rückflug an. Inge und ich stehen mit mulmigem Gefühl auf dem Flughafen von Las Vegas. Am Check-in Schalter gibt es bei der Gepäckaufgabe keine Probleme. Aber die Passkontrolle liegt noch vor uns. Wir warten in einer langen Schlange vor einem Glaskasten, in dem ein Officer sitzt. Obwohl ich aufgeregt bin, bleibe ich nach außen cool. Inge ist sichtlich nervös. „Mehr als eine Strafzahlung können sie uns nicht aufbrummen", versuche ich sie zu beruhigen. „Wenn sie merken, dass wir illegal über sechs Wochen hier unterwegs waren, sperren sie uns vielleicht ein", flüstert Inge mit flattriger Stimme. „Wir hätten damals doch noch mal zurückgehen sollen." „Das ist Schnee von gestern", erwidere ich, aber in diesem Moment geht mir unsere zurückliegende Reise durch den Kopf.

Von Mexiko City aus radelten wir nordwärts. Unerwartet aufregend wird es bereits am ersten Abend, als wir eine Kleinstadt in den Bergen erreichen. Ein offensichtlich betuchter Herr steigt vor uns aus seiner Nobelkarosse und stellt sich als örtlicher Bürgermeister vor. Seine Frau knipst viele Fotos von uns und fragt, ob sie eine Aufnahme für die nächste Werbebroschüre des Ortes verwenden darf. Dann greift ihr Mann zum Handy und fünf Minuten später kommt ein Streifenwagen mit zwei Uniformierten angebraust. In holprigem Englisch erklärt uns der Stadtpräsident stolz, dass uns von nun ab die Polizisten begleiten und beschützen werden. Das verkündet er wie ein Dekret, und er denkt gar nicht daran, uns zu fragen, ob wir damit einverstanden sind. Tatsächlich eskortiert uns die Polizei die nächsten zweieinhalb Tage. Geduldig fahren sie sogar dann im Schneckentempo hinter uns her, als Inge steile Passagen bergauf schiebt. Erst am dritten Tag, als wir auf die Autobahn abbiegen, dürfen wir wieder alleine weiterfahren. In Mexiko ist das Radfahren auf Autobahn ganz offiziell erlaubt. Offenbar gehen die Ordnungshüter davon aus, dass man sicher ist, sobald man sich auf dem Highway befindet.

Etwa eine Woche später nutzen wir einen Pausentag, um mit dem legendären Zug „El Chepe" in die Berge Richtung Chihuahua zu fahren. Unterwegs halten wir an der riesigen Kupferschlucht, deren Ausmaße sogar den Grand Canyon übertreffen. Leider haben wir nichts davon, weil es unaufhörlich regnet und dichter Nebel jede Sicht verhindert. Unterwegs kaufe ich einigen Frauen aus der noch recht ursprünglich lebenden Ethnie der Raramuri für einige Pesos kleine, aus Holz geschnitzte Tierfiguren ab, die ich meinem dreijährigen Enkel ins nächste Osternest legen will. Die Bergbewohner lebten bis zur Jahrtausendwende in selbstgehauenen Höhlen und sind bekannt dafür, dass sie über Stunden und Tage

In unzähligen Reiseführern sieht man diese Perspektive des Monument Valleys.

pausenlos laufen können. Als ich davon höre, frage ich mich, warum noch keiner dieser sagenhaften Wunderläufer den olympischen Marathon gewonnen hat.

Dann sind wir wieder auf dem Rad. Da wir nach Norden fahren, bläst uns der Wind fast ständig ins Gesicht. Zeitweise wird die Tour zur Tortur. Doch für die Strapazen werden wir mit einer grandiosen Landschaft aus Abertausenden von baumhohen Kakteen entschädigt. Nach der beschriebenen atemberaubenden Walbeobachtung besichtigen wir eine besondere Kirche. Sie trägt den Namen „Santa Barbara" und steht in Santa Rosalia. Das von Gustave Eiffel entworfene Gotteshaus landete 1897 auf abenteuerlichen Wegen hier auf der – in der Geschichte von der Walbeobachtung beschriebenen – Baja California. Danach verbringen wir mit zwiespältigen Gefühlen eine Zeltnacht auf einer rekordverdächtigen Höhe von 36 Metern unter dem Meeresspiegel. Bei der mexikanischen Grenzstadt mit dem originellen Namen Mexicali erreichen wir die Grenze zur USA.

Wir sind gespannt auf den berühmt-berüchtigten Grenzübergang und stellen uns auf eine zeit- und nervenaufreibende Prozedur ein. Gilt die Grenze zwischen USA und Mexiko doch als eine der bestbewachtesten der Welt. Ein zentrales Wahlversprechen des derzeitigen US-Präsidenten Trump lautete, hier eine für Flüchtlinge aus ganz Mittelamerika unüberwindliche Grenzmauer zu bauen. Dieses Politikum bestimmt mitunter auch die Schlagzeilen in Europa.

Tatsächlich sehen wir mehrere Meter hohe Befestigungsanlagen mit Stacheldrahtrollen, als wir frühmorgens zur Grenze fahren. Eine kilometerlange Autoschlange verheißt nichts Gutes. Wir rollen langsam an den Fahrzeugen vorbei und stehen dann vor einem kleinen und eher unscheinbaren Wachhäuschen. Ein einzelner Uniformierter kommt heraus und schaut uns mit einem „Sowas-seh'-ich-nicht-alle-Tage-Blick" interessiert an.

Natürlich halte ich unsere Reisepässe parat. Mit einem fröhlichen „Hello Sir" reiche ich ihm die Dokumente. Auf unsere Räder deutend fragt er daraufhin: „Are you travelling by bycicle? All the time?" Er ist sichtlich beeindruckt, als ich ihm von unserer Tour berichte. Mit Blick auf unsere Nabenschaltung will er wissen, ob wir Elektrobikes fahren. „No, this is our engine" – „Das ist unser Motor", antworte ich ihm und zeige auf meinen Oberschenkel. Schließlich interessiert ihn, wohin es weitergeht und wo unser Endziel liegt. Eher gelangweilt blättert er in meinem Pass und bleibt an einer Stelle hängen – meinem Geburtsdatum. „Sixty-three" murmelt er, mustert mich und meint: „Good job!" Meine Frau interessiert ihn offensichtlich in natura mehr als auf dem Papier. „Your wife?", fragt er mich. Als er erfährt, dass sie genauso alt ist wie ich, ist er verblüfft und meint, dass sie wie meine Tochter aussehen würde. Ich gebe das Kompliment an meine Frau weiter, die ein Stück hinter uns steht.

Nach diesem Smalltalk reicht er mir beide Pässe zurück und zeigt auf eine von drei Fahrspuren. „Take lane one", sagt er und fügt zum Abschied hinzu: „Have a good trip!" Nach diesem netten Geplauder erwarten wir die eigentliche Grenze mit Passkontrolle und Zoll. Über eine eingehende Gepäckkontrolle, über kritische Fragen, erkennungsdienstliche Fotos und Fingerabdrücke würden wir uns nicht wundern. Aber die Fahrspur führt uns aus dem Grenzbereich heraus direkt zu einer stark befahrenen Kreuzung. Haben wir die Grenzstation „übersehen", fragen wir uns. Niemand wollte die für die Einreise vorgeschriebene ESTA-Bescheinigung sehen und einen Stempel haben wir auch nicht bekommen. Wir sind völlig verwirrt. Befinden wir uns jetzt illegal in den Vereinigten Staaten? Kriegen wir Probleme bei einer Kontrolle oder spätestens bei der Ausreise? Sollen wir nochmal zurückfahren und nachfragen? Schließlich entscheiden wir uns dafür, es darauf ankommen zu lassen und weiterzufahren. Haben wir uns doch nichts zuschulden kommen lassen.

Nach dieser unglaublich einfachen Einreise in die USA gestaltet sich nun die Ausreise umso spannender. Die lange Schlange vor uns hat sich aufgelöst und wir sind an der Reihe. Wir gehen gemeinsam vor und legen die Pässe hin. Der Beamte interessiert sich nicht die Bohne für irgendwelche fehlenden Stempel. Er vergleicht im Schnelldurchlauf unsere Passfotos mit unseren Konterfeis – und siehe da, er klappt die Pässe zu und winkt uns durch. Ob Trump in seinem jüngsten Dekret generell das Abstempeln von Pässen verboten hat? Jedenfalls fällt uns ein Stein vom Herzen. Wieder mal Dusel gehabt. „Das brauch ich kein zweites Mal!", sagt meine Liebste. „No risk, no fun!", erwidere ich grinsend.

84. USA II – Jesu Botschaft in der kalifornischen Wüste (2019)

Heute sind wir von Mexiko aus in den US-Bundesstaat Kalifornien geradelt. Es ist regnerisch und windig und gegen Abend sehen wir ein kleines Guesthouse. Wir geben der Verlockung nach und nehmen uns ein Zimmer. Hätten wir das nicht gemacht, hätten wir ein skurriles Erlebnis verpasst. Beim Frühstück am nächsten Morgen kommen wir mit der freundlichen Pensionswirtin ins Gespräch und erfahren, dass es ganz in der Nähe ein sonderbares Kunstwerk gäbe. Der Künstler heiße Leonard Knight und sein Werk werde als „Salvation Mountain", also „Berg der Erlösung", bezeichnet. Wir werden neugierig und lassen uns von der Frau den Weg zu der angeblichen Sehenswürdigkeit beschreiben. Sie liege bei Slab City in der nahen Mojave-Wüste, erfahren wir. Auf dem Gebiet eines ehemaligen Atombombentestgeländes der US-Armee, fügt sie hinzu. Na sauber, denke ich mir.

Da es kein großer Umweg für uns ist und ein herrlicher Tag aufzieht, wollen wir uns die Sache unbedingt anschauen. Kurz darauf erreichen wir Slab City, das uns mit einem selbstgebastelten Ortsschild begrüßt. Es handelt sich bei der „Stadt" um eine kleine, heruntergekommene, antennenbestückte Baracken-, Bus- und Wohnwagensiedlung. Leichtbekleidet und vor sich hindösend liegt ein älterer Mann mit längeren Haaren in einer Hängematte, die an einem Baum und dem Dachgepäckträger eines alten Busses befestigt ist. Ein anderer repariert einen rostigen Oldtimer, der auf dicken Holzklötzen aufgebockt ist.

Nach einem weiteren Kilometer stehen wir vor Leonard Knights Lebenswerk. Unser erster Eindruck: Der etwa drei Stockwerke hohe Berg der Erlösung ist unglaublich bunt. Er ist mit roten und pinkfarbenen Herzen, kindlich einfachen Blumen und Blüten sowie gewaltigen Kaskaden bemalt. „God is Love" steht in riesigen Buchstaben auf der Kuppe. Darüber ein großes Kreuz. Als wir näher rangehen, erkennen wir, woraus die Erlösung besteht: Aus Lehm, Stroh, Heuballen und jeder Menge Farbe.

Direkt neben dem Erlösungsberg steht ein weiterer bunter Trakt, von dem wir später erfahren, dass er „Dom" genannt wird. Der Bau mit verwinkelten Räumen und Autofenstern verdankt seine Stabilität offensichtlich etlichen Baumstämmen, die anscheinend wahllos eingebaut sind. Das Interieur besteht unter anderem aus Cockpitteilen eines Flugzeugs.

Wir sind nicht die einzigen Besucher, die das Kunstwerk bestaunen. Als wir bemerken, dass ein älteres Paar deutsch miteinander redet, sprechen wir die beiden an. Sie stellen sich als Petra und Werner vor und laden uns zu einem Kaffee in ihr Wohnmobil ein. Hier erzählen uns die beiden Rentner die unglaubliche Lebensgeschichte von Leonard Knight.

Bunt und einmalig: Das Kunstwerk von Leonard Knight.

Der vor fünf Jahren verstorbene Künstler wurde 1931 in Vermont nahe der Ost-
küste der Vereinigten Staaten geboren. Seine Eltern waren Farmer. In der Schule war er ein Versager. Als 20-Jähriger zog er in den Koreakrieg und reparierte
kaputte Panzer. Danach hielt er sich mit Gelegenheitsjobs als Automechaniker,
Straßenkehrer, Apfelpflücker und Gitarrenlehrer über Wasser und überwinterte
sogar im Obdachlosenheim.

Mit Gott und Jesus hatte er zu dieser Zeit nichts am Hut. Im Gegenteil, es
nervte ihn gehörig, dass seine gläubige Schwester ihn ständig zu bekehren ver-
suchte. Völlig unerwartet kam es 1967 zu einer radikalen Kehrtwende, die sein
Leben auf den Kopf stellte. Wie unter einem unwiderstehlichen Zwang musste
er immer wieder die Worte „Jesus, ich bin ein Sünder, bitte komm in mein Herz"
vor sich hersagen. Das war Leonards Erleuchtung. Von nun an lebte er nur noch
für Gott und Jesus.

Doch bis zum Berg der Erlösung war es noch ein langer und steiniger Weg.
1971 sah Leonard einen Heißluftballon am Himmel. Mit solch einem Ballon,
dachte er, könnte er Gott näher sein und dessen Liebesbotschaft vielen Menschen
verkünden. Natürlich konnte er als armer Schlucker keinen Ballon kaufen. Also
musste er einen bauen. Zehn Jahre lang tüftelte er an dilettantischen Eigenkon-
struktionen, die nicht funktionierten. Er war verzweifelt, aber schließlich gab ihm
ein Mann aus Nebraska billiges Material und eine Nähmaschine. Nach dreijähri-
ger Näharbeit sollte 1982 in Slab City der Ballon abheben. Kurz davor aber zerriss
ihn eine gewaltige Windböe.

Nach diesem grandiosen Fehlschlag fühlte sich Leonard als völliger Versager und blieb enttäuscht in Slab City unter all den Aussteigern und Außenseitern in der Mojave-Wüste. Irgendwann fing er damit an, aus Erde, Wasser und Stroh festen Lehm zu formen. Er war begeistert von dem Material. Schließlich wuchs ein erster kleiner Hügel langsam Schicht für Schicht empor. Um schneller voranzukommen, mischte er noch Sand und Müll in das Baumaterial. Nach fünf Jahren stürzte bei einem heftigen Regen alles ein.

Das Erstaunliche: Leonard gab nicht auf, sondern fing von vorne an. Wie durch ein Wunder wurde sein neuer Berg der Erlösung immer höher und bunter. In über 25 Jahren Bauzeit kam er so Gott näher und näher. Mit der Zeit bildete sich eine Fangemeinde um ihn, die ihn versorgte und ihn mit Pinseln und Farbeimern ausstattete. Im Laufe der vielen Jahre verwendete der Künstler sagenhafte 400.000 Liter Farbe für seinen gottgefälligen Berg. Offenbar verhindert die dick aufgetragene Farbschicht, dass Wind und Regen dem Kunstwerk zusetzen.

Petra und Werner berichten mit leuchtenden Augen, dass sie vor etlichen Jahren schon mal hier gewesen seien. Damals hätten sie den etwa 80-jährigen, drahtigen und regelrecht ausgemergelten Leonard mit schlohweißem Haar und ledriger Haut in einer abgetragenen Latzhose bei der Arbeit gesehen. Stundenlang habe er selbstvergessen und hingebungsvoll Lehmschichten aufgetragen und gepinselt. Geschlafen habe er in einem ausrangierten Truck.

Von den beiden erfahren wir, dass die kalifornische Regierung noch vor der Jahrtausendwende versucht habe, Slab City und Leonards „Salvation Mountain" abzureißen. Doch zu dieser Zeit hatte Leonard schon so viele Anhänger, die dagegen protestierten, dass die Maßnahme nicht umgesetzt wurde. Jetzt, sagen sie, seien Leonards Bauten ein offiziell anerkanntes Kunstwerk und Besucher aus allen Teilen der USA kämen hierher. Niemand halte Leonard für einen Spinner, von denen es in Kalifornien allerdings mehr als genug gebe.

Auf sie selbst wirke der Berg der Erlösung wie die Kulisse eines Märchenfilms, gestehen die Deutschen. „Leonards Werk", sagt die blondlockige Petra, „ist für mich genial einfach und einfach genial zugleich." Andere Leute würden Leonards Berg als Manifestation vollkommener Glückseligkeit oder als Wahrzeichen einer bedingungslosen und kindgleichen Liebe zu Gott verstehen. Als gläubige Christen geben Petra und Werner zu bedenken: Habe Jesus nicht selber gesagt, dass niemand in das Himmelreich kommen werde, es sei denn, er werde wie ein Kind? Und habe Gott die ersten Menschen etwa nicht aus Lehm gemacht?

Wir sind so gefesselt von dieser fantastischen Story, dass wir nicht gemerkt haben, wie die Zeit verging. Nach über zwei Stunden bei Petra und Werner bedanken wir uns herzlich für Kaffee und Geschichte und schwingen uns wieder in den Sattel. Still hängen wir unseren Gedanken nach. Nach einer Weile fragt mich Inge: „Meinst du, es hätte Jesus wirklich gefallen, dass so viel giftige Farbe auf seinen Berg geschmiert wird?"

85. Schweden – Auswanderer (2019)

Schon von weitem sehen wir das am Haus flatternde Schweizer Fähnchen. Als Inge und ich fast vorüber sind, hören wir laute „Hallo"-Rufe. Sie kommen aus dem offenen Fenster eines Wintergartens. Kurz darauf sitzen wir an einem kleinen Tischchen bei Anton und Elsbeth. Sie hatten das Deutschland-Fähnchen an Inges Lenkrad gesehen. Es ist ein trüber Nachmittag und die beiden laden uns zum Kaffee mit Schweizer Schokolade ein. Anton kommt aus der Schweiz, Elsbeth aus Hamburg. Seit zwei Jahren sind sie in Rente, seit zwei Jahren leben sie hier in Mittelschweden, „jottwede", wie man so schön sagt. Sie haben Mitbewohner: Drei Katzen, die uns ständig um die Beine streichen.

Ihr Häuschen hat keine Innenwände, unten ist die Wohnküche, oben sind Schlafzimmer und Bad. Die Wandregale sind mit Büchern vollgestopft, auf einem Poster steht: „Ein Leben ohne Katzen und Literatur ist möglich, aber sinnlos." Als ich näher herangehe, sehe ich Werke von Schiller, Goethe, Kafka, Hesse und Böll. Wie lebt es sich hier als Auswanderer, wollen wir wissen. „Die beste Entscheidung, die wir je getroffen haben", sagt der Schweizer voller Überzeugung. Der ehemalige Verwaltungsleiter einer Klinik musste in seinen letzten Berufsjahren eine dreimonatige Zwangspause einlegen. „In mir war alles leer, ohne die Reha-Maßnahme wegen Burnout wäre ich im Alkohol ertrunken oder hätte mich sogar umgebracht", bekennt er offen.

Jetzt gehe er oft in die Natur zum Angeln. Und da er in der Schweiz seine Jagdprüfung gemacht habe, dürfe er hier jährlich sogar einen Elch schießen. Mit dem vielen Fleisch versorge er die Bewohner des kleinen Dorfes. „Dafür kriege ich das ganze Jahr über Eier, Milch, Käse und Honig umsonst – wie im Schlaraffenland!", erzählt er begeistert. Das ruhige und beschauliche Leben hier sei für ihn das Höchste, er habe sich damit einen Traum erfüllt. Sogar im Winter, wenn es 30 Grad unter Null habe, der Schnee einen Meter hoch liege und die Sonne sich nie blicken lasse. Dann schaufle er erst mal den Weg vor dem Haus frei und gehe anschließend mit Schneeschuhen in den Wald. In der Nacht sei er völlig hingerissen von den über den Himmel wabernden und manchmal sogar tanzenden Polarlichtern. „Ich weiß jetzt, wo ich hingehöre. Stress", sagt er, „das gibt es für mich nicht mehr. In der Ruhe liegt die Kraft."

Die Hamburgerin hat eine andere Biografie. Elsbeth ist pensionierte Gymnasiallehrerin und sehr belesen. Sie zitiert aus Werken von Marcel Proust, James Joyce und Fjodor Dostojewski. Mit Hilfe ihres Computers lernt sie Schwedisch, ist aber mit ihren Lernfortschritten nicht ganz zufrieden. „In meinem Alter geht es halt nicht mehr so schnell." Sie ist geschieden und hat einen Sohn und eine Tochter, beide erwachsen. Die dreifache Oma liebt ihre Enkelkinder. Einige Male waren sie zu Besuch hier. „Nicht immer", räumt sie ein, „sind meine Kinder und ich einer Meinung. Vor allem, was das Politische betrifft." Ihr Sohn ist Oberstaats-

In Skandinavien erwarten uns traumhaft schöne Landschaften.

Aura der Sonne um Mitternacht.

anwalt und die Tochter ist in leitender Position in der Modebranche tätig. Beiden, sagt sie, sei die Karriere sehr wichtig und beide seien eher konservativ eingestellt. „Jeder geht eben seinen eigenen Weg – das muss wohl so sein. Haben wir ja auch nicht anders gemacht".

Elsbeth verrät uns aufgeregt, dass sie gerade dabei sei, sich einen Kindheitstraum zu erfüllen: Ein eigenes kleines Café nebenan. Den Genehmigungsantrag habe sie bei der zuständigen Behörde bereits eingereicht. Jedem Anfang wohnt ein Zauber inne, schreibt Hermann Hesse. Aber was ist nach dem Anfang? Der Reiz des Neuen und Fremdartigen, denke ich im Stillen, noch ist er hier ungebrochen. Aber wie lange? Was passiert, wenn alles klappt und das Neuartige alt und vertraut wird? Kehrt dann Routine und Langeweile ein? Was passiert, wenn das Gegenteil eintritt, wenn nichts klappt und die Probleme sich häufen, wenn die Gäste ausbleiben, wenn das Projekt zum Flop wird? Werfen die beiden dann frustriert die Brocken hin und haben sie die Courage, irgendwo und irgendwie wieder von vorne anzufangen?

Die beiden sind Auswanderer. Genauer gesagt, moderne Auswanderer, auf der Suche nach einem erfüllten Lebensabend und Selbstverwirklichung mit einem Schuss Abenteuer. Nicht wie die armen Bauern aus meinem Heimatdorf, die im 19. Jahrhundert in zwei Wellen nach Amerika zogen. Ihr Motiv damals war die blanke Not. Wirtschaftsflüchtlinge, würde man heute sagen. Schweren Herzens verließen sie ihre fränkische Heimat – auf Nimmerwiedersehen. Sie wussten überhaupt nicht, was sie erwartete, es war wie ein Sprung ins eiskalte Wasser. Wie viele waren erfolgreich, wie viele sind jämmerlich gescheitert?

Zurück nach Schweden. Dass in dem winzigen Dorf jeder das zugezogene Paar kennt, stört beide nicht. Sie glauben fest daran, dass die Devise der Menschen hier lautet: Leben und leben lassen. Nach einer Stunde, die schnell vergangen ist, brechen wir wieder auf. Flachsend sage ich beim Abschied zu Anton: „Pass gut auf eure Katzen auf." Worauf er lachend erwidert: „Die passen doch auf uns auf!"

228

86. Finnland – Die ich rief, die Geister…(2019)

Tagelang entdecken wir keinen einzigen. Inge und ich sind bei unserer zweiten Skandinavientour schon etwas darüber enttäuscht, dass wir nur selten Pilze sehen. Wir kennen einige Sorten zweifelsfrei und gerade die selbst gesammelten essen wir für unser Leben gerne. Dabei hatte es in den letzten Tagen viel geregnet und zwischendurch war es warm. Also ideale Bedingungen für Pfifferlinge und Co.

Endlich sichten wir am Nachmittag gleich vier mittelgroße Birkenpilze. Verwechslung ausgeschlossen. Freudig erregt schneiden wir sie ab und nehmen sie mit. Da wir Bedenken haben, die schwerverdauliche Kost abends zu essen, wandern die Pilze in unsere Vorratstasche und am folgenden Morgen in die Pfanne. Zusammen mit Zwiebeln und Paprika ergibt das eine köstliche Mahlzeit. Gestärkt steigen wir in den Sattel.

Kurz vor der Mittagspause tauchen urplötzlich wieder etliche Pilzexemplare auf. Als ob sie auf uns gewartet hätten. Man müsse die Gelegenheit nutzen und dürfe ein Geschenk von Mutter Natur nicht verschmähen, sind Inge und ich uns einig. Also gibt es zu Mittag nochmals Pilzpfanne, diesmal mit geröstetem Brot. Erneut schmeckt es uns, wenn auch nicht mehr in dem Maße wie am Morgen. „Jetzt reicht es erst mal mit Pilzen", meint Inge beim Säubern von Geschirr und Besteck.

Durch ausgedehnte Nadel- und Birkenwälder geht es weiter. So lange, bis ich mit einem lauten „Oh!" die Bremsen ziehe. Jetzt hat sich das Blatt gewendet! Fünf oder sechs riesige Pilze schreien förmlich: „Halt, hier sind wir!" Was sollen wir tun? Abschneiden und mitnehmen? Stehenlassen und weiterfahren? Wir überlegen hin und her. Ich fühle mich wie Goethes Zauberlehrling: „Die ich rief, die Geister, werd ich nicht mehr los!"

Vielleicht ist es anerzogene Sparsamkeit, vielleicht sogar Geiz oder Gier, jedenfalls packen wir sie nach kurzer Beratung ein. Wegwerfen kann man sie immer noch, sagen wir uns. Beim Abendessen müssen wir uns wieder entscheiden: Die schönen Pilze entsorgen oder zum dritten Mal an diesem Tag eine Pilzpfanne. Ein Kompromiss kommt dabei raus: Die besten Teile der Pilze werden gebraten, den weitaus größeren Rest geben wir der Natur zurück. Wie es in den nächsten Tagen weitergeht? Ich vermeide bewusst den Blick auf die Waldränder und auf die Grasflächen zwischen den Birken. Und Inge habe ich im Verdacht, dass sie das ebenso macht.

87. Vereinigte Arabische Emirate – Kulturschock und das lachende Kamel (2019)

Unter einem Kulturschock versteht man gewöhnlich, wenn man in einer fremden Umgebung völlig ungewohnten Denk- und Verhaltensmustern begegnet. Nach unseren Reisen in unterschiedlichsten Kulturkreisen schockiert uns nur noch wenig. Aber einen Kulturschock ganz anderer Art erleben wir in den Vereinigten Arabischen Emiraten (VAE). Vom Iran aus landen wir hier mit der Fähre. Kaum aus dem Fährhafen, sehen wir überraschend Altbekanntes: Mac Donalds, Pizza-Hut und KFC.

Auch in einer Tankstelle stellen wir erstaunt fest: Dieser Shop könnte ebenso in den USA stehen. Ein integrierter Hot-Dog-Stand wirbt mit Rabatt, in den Kühlfächern stehen viele Energy- und bunte Softdrinks, die Regale quellen über mit Chips und Snacks und in der Nähe des Kaffeeautomaten locken Donuts und Sandwiches. Der Angestellte bei den Hot-Dogs trägt die Uniform einer Restaurantkette und fragt uns auf Englisch, was wir wünschen. Wir fragen uns, wo die kulturelle Identität der Einwohner geblieben ist. Nur ihre Kleidung verrät sie. Die langen und makellos weißen Gewänder der Männer sowie die schwarzen Tschadors der Frauen machen schnell klar, dass man sich im arabischen Teil der Welt befindet. Dann hält unweit von uns ein LKW. Über die hohe Bordwand blickt ein Kamel. Neugierig, aber irgendwie auch ängstlich, scheint mir.

Apropos Kamel. Auf dem Weg in den Oman besuchen wir in einer Grenzstadt der VAE einen großen und berühmten Kamelmarkt. Am Eingang halten wir erst einmal und probieren die an einem Stand angepriesene gekühlte und ziemlich teure Kamelmilch. Sie soll ja ein wahrer Quell der Jugend und Gesundheit sein. Ich könnte sie nicht von ordinärer Kuhmilch unterscheiden, aber Inge ist begeistert. Im Gegensatz zu der leicht vergorenen Stutenmilch, die wir in Zentralasien gekostet hatten und die von Inge als schier ungenießbar bezeichnet worden war.

Wir sind erstaunt, als wir geschätzte tausend Kamele sehen. Große und kleine, alte und junge. Die Händler sind offenbar daran gewöhnt, dass ab und zu Touristen auftauchen, denn sie lassen sich von unserer Anwesenheit nicht stören. Sie mustern die Tiere ausgiebig und diskutieren eifrig miteinander. Einer schaut einem Kamel ins offene Maul, um am Zustand der Zähne das Alter einzuschätzen. Ein jugendlicher Beduine aber sitzt entspannt auf einem Sack unbekannten Inhalts und starrt unentwegt auf sein Handy. Wir beobachten, wie über eine improvisierte Rampe einige der Wüstentiere auf Lastwagen verladen werden. Die Händler gehen dabei nicht zimperlich zur Sache. Mit dicken Stöcken dreschen sie auf unwillige Tiere ein. So sollte man das „größte Geschenk Allahs" eigentlich nicht behandeln, denke ich mir.

Die Szene erinnert mich an meine Kindheit. Auf dem Bauernhof meines Vaters wurden gelegentlich frühmorgens Kühe oder Schweine aus ihrem Stall zur Viehwaage des Dorfes getrieben. Als Treiber hielt man einen Sack straff der Länge nach knapp über dem Boden, um den Tieren den Weg zu weisen. Das Wichtigste bei dieser Arbeit bestand darin, unablässig beruhigend auf die Tiere einzureden. Stets lobte mich meine Mutter dafür, wie gut ich das konnte. „Bei dir folgen sie halt", sagte sie oft.

Gemütlich schlendern wir über den Kamelmarkt, auf dem auch zahlreiche Schafe und Ziegen feilgeboten werden, und schießen jede Menge Fotos. Als wir unsere vollbepackten Reiseräder weiterschieben, hebt plötzlich eines der Kamele den Kopf, blickt uns an und reißt den Kiefer weit auf. Als ob es lauthals über uns lachen würde. Wir sind verdutzt und ich sage zu Inge: Das Kamel hält uns einen Spiegel vor! Es will uns sagen: „Nehmt euch nicht so ernst! Habt Humor! Lasst fünf auch mal gerade sein! Und vor allem: Habt keine Angst und lacht über euch selbst!"

Weltkulturerbe im Oman: Die sogenannten Bienenkorbgräber sollen über 5000 Jahre alt sein.

Das lachende Kamel auf einem großen Markt in den Vereinigten Arabischen Emiraten.

88. Oman – Ruinen (2019)

Als Inge und ich gut 60 Jahre nach dessen Zerstörung das ehemalige Dorf Tanuf südwestlich von Omans Hauptstadt Maskat erreichen, sehen wir die traurigen Überreste der damaligen Katastrophe – Ruinen, die mit der Zeit immer mehr verfallen. Alle Häuser, die beiden Tore und die schöne Moschee, auf die alle Dorfbewohner so stolz waren, brannten damals im Bombenhagel der Kampfflugzeuge nieder. Alles lag in Schutt und Asche. Es war der Preis für den Aufstand gegen den Vater des jetzigen Sultans. Dieser hatte die verbündeten Engländer zu Hilfe gerufen. Vielleicht aus Geldnot, vielleicht auch aus Verzweiflung oder aufgrund des Schocks – Die Ortschaft wurde nie wieder aufgebaut.

Viele der Rebellen hatten sich in dem großen Dorf verschanzt, das strategisch so günstig am Rande des Gebirges lag. Sie wurden gerade noch rechtzeitig gewarnt und wussten, dass es nur einen Ausweg gab: Sofortige Flucht in die nahen Berge. Auf die Schnelle wurden alle Dorfbewohner zusammengetrommelt und der Kommandant gab den Marschbefehl. Die Leute hatten kaum eine Stunde Zeit, um Lebensmittel, Saatgut und den nötigsten Hausrat auf ihre Esel zu packen.

Die Säuglinge und Kleinkinder mussten von ihren Müttern auf dem Rücken getragen werden. Aber was sollten sie mit den gebrechlichen Alten machen? Die Männer und die wenigen Pferde wurden gebraucht, um die schweren Waffen zu transportieren. Und alle Esel waren schwer beladen. Blieben noch die Jugendlichen. Auf einfachen Holzpritschen schleppten sie jeweils zu zweit die Betagten und Kranken auf dem steilen Weg nach oben.

Als dann die Bomber der britischen Luftwaffe herandonnerten, waren alle in Sicherheit. Aber was sie weit unter sich sahen, sollten sie ihr Lebtag nicht vergessen. Ein einziges Flammeninferno stieg an der Stelle hoch in den Himmel, an der ihr Heimatdorf gestanden hatte. Viele schluchzten oder weinten still vor sich hin, andere starrten stumm vor Entsetzen wie gelähmt nach unten, wieder andere fluchten und schworen ewige Rache.

So ähnlich könnte sich die Katastrophe abgespielt haben. Nur Ruinen blieben übrig. Ruinen – Symbole der Vergänglichkeit! Auf unseren Reisen haben wir unzählige Zeugnisse vergänglicher Größe gesehen: Burgruinen, Klosterruinen, Tempelruinen, Friedhofsruinen, Städteruinen, Pyramidenruinen. Eines der Länder, die ich besonders stark mit Ruinen verbinde, ist der Oman. Nicht nur wegen des Bombenangriffs auf Tanuf. Im Oman gibt es zahlreiche und teilweise uralte Monumente und Denkmäler untergegangener Kulturen. Etliche finden sich auf der Liste der Welterbestätten. Etwa die aus Lehm und Steinen erbaute Festung Bahla, die man so schön restauriert hat, dass man ihr die Jahrhunderte nicht mehr ansieht.

Völlig anders wirken die sogenannten Bienenkorbgräber. Wir müssen unsere Räder durch ein trockenes Wadi schieben, um die auf einem Bergrücken frei zugänglichen Grabmale zu sehen. Etwa ein Dutzend von ihnen sind auf dem Berggrat aufgereiht. Sie sind mehrere Meter hoch und erinnern aus der Ferne tatsächlich an alte Bienenkörbe. Mit einem kleinen Loch am Boden, durch das ein erwachsener Mensch gerade so hineinkriechen könnte. Sagenhafte 5000 Jahre alt sollen die Grabmale sein. Trotzdem informiert nur ein verrostetes Schild, dass man sich hier an einer archäologischen Stätte befindet. Dass das alles ist, erstaunt uns sehr. Kein Hinweis auf das Weltkulturerbe, keine Absperrung, keine Aufseher, kein Eintritt, keine Touristen.

Was fasziniert uns eigentlich so sehr an Ruinen, frage ich mich beim Blick auf die antiken Gräber. Was macht ihren Reiz aus? Sind es die Geheimnisse, die sie in sich bergen? Ist es die Fantasie, die sie in uns anregen? Liegt es daran, dass wir die Vergangenheit nostalgisch oder idealistisch verklären? Ruinen gehören zur Zivilisation wie Falten zu alten Menschen. Mit diesen wie mit jenen, bin ich überzeugt, verbindet sich eine Hoffnung, die Friedrich Schiller so ausdrückt: „Das Alte stürzt, es ändert sich die Zeit, und neues Leben blüht aus den Ruinen."

89. Israel I – Gebetsstunde im Westjordanland (2020)

Die drei Männer sind völlig in ihr Gebet vertieft. Nur wenige Meter von uns entfernt knien sie, beugen tief den Rücken und murmeln ihren Sprechgesang: „Allahu Akbar, Allahu Akbar." Ihre Schuhe stehen neben ihnen auf der Erde. Während der jüngere einen kleinen Teppich benutzt, haben die zwei anderen ihre Jacken mit der Außenseite auf die blanke Erde gelegt. Vor wenigen Minuten noch haben sie beieinander gesessen, haben Tee getrunken, miteinander gelacht und palavert. Als dann die Dämmerung einsetzte und der Muezzin von der nahen dörflichen Moschee zum Gebet rief, unterbrachen die drei ihr Gespräch, standen auf, zogen ihre Schuhe und Strümpfe aus und wuschen sich an einer verrosteten Regentonne die Füße.

Die Betenden sind so konzentriert und in sich versunken, dass sie unsere Anwesenheit offensichtlich vollkommen vergessen haben. In diesem Moment, spüren wir, sind sie geistig nicht mehr hier. Sie sind eins mit ihrem Gott. Es ist eigenartig: Das Ritual ist etwas Besonderes und doch etwas Alltägliches, etwas Intimes und doch etwas Öffentliches, es entzieht sich auf seltsame Art der Zu- bzw. Einordnung. Obwohl oder vielleicht gerade weil die Zeremonie absolut schlicht ist, ist sie ergreifend und spirituell.

Etwa eine Woche sind Inge und ich nun in Israel und den palästinensischen Gebieten unterwegs. Da wir wissen, dass es um 18 Uhr stockdunkel ist, schauen wir uns etwa eine Stunde zuvor nach einem geeigneten Zeltplatz um. Heute entdeckten wir wenige Hundert Meter von der Straße entfernt einen primitiven Unterstand mit Wänden und Dach aus trockenen, großen Palmenblättern. Weit und breit war niemand zu sehen. Über einen holprigen Feldweg schoben wir unsere Fahrräder hin. In dem kleinen Lager standen ungeordnet einige alte Matratzen mit Decken, ein halbes Dutzend Stühle und zwei Tische herum. Eine alte Metallwanne mit rostigem Gitter diente als Grillstelle. Alles hatte Sperrmüllcharakter.

Wir waren gerade dabei, unser Zelt neben dem Verhau aufzubauen, als mit einem klapprigen Auto ein älterer Mann gefahren kam. Er trug eine leicht verschmutzte Arbeitshose. Wir nahmen an, dass er einer der palästinensischen Arbeiter sei, die den Unterstand als Pausenplatz und vielleicht auch als Schlafstelle nutzen. Ich gab ihm die Hand und zeigte auf unser Zelt und die Räder. „No problem", sagte er gleich und stellte dann die Frage, die wir schon so oft gehört hatten: „Where from?"

Als er hörte, dass wir Deutsche wären, betonte er mehrmals: „Welcome, welcome!" Nachdem er mit Holzstücken in dem Grill ein Feuer entfachte, stellte er eine Kanne drauf, die er zuvor mit Wasser aus einer Plastikflasche gefüllt hatte. Als das Wasser kochte, brühte er starken schwarzen Tee auf. Wir griffen zu den angebotenen Saftgläsern und er schüttete einen gehäuften Esslöffel Zucker in jedes der Gläser.

Nach kurzer Zeit kam weiterer Besuch. Auf einem knatternden Motorrad er-schienen noch zwei Männer. Sie tranken ebenfalls Tee, dann packten wir unser Abendessen aus und ich bot unseren Gastgebern Brot, Käse und Falafel an. Sie lehnten erst höflichkeitshalber ab, griffen aber gerne zu, als ich sie nochmals dazu aufforderte. Die Kommunikation beschränkte sich auf ganz wenige Worte und Gesten, aber alle waren sehr freundlich zu uns. Und dann ertönte der Ruf des Muezzins und die drei machten sich sofort bereit zum Abendgebet.

Wie geschildert, beeindruckte uns diese einfache religiöse Praxis der drei Männer weit mehr als all die Massenaufläufe an der Klagemauer, am Felsendom und an der Geburts- oder Kreuzigungskirche. Die rührende Einfalt ihres Ge-betes erinnerte mich an meine Kindheit, an das erste Gebet, das meine Mutter mich lehrte und das ich täglich abends im Bett mit ineinander gefalteten Händen sprach: „Lieber Gott, mach mich fromm, dass ich in den Himmel komm!"

90. Israel II – Masada (2020)

Auf unserer Israel-Tour machen Inge und ich einen Abstecher zu der Bergfestung Masada am Toten Meer. Die imposante Festung liegt auf einem hohen Felsplateau und ist heute in Israel nicht nur eine Geschichte des heroischen Kampfes der Juden gegen die übermächtigen Römer, sondern gilt als nationales Symbol für den unerschütterlichen Widerstandswillen des jüdischen Volkes gegen alle Feinde.

Alle schwiegen, nachdem die militärischen Führer ungeschönt die aussichtslose Lage geschildert hatten. Die dezimierten jüdischen Verteidiger der eigentlich als uneinnehmbar geltenden Bergfestung Masada würden sich keine zwei Tage mehr halten können. Am Fuße ihres kolossalen Belagerungsturms hatten die römischen Soldaten mit ihren Rammböcken schon eine kleine Bresche in die Schutzmauer geschlagen. Eine auf die Schnelle notdürftig errichtete zweite Mauer würde dem nächsten Angriff der Legionäre, die zahlenmäßig weit überlegen waren, auf keinen Fall standhalten. An der Versammlung nahmen alle noch wehrfähigen Männer teil. Ihre Zahl war im Laufe der fast zweijährigen Belagerungszeit ständig gesunken, jetzt waren noch an die 250 Kämpfer übrig. Die meisten von ihnen hatten eine Familie oder kümmerten sich um die wachsende Schar der Witwen und Waisen.

Nun trat der oberste Priester in einem langen, weißen Gewand auf ein kleines Podest und ergriff das Wort. „Viele von euch", hub er langsam und feierlich an, „sind vor drei Jahren mit mir aus Jerusalem entkommen, als die verfluchten Römer unseren Tempel zerstörten. Dieser Berg war unsere Zuflucht. Seitdem leben wir in dieser Festung, als verschworene Gemeinschaft, abgeschieden von der Welt. Wir haben eine Synagoge gebaut und teilen alles unter uns auf, was geblieben ist. Wir bewahren und pflegen die heiligen Gesetze und Bräuche, wie sie uns von Abraham, Isaak und Moses überliefert sind. Aber die Römer, die heidnische Götzen anbeten, haben uns verfolgt und belagern uns seit langer Zeit. Mit Jahwes Hilfe konnten wir bislang all ihre Angriffe abwehren, obwohl unsere Besten dabei ihr Leben gelassen haben."

An dieser Stelle machte der alte Mann mit dem zotteligen Vollbart eine Pause, bevor er weitersprach und jedes Wort betonte. „Ihr Opfer darf nicht umsonst gewesen sein. Ihr wisst alle, was die gottlosen Römer in Jerusalem gemacht haben. Die Männer wurden getötet, unsere Weiber geschändet und verstümmelt, die Kinder geschlagen, in Ketten gelegt und versklavt. Das wird nun auch hier geschehen – wenn wir nicht schnell und entschlossen handeln."

Der Redner hob beschwörend seine Arme empor. „Wir sind das auserwählte Volk und Gott stellt uns auf die härteste Probe. Denkt an Abraham, der seinen eigenen Sohn geopfert hätte und denkt an Hiob. Wurde er nicht mit Unglück überhäuft und wurde ihm nicht alles genommen, was er hatte? Sein Reichtum, seine Gesundheit, seine Freunde und seine Kinder. Und doch ist er im Glauben standhaft geblieben und zu einem immerwährenden Vorbild geworden. Diese Aufgabe,

Kurz vor dem Toten Meer, das mehr als 400 Meter unter dem Meeresspiegel liegt.

Wird hier das Jüngste Gericht stattfinden? Die Juden glauben es.

dieser bittere Kelch steht nun vor uns. Auch wir müssen mit unserem Handeln zum Vorbild für alle nachfolgenden Generationen werden. Zum Symbol der Unbeugsamkeit. Es ist der unergründliche, aber eindeutige Wille unseres Gottes."

In der großen Versammlungshalle war es totenstill geworden, ehe der Rabbiner weitersprach. „Es gibt nur eine Möglichkeit, unseren Feinden den Sieg zu vergällen: Wir dürfen ihnen nicht lebend in die Hände fallen. Bis zum letzten Atemzug müssen wir unserem Glauben treu bleiben – und diesen uns von Jahwe verliehenen Odem müssen wir in wenigen Stunden bei Anbruch der Morgendämmerung dem Gott Abrahams, Isaaks und Jakobs zurückgeben."

An dieser Stelle erhob sich an verschiedenen Stellen im Raum vereinzeltes Murmeln. „Hört mir zu", sprach der Priester mit durchdringender Stimme weiter. „Ich bin ausersehen, euch den göttlichen Plan zu offenbaren. Wir werden jetzt durch Los die zehn Männer bestimmen, die im ersten Morgenlicht mit scharfem Messer die heilige Pflicht zu erfüllen haben. Bis dahin sollen alle mit ihrer Frau und den verständigen Kindern oder mit den ihnen anvertrauten Witwen und Waisen wachen und beten. Wenn es dann soweit ist, schlingt eure Arme fest um eure Lieben und bietet demjenigen, der schweigend und mit gezücktem Messer zu euch kommen wird, bereitwillig eure Kehlen dar."

Die Bestimmtheit, mit der diese Rede vorgetragen wurde, duldete keinen Einwand oder gar Widerspruch. Das spürten alle Anwesenden, die wie erstarrt auf ihren Plätzen standen. Der religiöse Führer deutete auf eine Handvoll seiner Vertrauten und forderte sie auf, die Losziehung vorzubereiten. Es dauerte nicht lange, bis der Rabbi die zehn Namen derjenigen vorlesen konnte, die das Los bestimmt hatte. Er fragte jeden einzelnen, ob er bereit sei, die ihm auferlegte heilige Pflicht zu erfüllen. Keiner der zehn zögerte auch nur einen Moment und beteuerte feierlich, wie befohlen zu handeln. Danach wurde unter diesen zehn wiederum einer ausgelost, der nach vollbrachter Tat zuerst seine neun Kameraden töten und zuletzt sich selber vom Berg stürzen sollte. Bevor sich die Versammlung auflöste, nahmen die Männer schweigend Abschied voneinander, indem sie sich fest umarmten und kurz, aber tief in die Augen schauten.

Als die Legionäre im Laufe des nächsten Tages waffenstarrend ihren finalen Angriff starteten und ihre neuen, eisenbeschlagenen Rammböcke gegen die behelfsmäßig errichtete Verteidigungsmauer wuchteten, wunderten sie sich über die fehlende Gegenwehr. Kurz darauf strömten sie durch die neu geschlagene Bresche auf das Felsplateau, auf dem die Häuser, Türme und Gärten der Juden standen. Totenstille empfing sie. In jedem der Häuser bot sich ihnen ein grausiges Bild. Überall fanden sie leblose Körper, die in einer großen Lache ihres eigenen Blutes lagen. Es waren immer Knäuel aus eng umschlungenen Männern, Frauen und Kindern. Insgesamt zählten die Soldaten fast eintausend Leichen. Nur verborgen in einer Wasserleitung stießen die Eroberer auf wenige Überlebende. Zwei Frauen mit ihren fünf Kindern hatten sich hier versteckt und waren so dem Massensuizid entkommen.

Von ihnen erfuhr der römische Befehlshaber, welch unglaubliches Drama sich in der Festung abgespielt hatte.

Ob sich das fürchterliche Ereignis tatsächlich so, wie es der jüdische Geschichtsschreiber Flavius Josephus beschrieb, zugetragen hat? Im Detail wohl nicht, aber die Historiker gehen davon aus, dass vieles von dem, was er berichtet hat, der Wahrheit entspricht.

91. Jordanien – Unsittliche Berührungen (2020)

Vor wenigen Tagen haben Inge und ich die Grenze von Israel nach Jordanien überquert. In dem arabischen Land fallen uns sofort zwei Dinge auf. Zum einen: Viele Menschen winken uns freundlich zu, heißen uns willkommen und sind hoch erfreut, wenn sie hören, dass wir aus Deutschland kommen. „Alman gut, Merkel gut", hören wir etliche Male. Zum anderen: Unübersehbar sind die sich an den Straßenrändern entlangziehenden Haufen aus Müll und Unrat. Ich frage mich, ob und wenn ja, in welchen Abständen all die Abfälle eingesammelt werden. Einmal jährlich etwa?

Wir sind auf dem Weg zu Jordaniens Hauptstadt Amman. Auf der zweispurigen Autobahn. Ob das offiziell erlaubt ist oder nicht, wissen wir nicht. Jedenfalls gibt es – abgesehen von über Berg und Tal führenden Esels- und Trampelpfaden – keine echte Alternative. Mehrmals fährt ein Polizeiauto vorbei, ohne uns zu beachten. Zwar gibt es einen einigermaßen breiten Seitenstreifen, aber Inge ist vom dichten Auto- und Lkw-Verkehr mehr als genervt. Als wir am späten Nachmittag neben der Straße einen Olivenhain sehen, verlassen wir den Highway, um uns nach einem geeigneten Zeltplatz umzusehen.

Inge und ich sind immer bemüht, „schöne" Übernachtungsplätze zu finden. Ein idealer Zeltplatz ist hübsch versteckt und ruhig, ist graswachsen und eben, liegt im Halbschatten, ist weder steinig noch mit dornigem Gestrüpp bewachsen, verfügt über natürliche Sitzgelegenheiten und im Idealfall sprudelt ganz in der Nähe munter eine Quelle oder fließt ein klares und gut zugängliches Bächlein. Aber das Leben ist bekanntlich kein Wunschkonzert und die Wirklichkeit zwingt uns jedes Mal, vom Ideal Abstriche zu machen.

An diesem Tag sind die Abstriche besonders groß. Bei näherer Betrachtung entpuppt sich das aus der Entfernung romantisch ausschauende Baumfeld nämlich als steiniger Acker. Also denkbar ungünstig. In der Hoffnung, einen besseren Platz zu finden, entschließen wir uns, den Feldweg weiter zu fahren. An einem Hang halten wir schließlich an. Wir überlegen hin und her, weil es auch hier mehr als genug Steine gibt und das Gelände abschüssig ist. Steine hin, Abhang her, wir brauchen einen Schlafplatz, zumal die Sonne sich schon bedrohlich dem Horizont zuneigt. Eine Ecke am Feldrand erscheint mir als Notlösung geeignet und so stellen wir dort unser grünes Zelt auf. Die Erde ist so hart, dass es unmöglich ist, die Zeltheringe reinzuschlagen. Deshalb müssen wir die Zeltschüre mit schweren Steinen beschweren.

Die Zeit reicht gerade noch für eine Katzenwäsche und um mit dem Benzinkocher eine schnelle Nudelsuppe und einen Tee zu kochen, dann wird es im Nu stockdunkel. Und kalt. Flugs kriechen wir ins Zeltinnere und dort in unsere Schlafsäcke. Kurz darauf hören wir unmittelbar neben unserem Zelt mehrere

Die „Zone A" im Westjordanland dürfen israelische Staatsbürger nict betreten.

Idyllisch: Zeltplatz zwischen Palmen.

Männerstimmen. Was ist da los? Es hilft alles nichts, ich krieche aus dem warmen Schlafsack raus, öffne die Reißverschlüsse und strecke den Kopf nach draußen.

Im fahlen Mondlicht erkenne ich drei oder vier Männer. Der älteste unter ihnen trägt einen grauen Bart. Er deutet zum Himmel und macht dann mit den Fingern schnell klopfende Bewegungen auf der Erde. Dazu sagt er mehrmals „Water, water!" Dann zeigt er auf das Zelt und schüttelt mehrmals heftig den Kopf. Mir ist sofort klar, was er meint: Wenn es nachts zu regnen beginnt, liegen wir mitsamt unserem Zelt im Wasser.

Bei den Männern handelt es sich um Beduinen, die in der Nähe ihre Schafe hüten. Sie hatten uns aus der Ferne gesehen. Schnell sind Inge und ich uns einig, dass wir das Regenrisiko nicht eingehen können. Nach einer Minute kommt sie angezogen herausgekrabbelt. Zusammen mit unseren Helfern entfernen wir die zum Beschweren ausgelegten Steine und tragen dann das aufgebaute Zelt samt Inhalt in einer Gemeinschaftsaktion etwa 20 Meter weiter nach oben.

Die Aktion klappt besser als gedacht. Am neuen Zeltplatz schaffen wir in der Dunkelheit wieder schwere Steine heran, um die Zeltschnüre zu spannen. Ich spüre, wie Inge immer gereizter wird und schließlich wortlos ins Zeltinnere schlüpft. Nachdem ich mich mehrmals bei den Beduinen bedankt und ihnen die Hand geschüttelt habe, verschwinden sie.

Wieder im Schlafsack, erzählt mir Inge, weshalb sie gerade so genervt ins Zelt flüchtete. Beim Steineholen, sagt sie, seien ja alle durcheinander gelaufen. Und immer wieder habe sie gespürt, wie eine Hand ihren Po berührte. Nicht plump oder grapschend, sondern eher flüchtig. Wie zufällig. Allerdings eindeutig zu oft. Ergo: Kein Zufall, sondern Absicht. Inge kann nicht sagen, ob es einer oder mehrere waren. Sie hat aber den Älteren im Verdacht.

Wider Erwarten hat es dann in der Nacht nicht geregnet. Allerdings schließen wir aus, dass die vielleicht liebeshungrigen Männer den ganzen Zinnober nur veranstaltet haben, um sich an einen weiblichen Hintern heranzumachen und dass alles nur inszeniert war. Vielmehr glauben wir, dass sie uns tatsächlich vor einer Gefahr warnen wollten und dass einer von ihnen eine Gelegenheit nutzte, die sich nicht alle Tage bietet.

92. Norwegen – Das Nordkap (2020)

Die ersten dreieinhalb Kilometer im Nordkaptunnel sind ein Kinderspiel. Durch das steile Gefälle rollt mein schwer beladenes Rad so schnell, dass ich immer wieder abbremsen muss. Als ich auf der Sohle ankomme, wird mir bewusst, dass ich mich nun mehr als 200 Meter unter dem Meeresspiegel befinde. Ein unbehagliches Gefühl beschleicht mich bei dem Gedanken, dass sich über mir riesige Wassermassen auftürmen. So schnell wie es bergab ging, so langsam geht es nun bergauf. Obwohl ich den kleinsten Gang einlege, keuche ich schwer. Die heftige Steigung der Tunnelstraße macht mir zu schaffen.

Die wenigen Fahrzeuge, die mich überholen, fahren vorsichtig. Es kommen mir wesentlich mehr Wohnmobile, Autos mit Wohnwagen und Motorräder entgegen. Ihr ohrenbetäubendes Geräusch bricht sich zig-fach an den Tunnelwänden als Echo. Obwohl ich sie von vorne kommen sehe, hört es sich so an, als ob sie von hinten heranbrausen würden. Am Vortag trafen wir Radler, die die Tunnelfahrt schon hinter sich hatten. Sie empfahlen uns, Ohrstöpsel zu benutzen. Die standen aber nicht auf unserer Checkliste für die Radtour.

Dann taucht der Tunnelausgang auf. Eine einzige dichte, weiße Nebelwand. Als ich die Wand erreiche, trifft mich die Wucht eines tobenden Sturmes mit peitschendem, kaltem Regen. Obwohl ich absteige, kann ich das Rad kaum halten. Das kenne ich doch irgendwo her, schießt es mir durch den Kopf. Natürlich, von unserer drei Jahre zurückliegenden Tour in Island. Jetzt wird mir klar, warum so viele Fahrzeuge entgegen kommen: Sie fliehen vor dem Unwetter von der Nordkapinsel Magerøya.

Ich lehne mein Rad an eine Notruf-Telefonzelle, die direkt am Tunnelausgang steht und gehe in den wettergeschützten Tunnel zurück, um Inge zu helfen, die ihr Rad schiebt. Nachdem wir unter freiem Himmel stehen, zwängen wir uns gemeinsam in die Telefonzelle und präparieren uns mit Regengamaschen, Wetterjacken und Sturmhauben für die Weiterfahrt. Auf einer langen Brücke zwingen böige Seitenwinde Inge erneut, abzusteigen und zu schieben. Nach einem weiteren, vergleichsweise harmlosen, vier Kilometer langen Tunnel erreichen wir Honningsvåg, den Hauptort der Insel. In einem Bistro laben wir uns an mehrfachen Cappuccinos und einem gigantischen Hefezopf.

Schließlich nächtigen wir auf einem nahen Campingplatz. Kaum zu glauben, aber am nächsten Morgen wecken uns Sonnenstrahlen. Es ist angenehm warm und nach einem ausgiebigen Frühstück machen wir uns ohne schweres Gepäck auf den Weg zum Nordkap, der über etliche steile Passagen führt. Unterwegs überholen uns einige E-Biker, die leicht und locker in die Pedale treten. „Sehr sportlich", meint Inge halb entrüstet, halb belustigt. Gegen Mittag erreichen wir unser Ziel. Bei herrlichstem Sonnenschein dokumentieren wir mit farbenfrohen Fotos unseren Erfolg. Wir sind schon ein bisschen stolz, dass wir gemeinsam in vielen Etappen alleine mit unserer Muskelkraft Europa von Norden bis Süden durchradelt haben: von Si-

Alternativlos. Wer zum Nordkap will, muss da durch.

Bei schönem Wetter faszinierend: die Nordkapinsel Magerøya.

zilien bis zum Nordkap. Nur wenig später zeigt der Wettergott des Nordatlantiks erneut seinen unsteten Charakter: Innerhalb weniger Minuten hüllt sich die Klippe des Nordkaps in dichten Nebel.

Das Nordkap an sich ist ein Kuriosum. Es ist weder der nördlichste Punkt des europäischen Festlandes, noch der nördlichste Punkt der Insel Magerøya. Zudem gibt es weitere europäische Inseln, die weiter nördlich liegen. Streng genommen ist das Nordkap ein einziger großer Schwindel und Touristennepp. Man fragt sich, wie das Nordkap zu seinem legendären Ruf gekommen ist und zu einem Magnet und Wallfahrtsort für Urlauber, Abenteurer und andere Fernwehsüchtige aus aller Welt werden konnte. Aber man muss ja nicht alles verstehen, oder?

Iatros-Verlag & Services e.K.
Kronacher Straße 39
96242 Sonnefeld

Tel.: (0 92 66) 79 29 002

Email: info@iatros-verlag.de

Internet: www.iatros-verlag.de